AF477507

Gemeente Rotterdam

Art and culture bring a city to life. A city where the art and cultural sectors prosper is appealing to entrepreneurs and residents. Culture encourages people to connect with each other, stimulates discussion, and motivates children and teenagers to develop their talents. This is why Rotterdam understands art and culture to be important conditions for achieving ambitions in the economic, environmental, and social spheres. This requires entrepreneurship: in the sector, in education, and with the residents and businesses themselves.

Sector

Entrepreneurship in the cultural sector means that institutions focus on professional, substantive, and social development, taking their own vision and strategy as a starting point. Cultural organizations have to be aware of their social responsibility, their environment (regional, national, and international), and their relationship with the city. Far beyond its borders they shine a special spotlight on Rotterdam, as a city that is adventurous, tough, and cheeky.

Education

Cultural education is embedded in the school curriculum. We encourage the introduction of art and culture to children and teenagers through education. Expanding school instruction with cultural education invites children to discover and develop their talents. Furthermore, research shows that cultural education also leads to better school performance, fewer pupils skipping school, less violence and racism, and more respect toward other cultures. The ties with, among others, the Willem de Kooning Academie and Codarts, Hogeschool voor de Kunsten are also important to the City of Rotterdam. Today's youth is tomorrow's generation of artists and art lovers.

City Center

We would also like more people to live and work in the city center and to make the city center more appealing to visitors. To achieve this, we will continue developing the city center into a place that is always buzzing with activities. A place where residents, visitors, students, and investors like to spend their time and relax and where businesses can set up and flourish. This is also something entrepreneurs from the art and culture sectors can contribute to. They will be given space and support wherever possible.

Finally

Entrepreneurship has become more important—this is the spirit of the times. There are less funds, but money is not the only thing of value. Less money also means more creativity, introspection, and a combination of forces that can result in beautiful and surprising things. This is why we offer the space, literally and figuratively, so that artists like Erik van Lieshout can feel at home here.

Antoinette Laan
Alderwoman of the departments of Art & Culture and Sports & Recreation,
City of Rotterdam

Rotterdam is often touted as the most ethnically and culturally diverse city in the Netherlands and one of the most diverse in Europe, but also as an *ever-changing* city, as a place under constant construction. How can this condition be perceived and, furthermore, articulated? Since the fall of 2007, Witte de With Center for Contemporary Art has produced a series of books focused on Rotterdam, each showcasing the vision of an artist mainly working with photography or video, who has a strong relationship to the city. Cumulatively, this loose series of artists' books continues to bring into focus Rotterdam's very different urban protagonists.

Erik van Lieshout's *Rotterdam Zuid—Home* is the fifth volume in the series, and one in which the focus shifts to a particular area: Rotterdam South. The first volume in the series with artist Bas Princen (2007) contemplated the architecture of the city in relation to ideas of non-place and peripherality. Otto Snoek (2009) looked at Rotterdam's inhabitants, the demographic situation and multi-cultural nature of the city. Susanne Kriemann's *One Day* (2010), on the other hand, dived into archival photography, and presented the city from dusk to dawn through a lyrical compilation of images from post-WWII to the present. Lidwien van de Ven's *Rotterdam—Sensitive Times* (2012) looked at Rotterdam from a macro-perspective, focusing on the socio-political relationships of the city and relating them to a more international context.

Erik van Lieshout is an artist who is often known for his controversial video installations and drawings that traverse the edges of vulgarity and the most uncensored realities of society, with a particular interest in the Netherlands and, more specifically, Rotterdam. Populist yet critical at its core, Van Lieshout's work has the knack of, all in good humor, putting his viewer at an unease that makes us ultimately realize the gravity of the subject at hand and, more crucially, gives us insight into the logic and thinking of the mentalities depicted. It is this peculiar perspective that Van Lieshout puts forth in this publication. Stepping away from the artist-catalogue format, this publication has been conceived as an artwork in itself.

The structure of this publication takes as a starting point a bike tour organized by Witte de With Center for Contemporary Art in collaboration with ArchiGuides Rotterdam for which Van Lieshout was invited to select specific locations throughout the city that were relevant or meaningful in the production of his work. As such, the tour provided the participants with an insight into the sites of inspiration and research for the artist and highlighted the city's art, architectural, and cultural sites from an unexpected perspective. With this framework in mind, this publication opens with a mapping of the city where selected sites refer to the shooting location of one (or more) of the artist's films.

The overall design, conceived by Remco van Bladel and developed together with his assistant Andrea Spikker in close discussion with the artist and the editors, follows a design logic whereby the navigation through the city has been reframed and in which the artist's work has been recontextualized. The design concept stages and oscillates—mirroring the movements of a video camera—between zooming in and zooming back, adding voice-overs to the imagery as with a film.

In practice, this translates as a publication structured around a mapping of the city of Rotterdam, then a focusing in on one particular neighborhood identified by street names or places of interest that are then visualized by shots from Van Lieshout's work. The voice-overs appear as a selection of quotes extracted from the artist's video works represented in the book. Finally, as an exclusive peek into the artist's process and ways of working, pages from his personal notebooks, with notes, clippings from newspapers, and sketches that have been a part of the development of his works, are included here as well.

In terms of the selection of images, it was an editorial decision to present exhibition installation shots so as to clearly avoid narrating the films in an overpowering way. As most of the films deal with locations in the Netherlands already, the images selected are mainly of installations that took place abroad, combined with specific stills, so as to embed Rotterdam South within a wider context and draw parallels between the society-based issues at stake, still very much relevant elsewhere. As the artist himself puts it: "Rotterdam South is the Netherlands in a nutshell." For Van Lieshout, the complex Dutch political situation, alongside the struggle around Dutch identity, is concentrated in Rotterdam South. This blurring of situations and contexts is further emphasized by the designer's treatment of visual material: selected photographs are out of focus, excessive zooming draws us toward detail, and material takes on the appearance of found images. Brought together, we return to the sense that *this could be anywhere, this could be anyone.*

To bring back to life the protagonists in Erik van Lieshout's films, journalist Ivo van Woerden was invited to investigate the thoughts and opinions of the characters following the production of the film *Janus* (2012). Through his article "Infection Art," their relationship to the production of an artwork and where they might stand in respect to it becomes evident. Van Woerden addresses some basic yet salient questions such as: how is this art, what is its purpose, and what does it bring to those involved?

In a slightly different key, Erika Balsom's essay, looking at *Commission* (2011), investigates the use of video as a medium for depicting social realities and the artist's particular style of working. In her text "Chronicles of a Zuidplein Summer," Balsom elaborates on Van Lieshout's seemingly amateur style of working and filming, a style that emphasizes an intimacy and breaks any distance with the represented characters.

Each essay is inspired by one of Van Lieshout's films to give a perspective on the city and the role of the artist in society. Complemented by meticulous design, this publication, *Rotterdam Zuid—Home*, functions as homage to the people of the city of Rotterdam, a city often faced with misconceptions. Rotterdam South, the home of the nomadic artist, is a place like any other and yet a place like no other.

Gemeente Rotterdam

Art and culture bring a city to life. A city where the art and cultural sectors prosper is appealing to entrepreneurs and residents. Culture encourages people to connect with each other, stimulates discussion, and motivates children and teenagers to develop their talents. This is why Rotterdam understands art and culture to be important conditions for achieving ambitions in the economic, environmental, and social spheres. This requires entrepreneurship: in the sector, in education, and with the residents and businesses themselves.

Sector

Entrepreneurship in the cultural sector means that institutions focus on professional, substantive, and social development, taking their own vision and strategy as a starting point. Cultural organizations have to be aware of their social responsibility, their environment (regional, national, and international), and their relationship with the city. Far beyond its borders they shine a special spotlight on Rotterdam, as a city that is adventurous, tough, and cheeky.

Education

Cultural education is embedded in the school curriculum. We encourage the introduction of art and culture to children and teenagers through education. Expanding school instruction with cultural education invites children to discover and develop their talents. Furthermore, research shows that cultural education also leads to better school performance, fewer pupils skipping school, less violence and racism, and more respect toward other cultures. The ties with, among others, the Willem de Kooning Academie and Codarts, Hogeschool voor de Kunsten are also important to the City of Rotterdam. Today's youth is tomorrow's generation of artists and art lovers.

City Center

We would also like more people to live and work in the city center and to make the city center more appealing to visitors. To achieve this, we will continue developing the city center into a place that is always buzzing with activities. A place where residents, visitors, students, and investors like to spend their time and relax and where businesses can set up and flourish. This is also something entrepreneurs from the art and culture sectors can contribute to. They will be given space and support wherever possible.

Finally

Entrepreneurship has become more important—this is the spirit of the times. There are less funds, but money is not the only thing of value. Less money also means more creativity, introspection, and a combination of forces that can result in beautiful and surprising things. This is why we offer the space, literally and figuratively, so that artists like Erik van Lieshout can feel at home here.

Antoinette Laan
Alderwoman of the departments of Art & Culture and Sports & Recreation,
City of Rotterdam

Rotterdam wordt vaak de meest etnisch en cultureel diverse stad van Nederland en een van de meest diverse steden van Europa genoemd. Tegelijkertijd is het ook een plek die *constant in beweging* is, een stad waar altijd wordt gebouwd. Wat moeten we ons hierbij voorstellen en bovendien, hoe kunnen we dat tot uitdrukking brengen? Vanaf de herfst van 2007 heeft Witte de With Center for Contemporary Art een reeks boeken gemaakt die focussen op Rotterdam; elk boek presenteert de visie van een kunstenaar die vooral werkt met fotografie en video en een sterke band heeft met de stad. Deze losjes samenhangende reeks van kunstenaarsboeken brengt steeds weer Rotterdams zeer verschillende stedelijke hoofdpersonen in beeld.

Erik van Lieshouts *Rotterdam Zuid—Home* is het vijfde deel in deze reeks, en één waarin wordt ingezoomd op een specifiek gebied: Rotterdam-Zuid. Het eerste deel in de reeks, van kunstenaar Bas Princen (2007), toont een reflectie op de architectuur van de stad in relatie tot ideeën over 'niet-plaats' en periferiteit. Otto Snoek (2009) keek naar de inwoners van Rotterdam, de demografische situatie en de multiculturele aard van de stad. Susanne Kriemanns dook met *One Day* (2010) juist in fotografisch archiefmateriaal en presenteert de stad van zonsopgang tot zonsondergang met een lyrische compilatie van beelden vanaf het einde van de Tweede Wereldoorlog tot heden. Lidwien van de Vens, *Rotterdam—Sensitive Times* (2012), bekeek Rotterdam vanuit een macroperspectief en concentreerde zich op sociaalpolitieke relaties binnen de stad die vervolgens in een meer internationale context zijn geplaatst.

Erik van Lieshout is een kunstenaar die bekend staat om zijn controversiële video-installaties en tekeningen, die over de grenzen van vulgariteit gaan en de meest ongecensureerde werkelijkheid van de samenleving tonen. Hij is vooral geïnteresseerd in Nederland en dan met name in Rotterdam. Het werk van Van Lieshout, populistisch maar in essentie juist heel kritisch, is in staat, met een kwinkslag, de kijker een ongemakkelijk gevoel te geven. Hierdoor realiseren we ons uiteindelijk de zwaarte van het onderwerp dat aan de orde is, en belangrijker nog, krijgen we inzicht in de logica en het denken van de mentaliteit die wordt afgeschilderd. Dit eigenaardige perspectief laat Van Lieshout ook in zijn publicatie naar voren komen. Het boek houdt zich niet aan het standaard format van de kunstenaarscatalogus en kan zelf als een kunstwerk worden gezien.

De structuur van deze publicatie komt voort uit een fietstocht die georganiseerd werd door Witte de With Center for Contemporary Art, in samenwerking met ArchiGuides Rotterdam. Van Lieshout was gevraagd om voor deze fietstocht locaties door heel de stad uit te kiezen die relevant of betekenisvol zijn voor de creatie van zijn werk. Daarmee gaf de rondleiding de deelnemers inzicht in de plekken van inspiratie en onderzoek van de kunstenaar, en markeerde de rondleiding tevens de artistieke, architectonische en culturele plaatsen van de stad vanuit een onverwacht perspectief. Met dit denkkader in het achterhoofd, opent de publicatie met een kaart van de stad, waarop bepaalde plekken verwijzen naar opnamelocaties van een of meer films van de kunstenaar.

Het totaalontwerp door Remco van Bladel, dat is ontwikkeld in samenwerking met zijn assistent Andrea Spikker en in nauw overleg met de kunstenaar en de redacteuren, volgt een ontwerplogica waarbij de navigatie door de stad in een nieuw kader is geplaatst en waarin het werk van de kunstenaar is gehercontextualiseerd. Het ontwerpconcept presenteert en beweegt tussen inzoomen en uitzoomen — daarmee de beweging van de videocamera spiegelend; voice-overs worden toegevoegd aan het beeldmateriaal, net als bij een film.

Praktisch gezien, vertaalt dit zich in een publicatie die gestructureerd is rond een kaart van de stad Rotterdam, waarna steeds wordt gefocust op een bepaalde wijk, herkenbaar door straatnamen of bezienswaardigheden die gevisualiseerd zijn met beelden van Van Lieshouts werk. De voice-over verschijnt als een selectie van citaten uit de videowerken van de kunstenaar die in het boek worden gepresenteerd. Ten slotte, als een exclusief kijkje in het denkproces en de manier van werken van de kunstenaar, zijn er pagina's opgenomen van Van Lieshouts persoonlijke notitieschriften, met notities, krantenknipsels en schetsen die onderdeel waren van de ontwikkeling van zijn werk.

Wat betreft de selectie van beelden is er vanuit de redactie gekozen om installatiefoto's van tentoonstellingen te gebruiken, teneinde te voorkomen dat het verhalende in de films de boventoon zou voeren. Omdat de meeste films zich al op Nederlandse locaties afspelen, is een groot deel van de gekozen beelden afkomstig uit installaties die in het buitenland werden tentoongesteld; deze beelden zijn gecombineerd met bepaalde stills, om zo Rotterdam-Zuid in een bredere context in te bedden en parallellen te trekken tussen de maatschappelijke kwesties die hier spelen en die ook zeer relevant zijn op andere plekken in de wereld. Zoals de kunstenaar zelf zegt: 'Rotterdam-Zuid is Nederland in een notendop.' Van Lieshout ziet in Rotterdam-Zuid een concentratie van de complexe Nederlandse politieke situatie en de worsteling aangaande de Nederlandse identiteit. De vertroebeling van situaties en contexten krijgt nog meer nadruk door de manier waarop de ontwerper van het boek het beeldmateriaal behandelt: bepaalde foto's zijn onscherp, overmatig zoomen trekt de aandacht naar details en materiaal neemt de gedaante aan van bij toeval gevonden beelden. Dit alles op deze manier bij elkaar gebracht, geeft ons het gevoel dat dit *overal zou kunnen zijn, iedereen zou kunnen zijn*.

Om de protagonisten in Erik van Lieshouts films weer tot leven te brengen, is de journalist Ivo van Woerden gevraagd de gedachten en meningen van de hoofdpersonen in de film *Janus* (2012) te onderzoeken. In zijn artikel 'Infectiekunst' wordt duidelijk wat hun relatie is tot de productie van een kunstwerk en hoe zij zich daartoe zouden kunnen verhouden. Van Woerden behandelt een aantal basale maar tegelijkertijd opvallende vragen, zoals: hoe kan dit kunst zijn, wat is de bedoeling ervan en wat doet het met de betrokkenen?

Op een andere manier onderzoekt Erika Balsom in haar essay over *Commission* (2011) het gebruik van video als medium voor het afschilderen van de sociale werkelijkheid én als specifieke werkstijl van de kunstenaar. In 'Kroniek van een zomer op Zuidplein' gaat Balsom in op Van Lieshouts schijnbaar amateuristische stijl van werken en filmen, een stijl die intimiteit benadrukt en de afstand tot de gepresenteerde karakters wegneemt.

Elk essay is geïnspireerd door één van Van Lieshouts films en geeft daarmee een perspectief op de stad en op de rol van de kunstenaar in de samenleving. Aangevuld met een uiterst zorgvuldige ontwerp, functioneert deze publicatie, *Rotterdam Zuid—Home*, als een hommage aan de inwoners van Rotterdam, een stad die vaak wordt geconfronteerd met misvattingen. Rotterdam-Zuid, het thuis van een nomadische kunstenaar, is een plek zoals elke andere, en toch een plek als geen andere.

Wilhelminakade
Stieltjesstraat
Stieltjesplein
Oranjeboomstraat

"How do you get in contact with them?"

"Maar ja, hoe kom je daarmee in contact? Hoe doe je dat?"

Audi TT
CAbRiolet

2 persoons of
4 persoons ??

DORsche 9.11
CAbRiolet

4 PeNsoons.

---

lamborghini geel

ferrari ~~festa rossa~~ •XXXXX
~ 355gts XXXXX
Cabrio. 355
= r F360

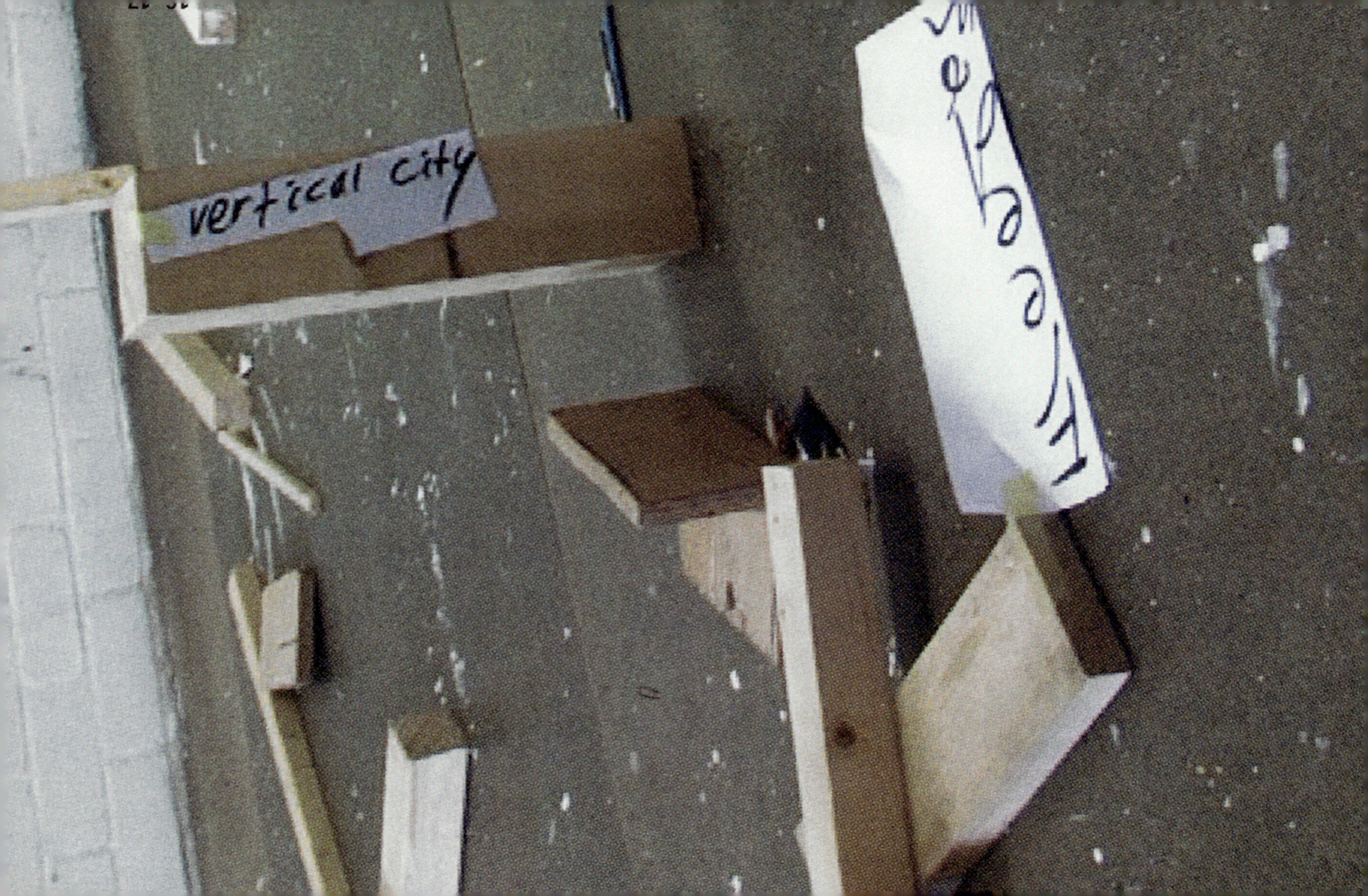
vertical city
freedom

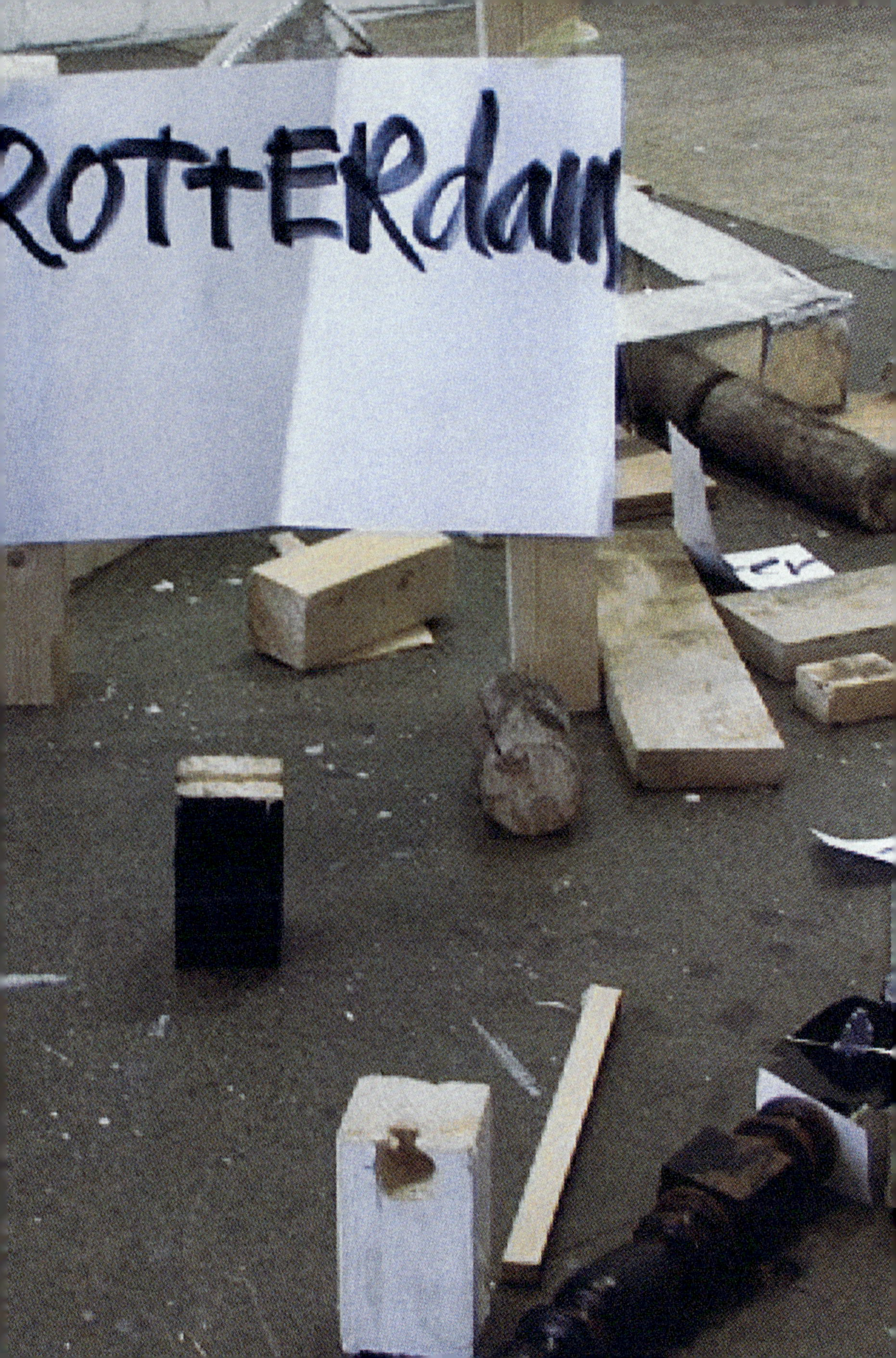
ROTTERdam

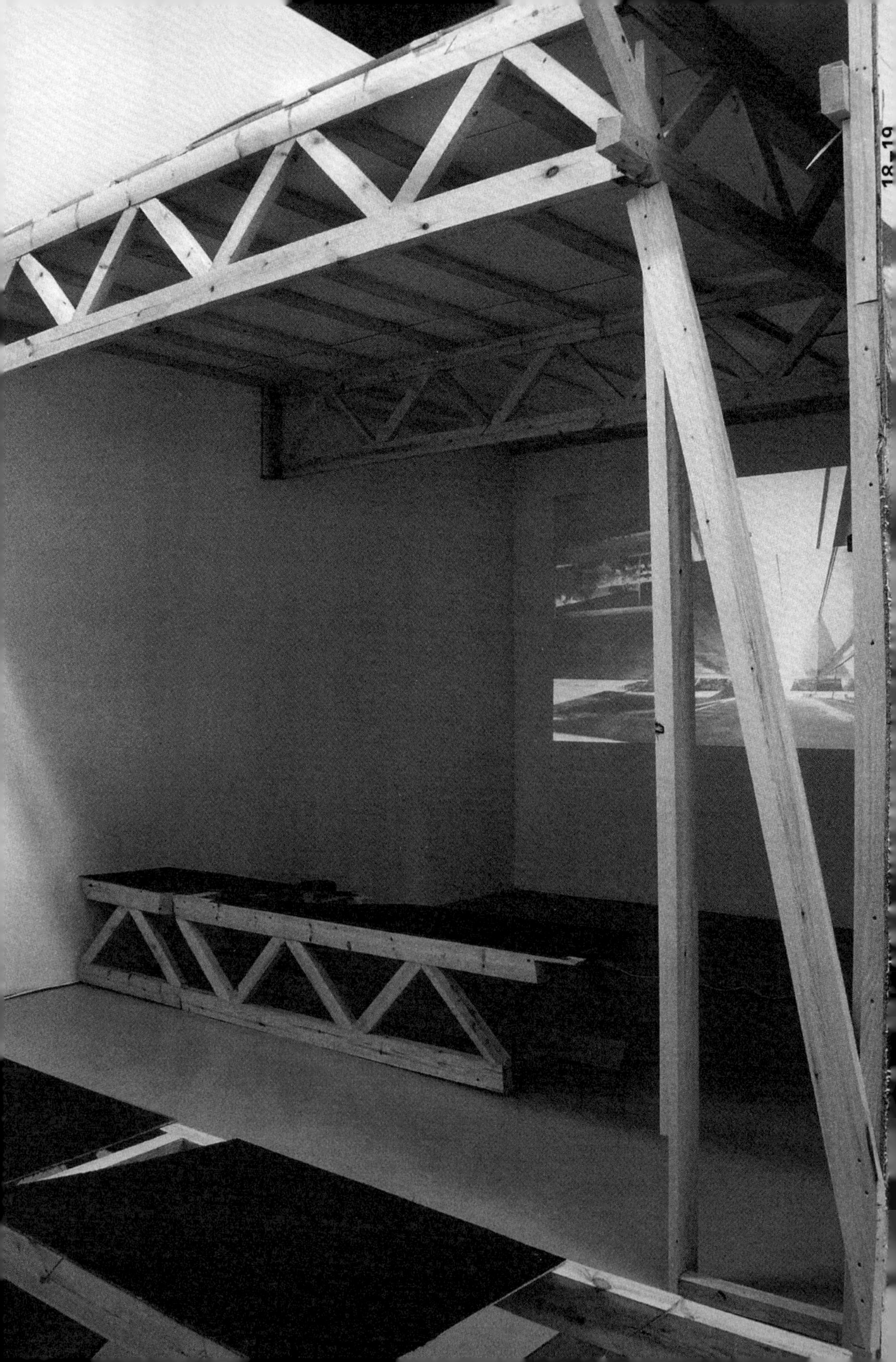

Rotterdam

鹿特丹

I hate architecture

我讨厌建筑学

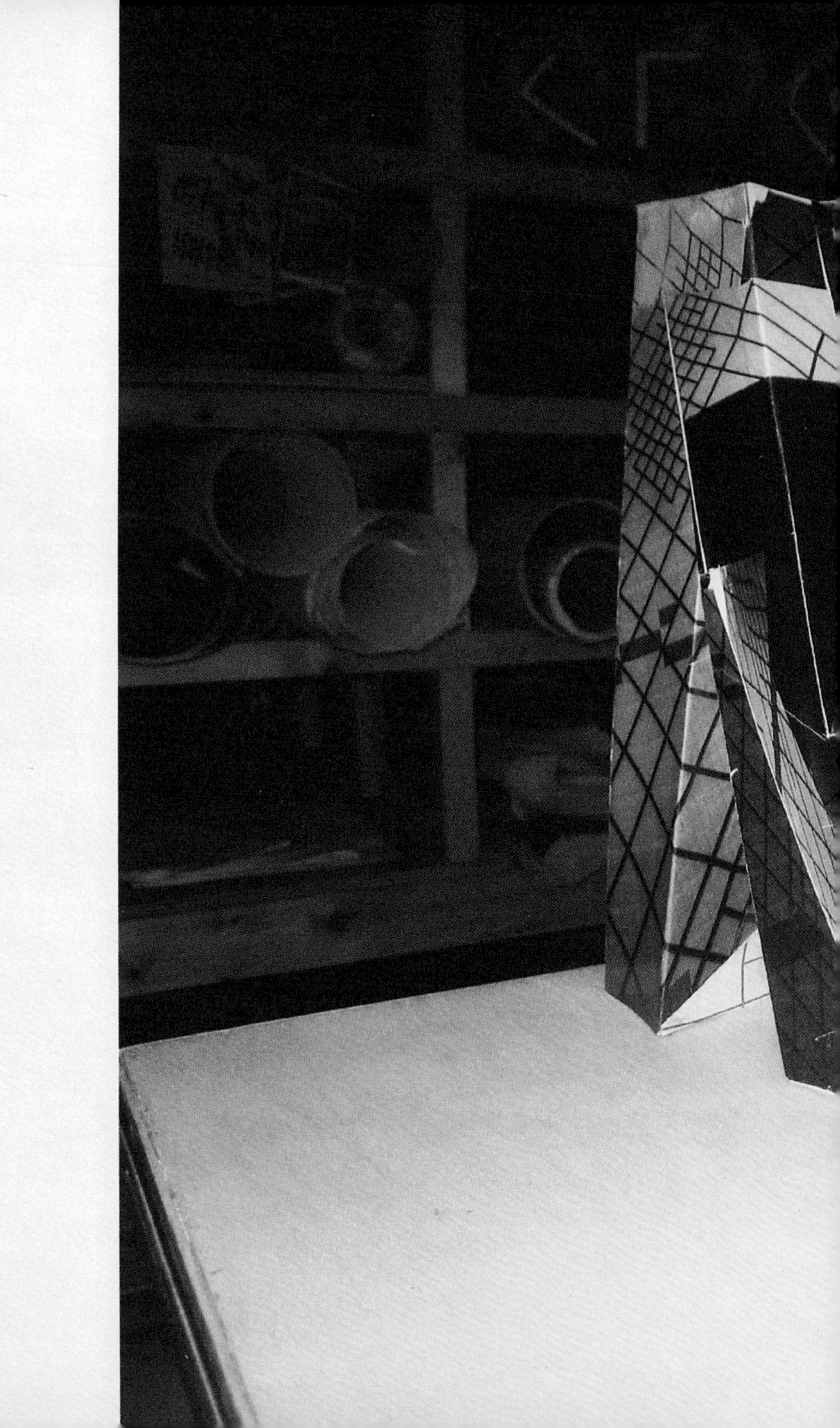

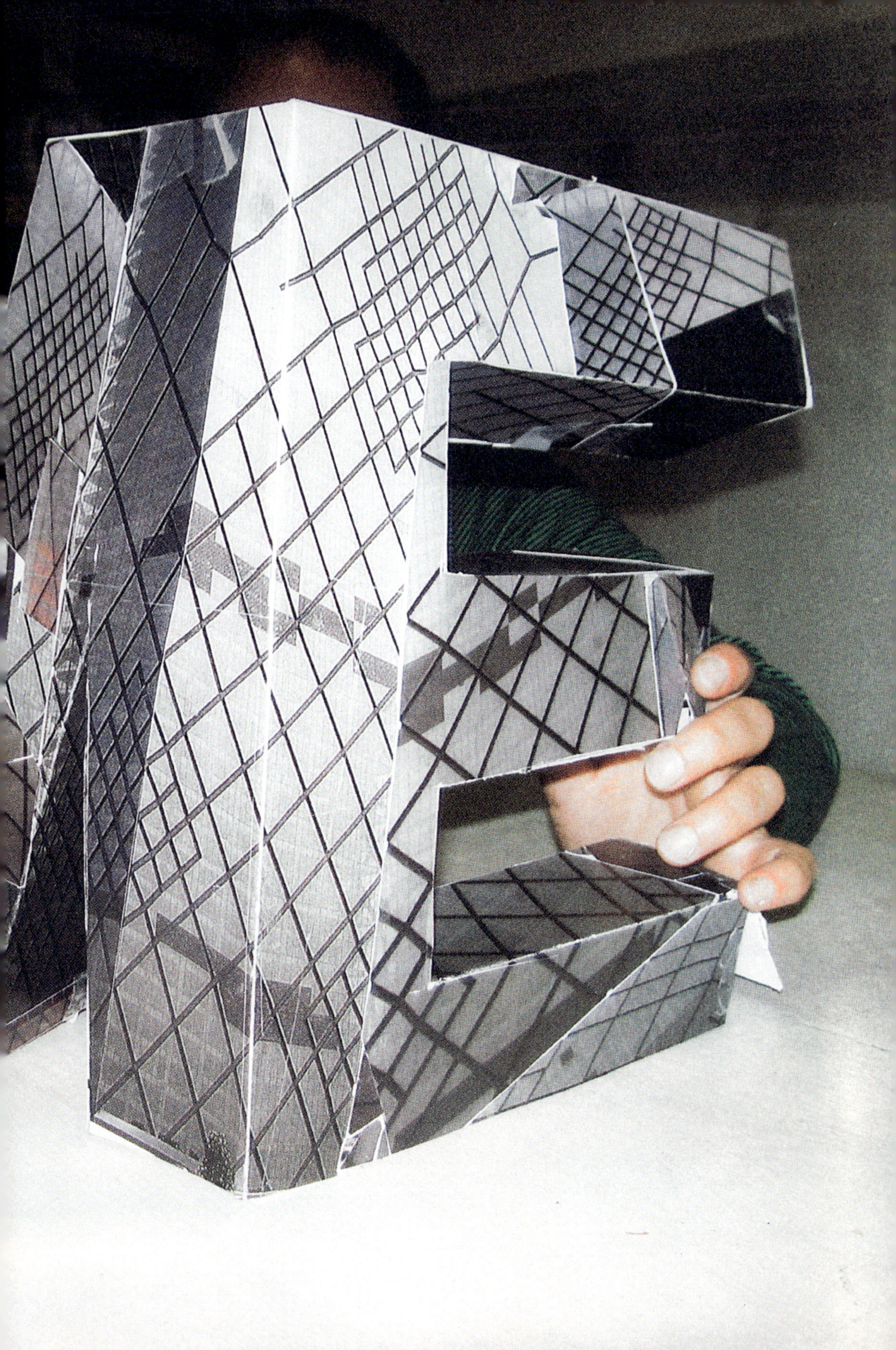

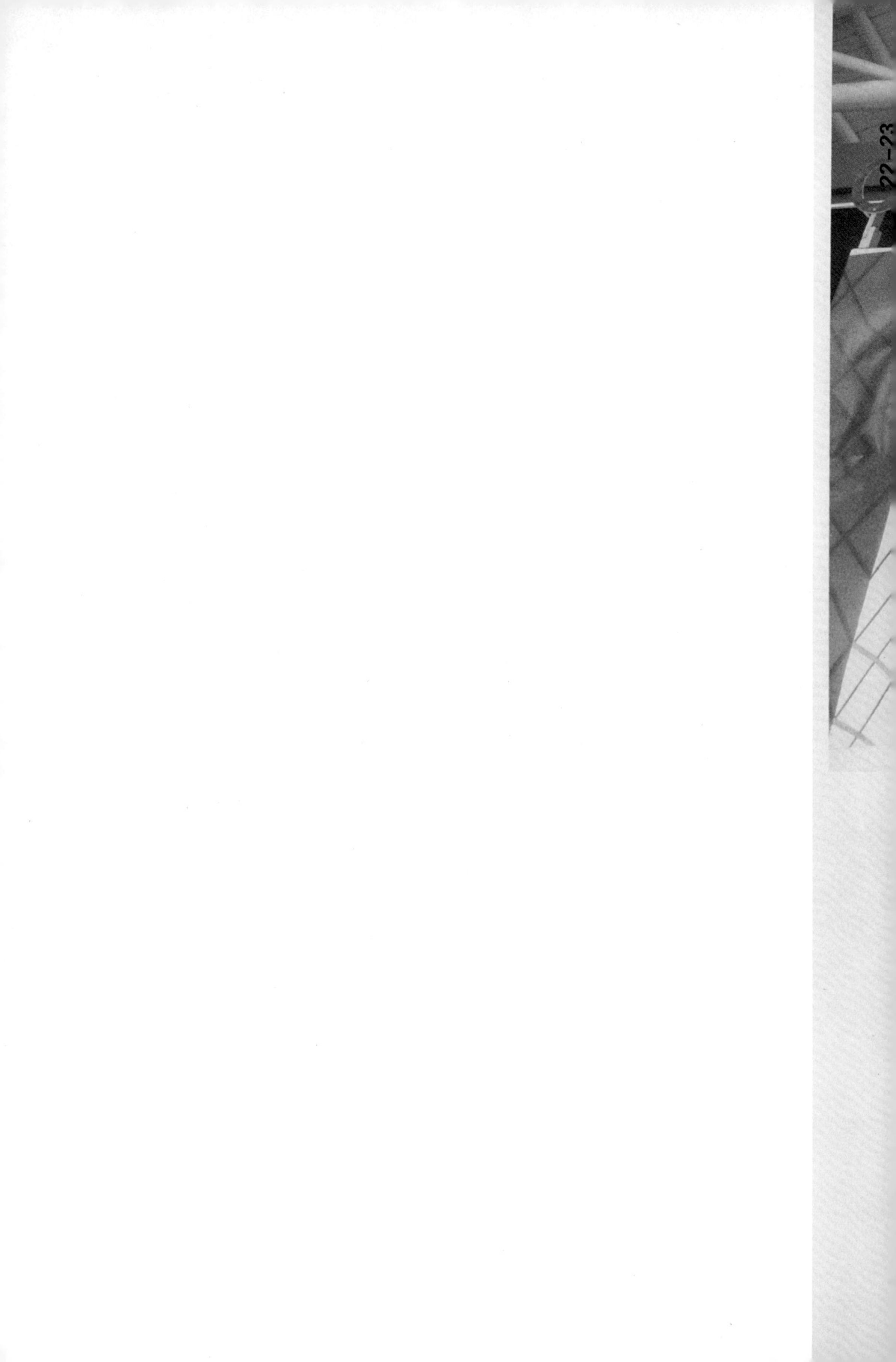

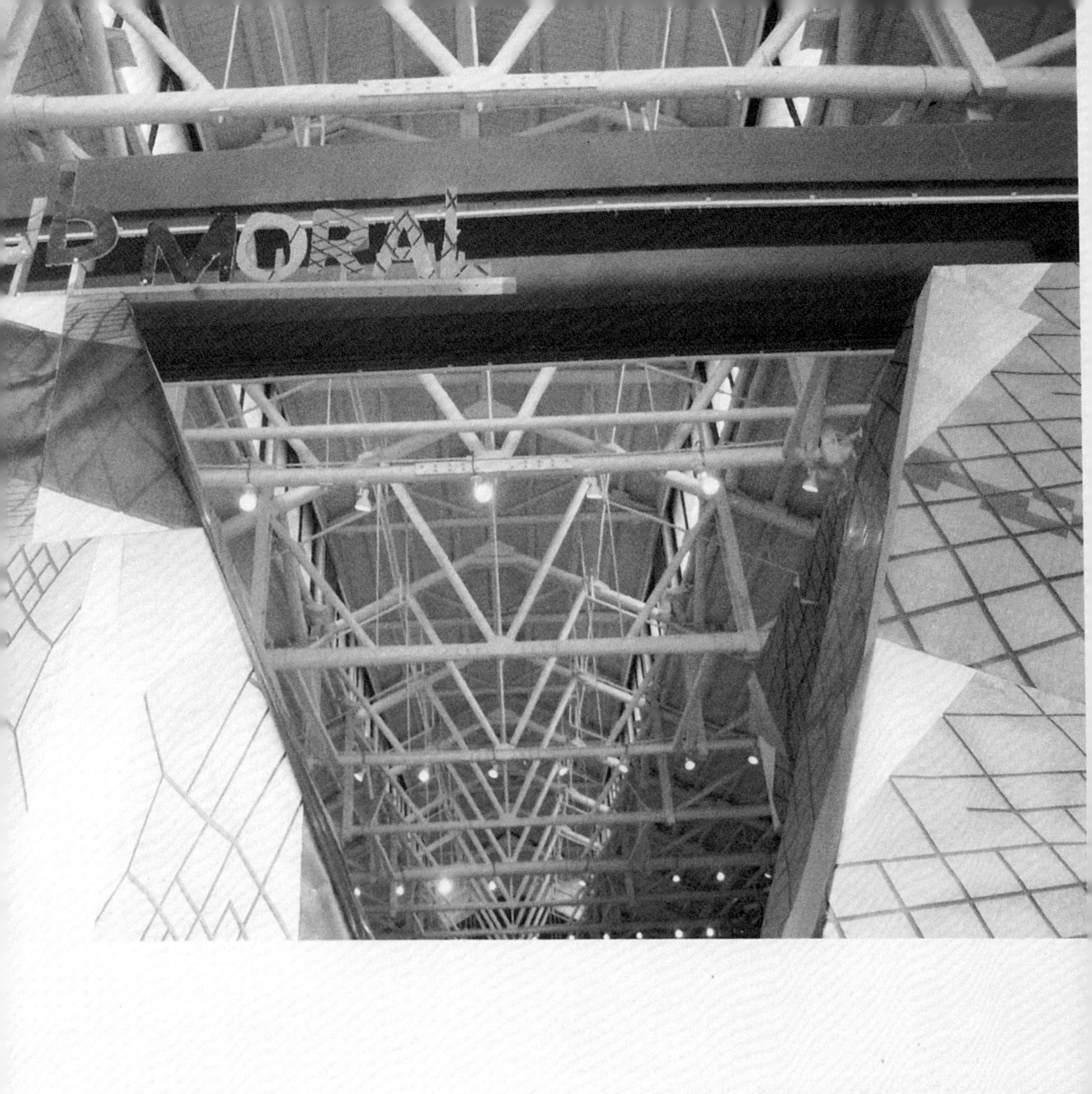

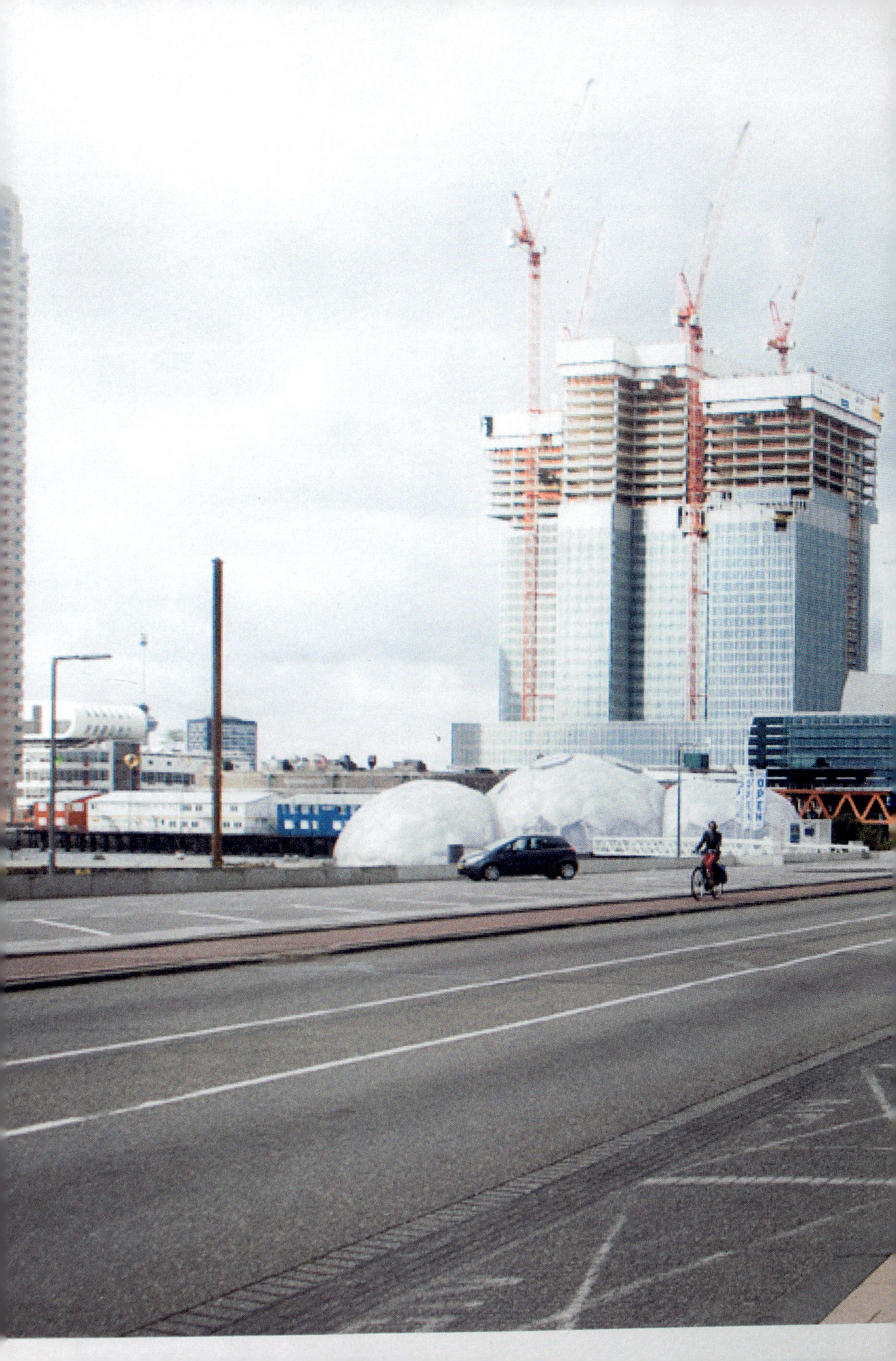

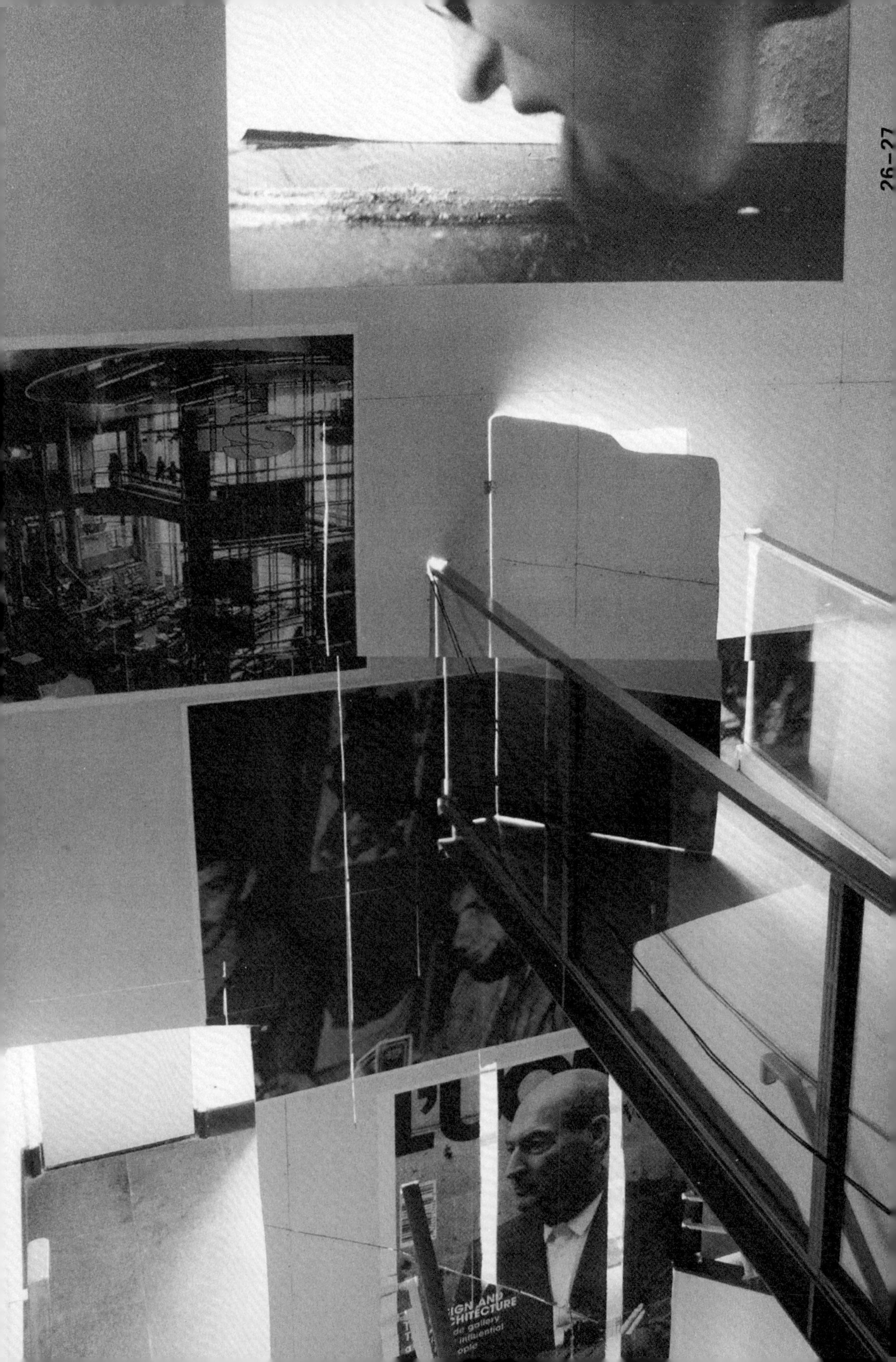
IGN AND
CHITECTURE
de gallery
influential
ople

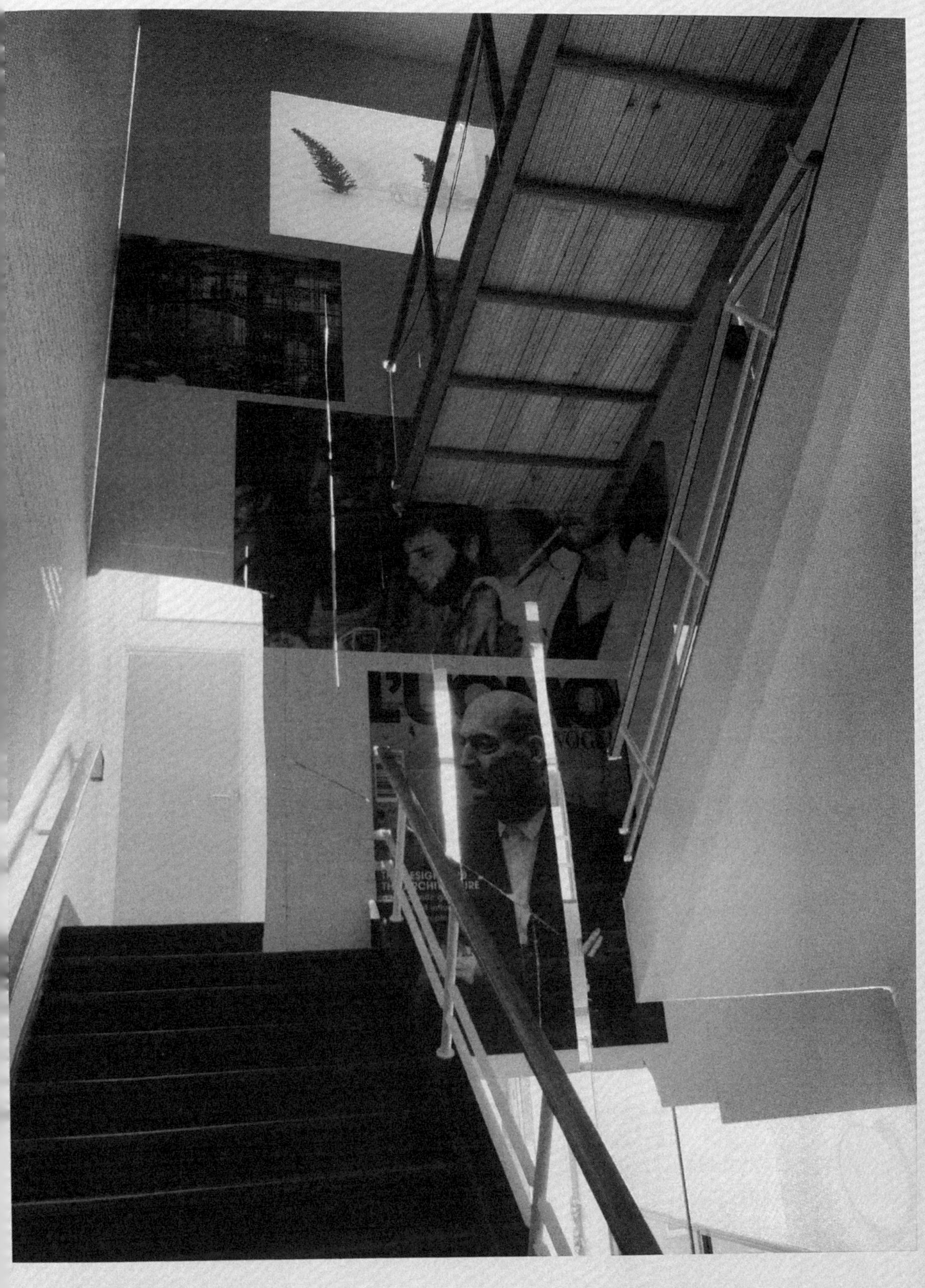

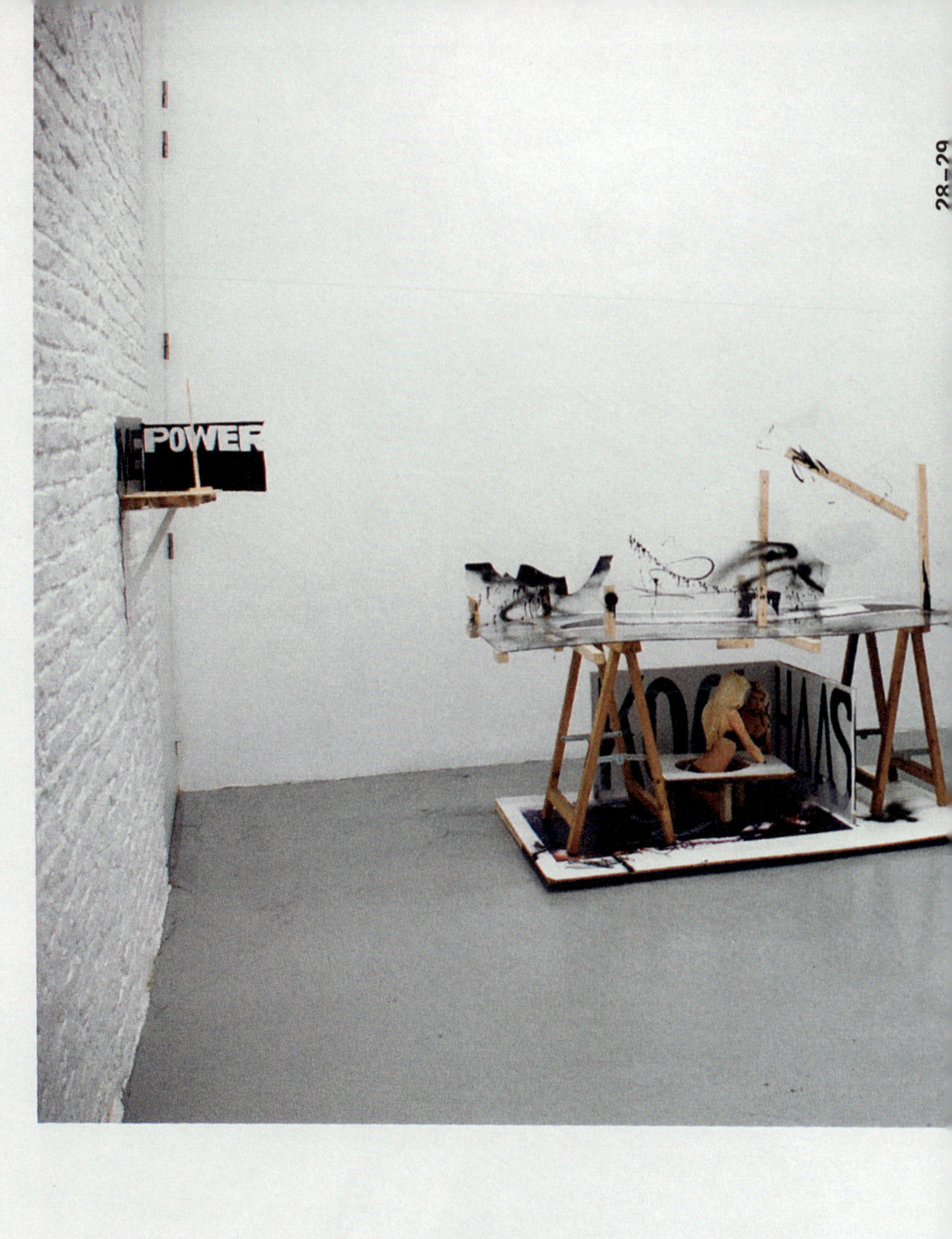
POWER
KOOL HAAS

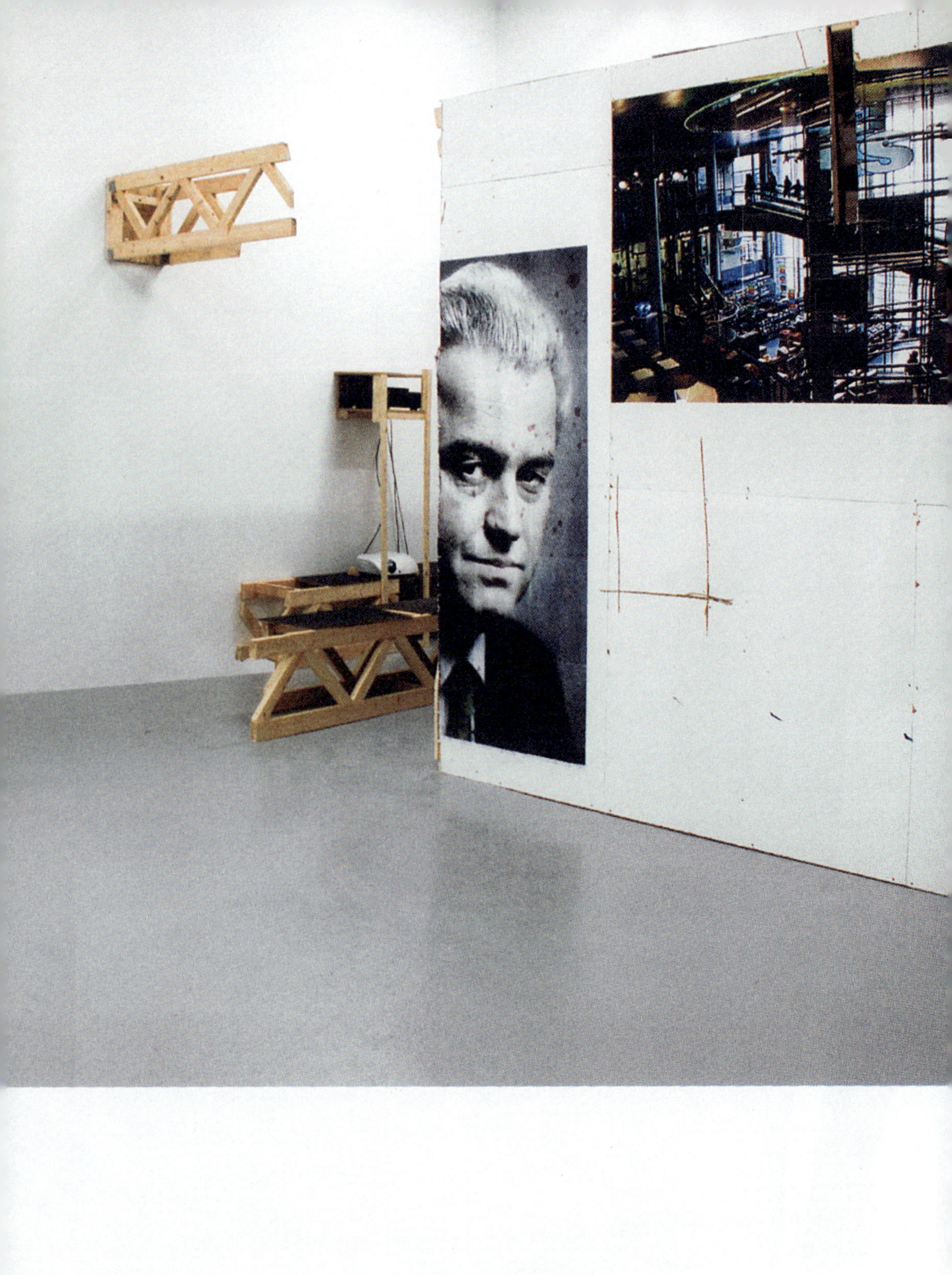

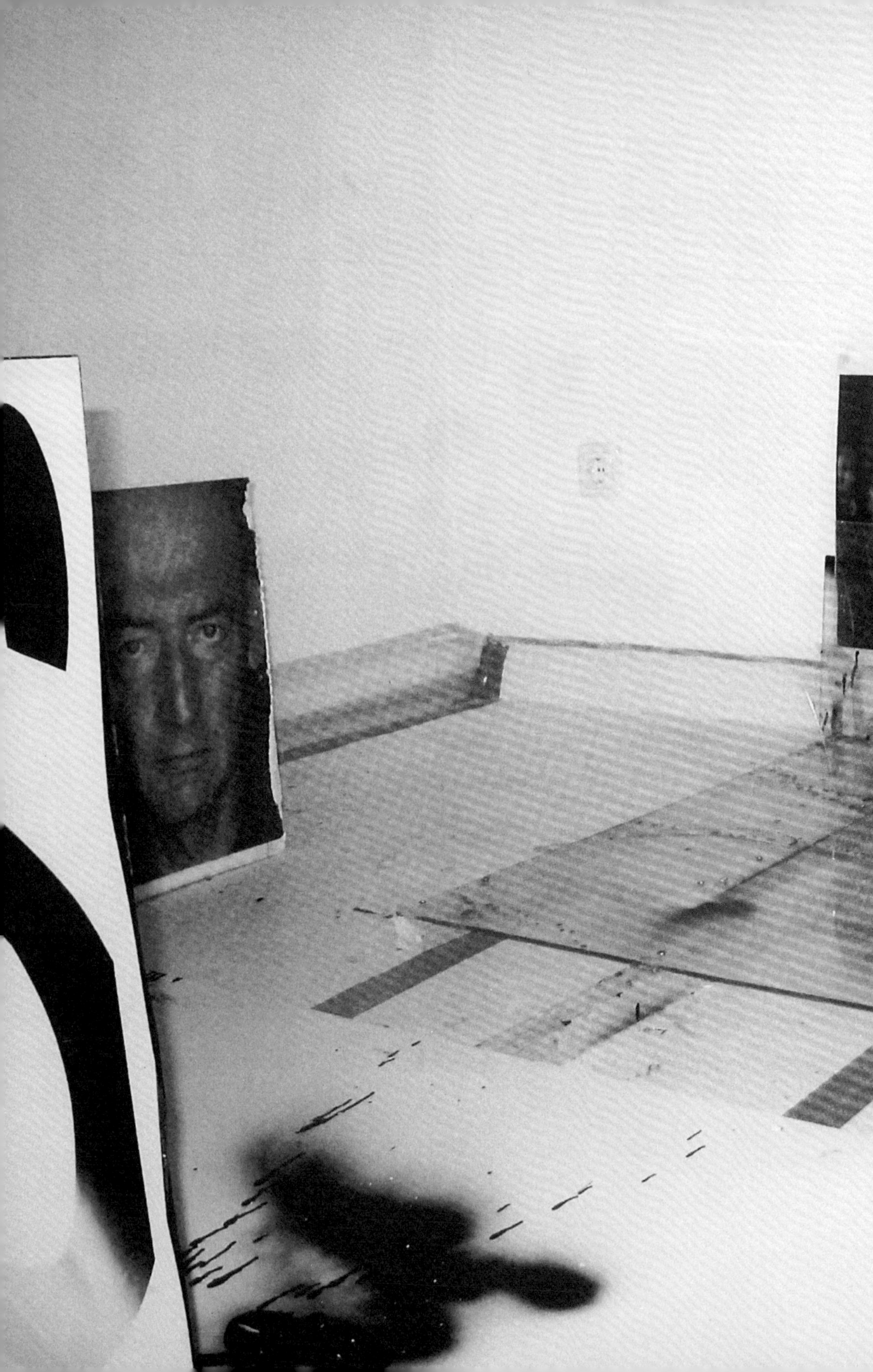

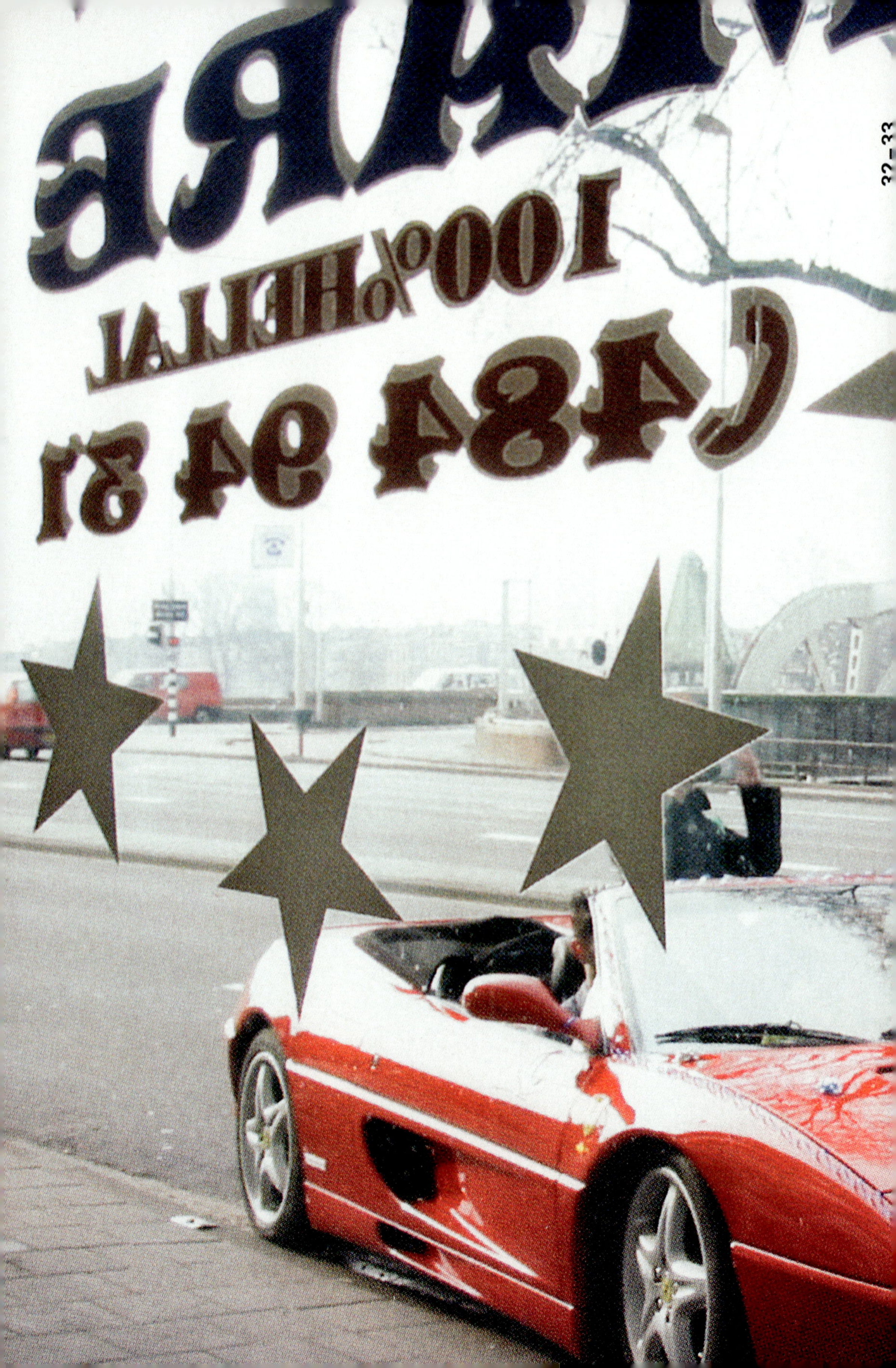
EMPIRE
100% HELLAL
(484 94 81)

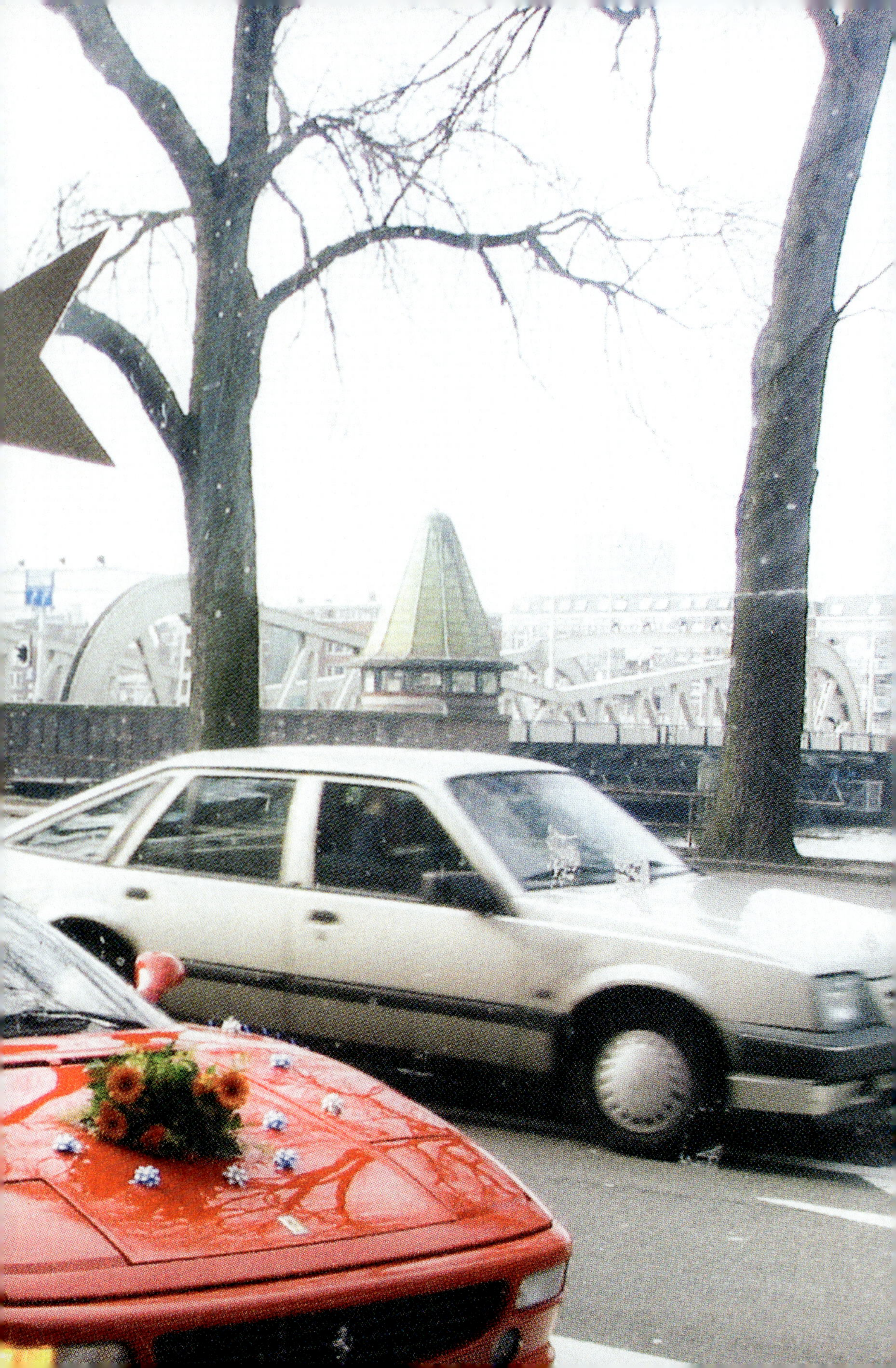

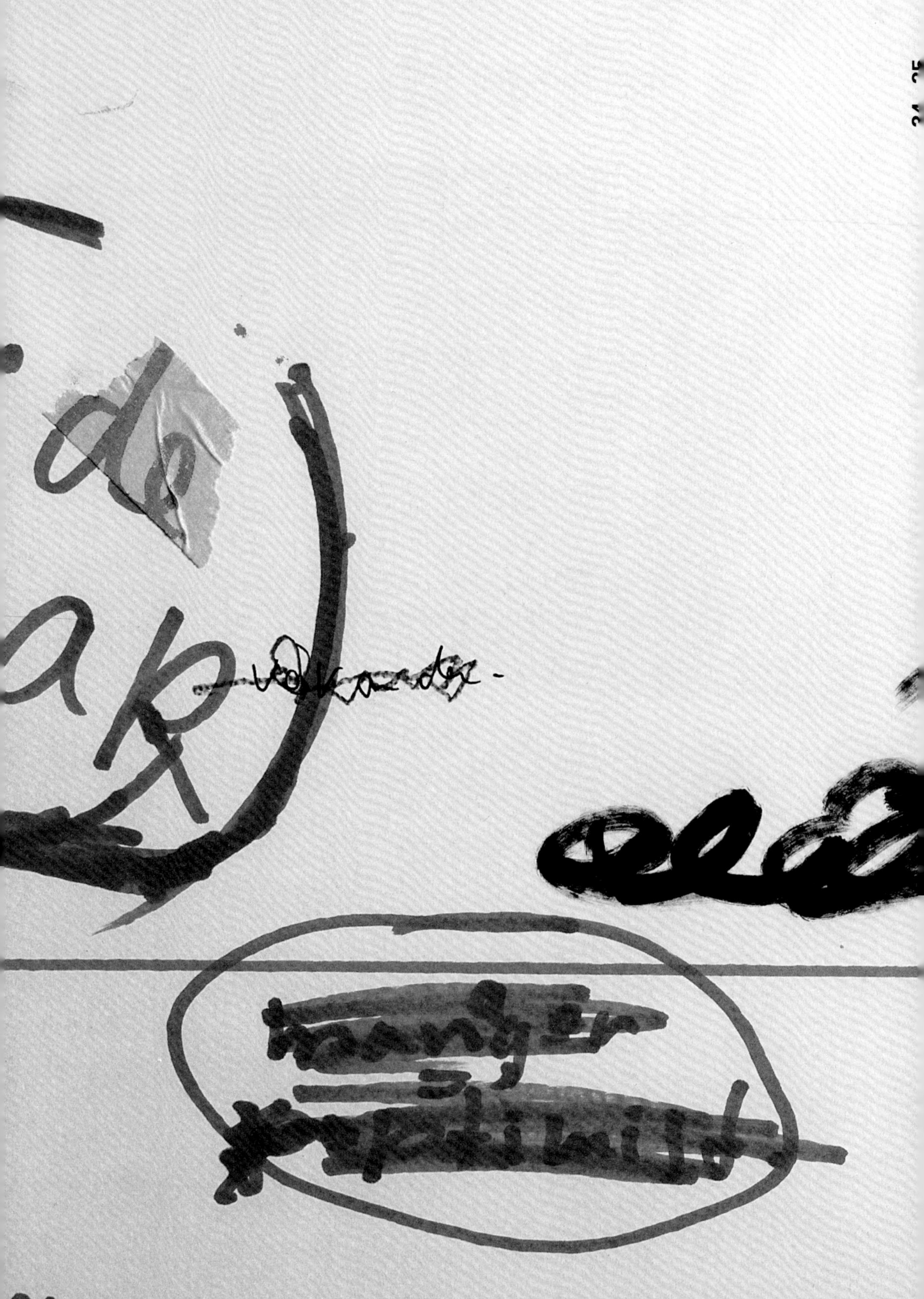

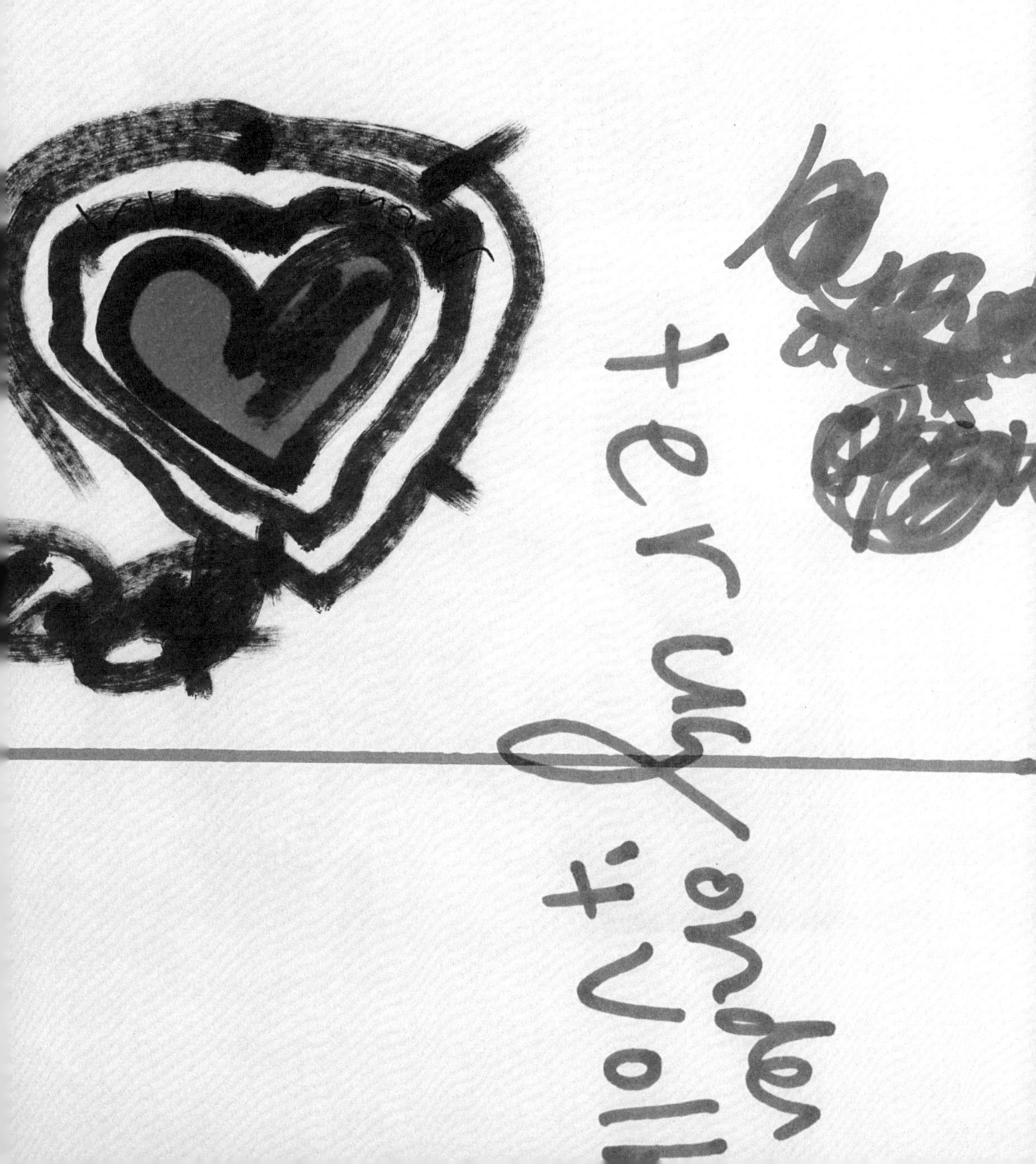

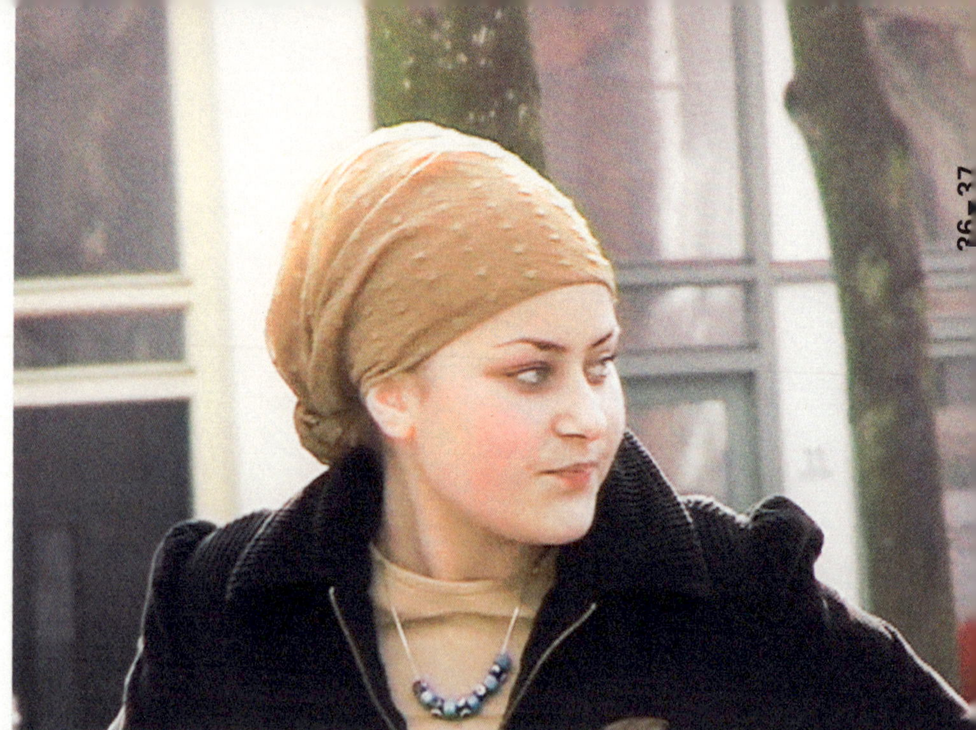

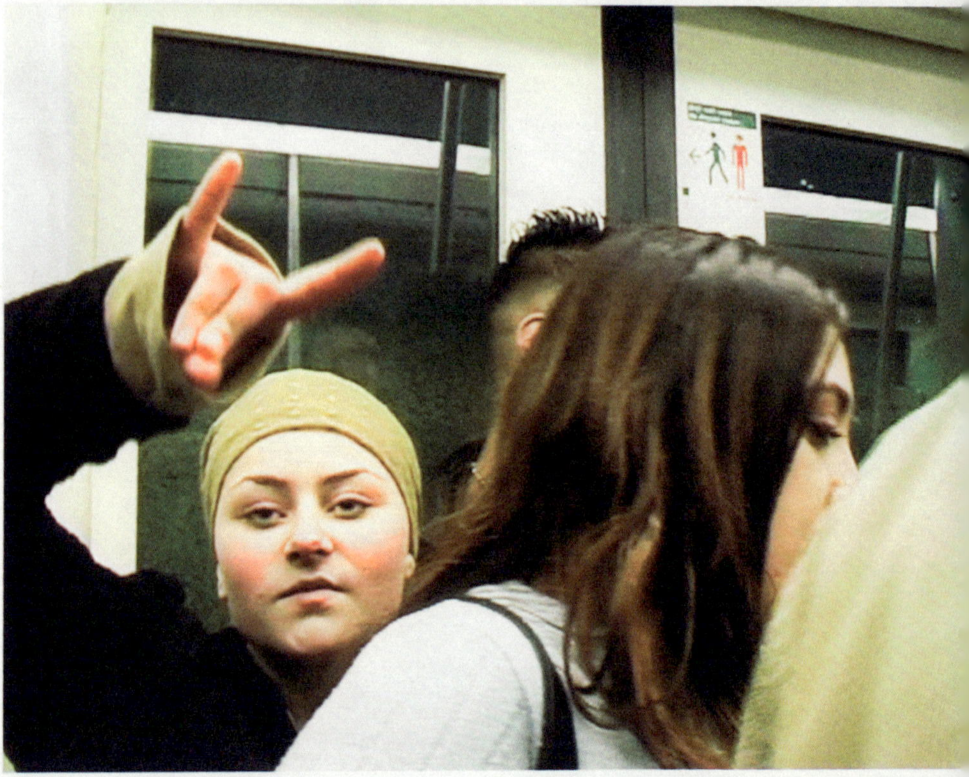

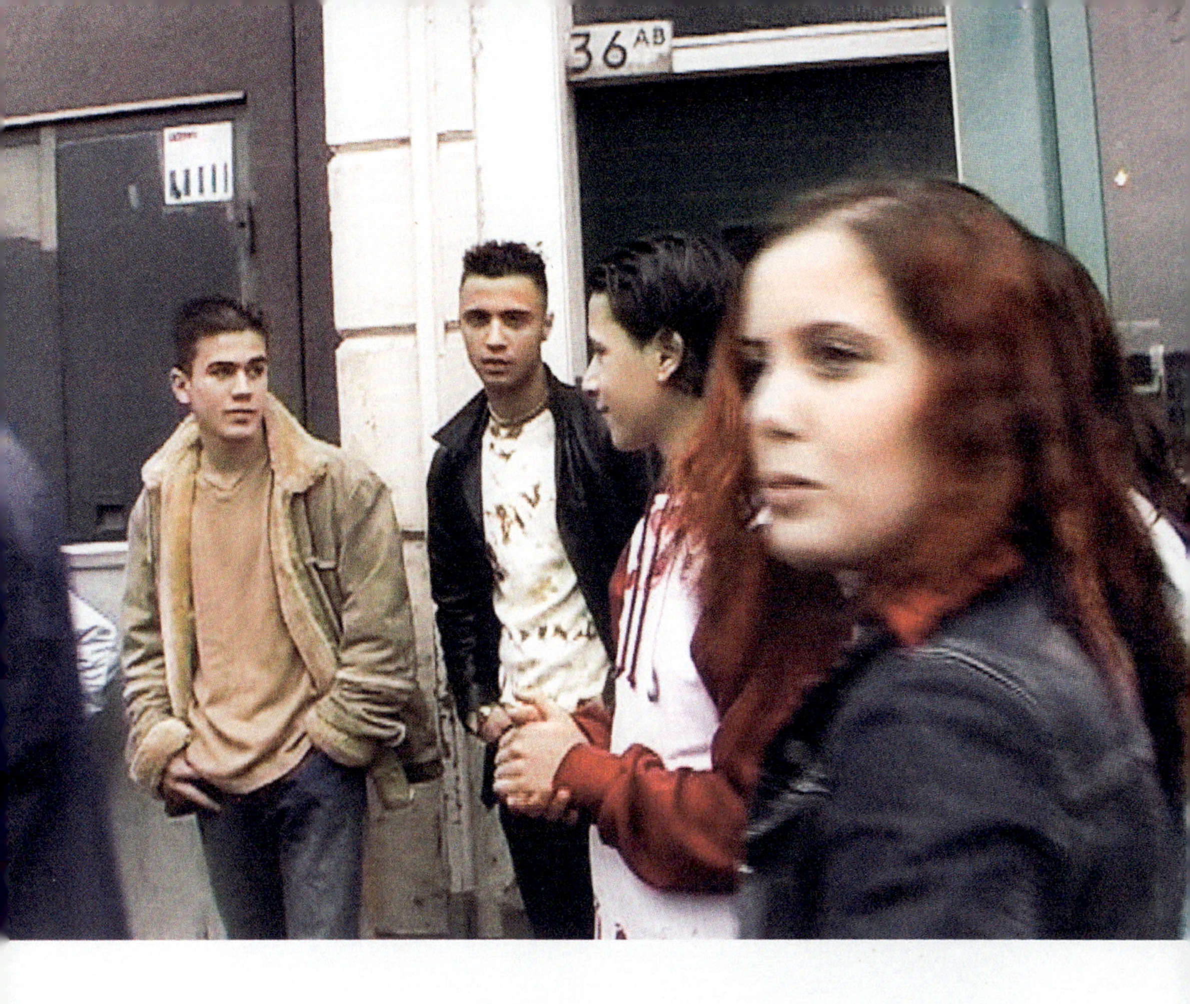

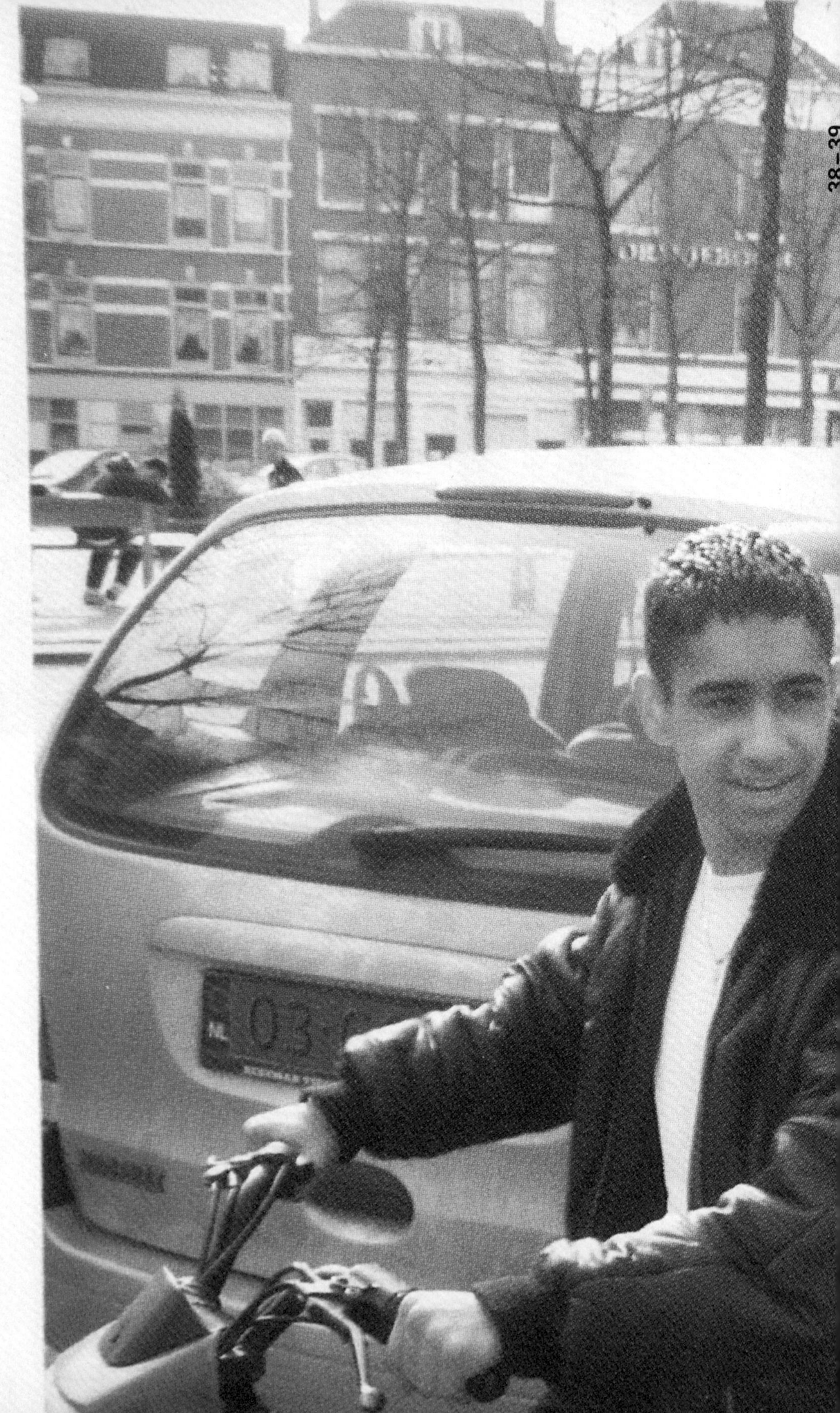

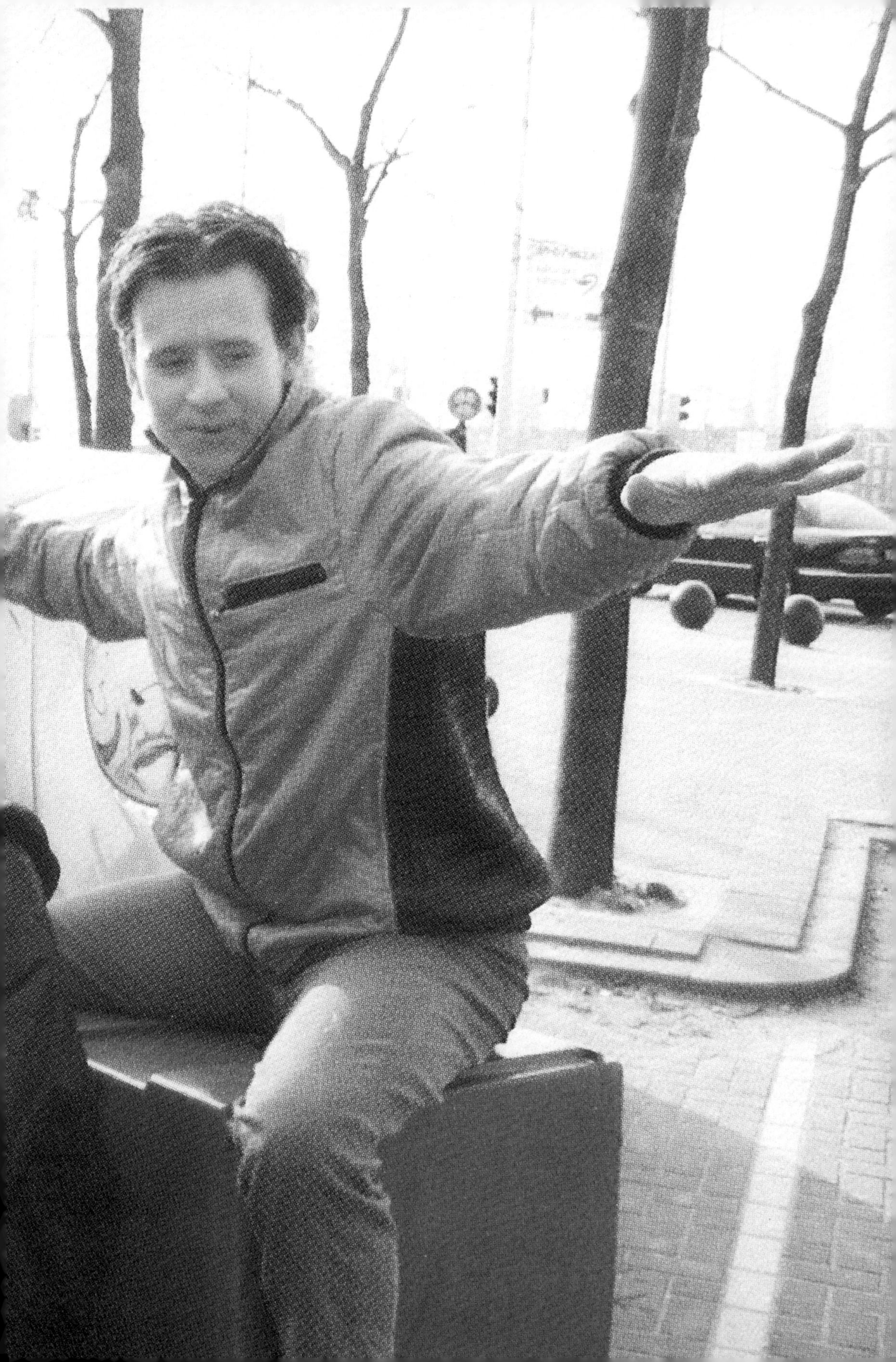

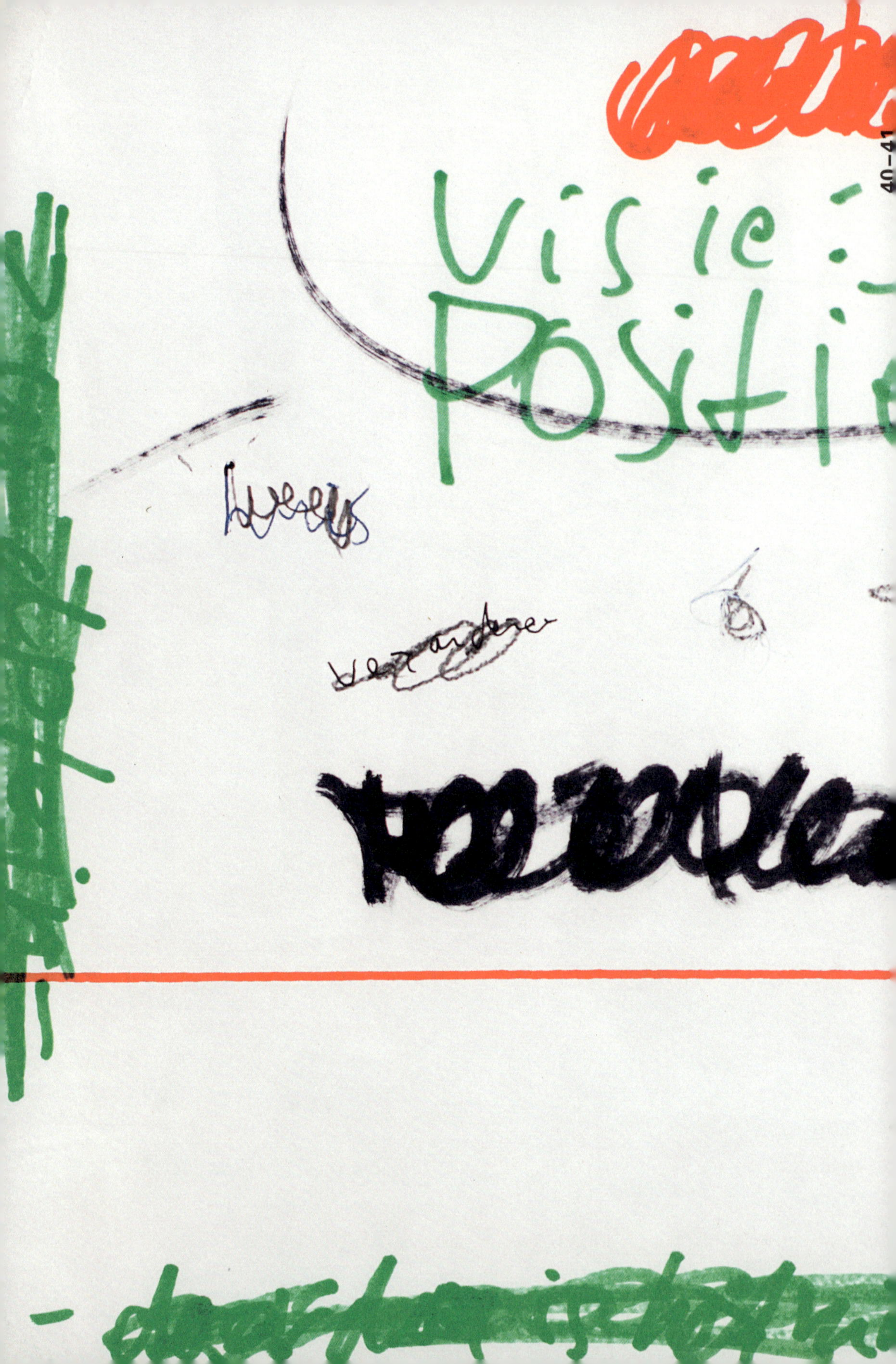

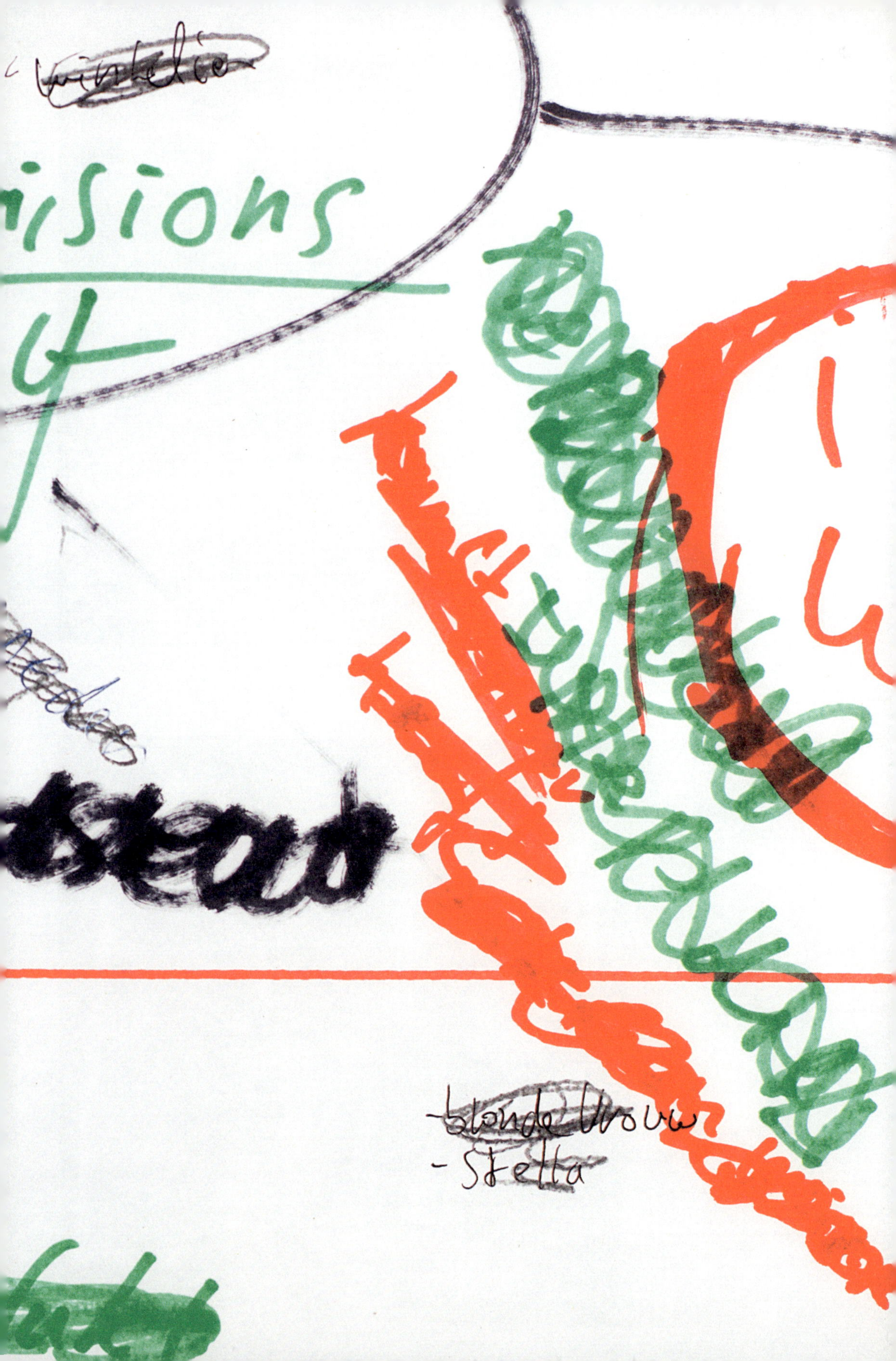
visions
of
instead
blonde vrouw
- Stella

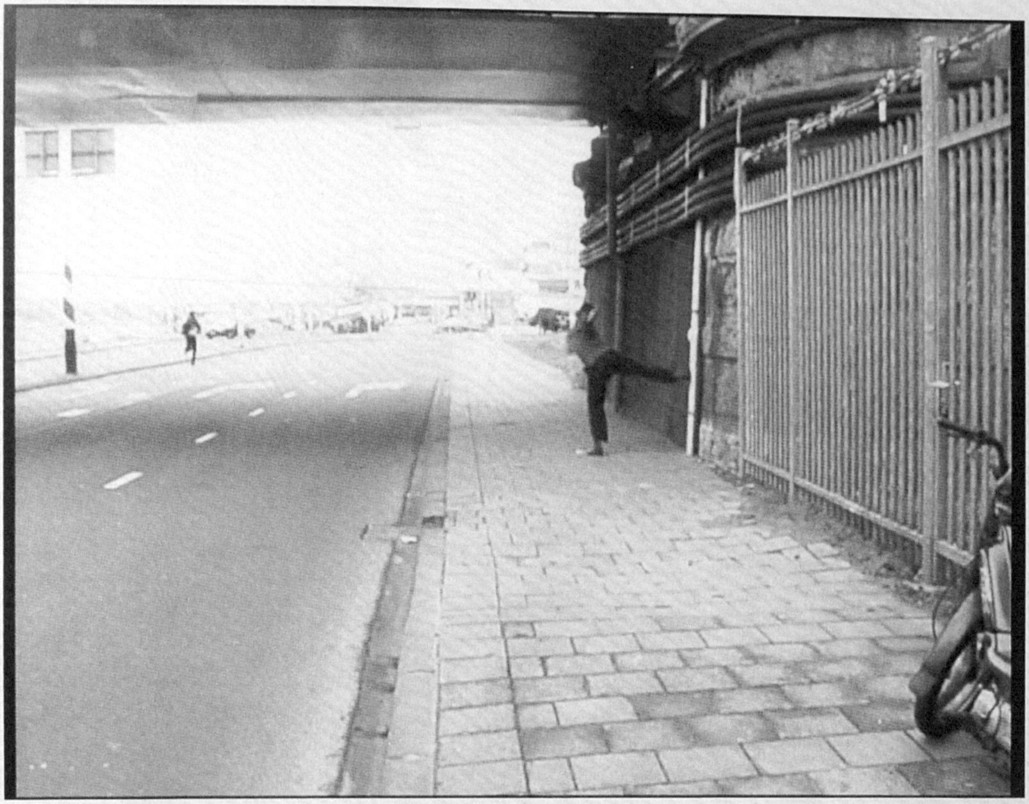

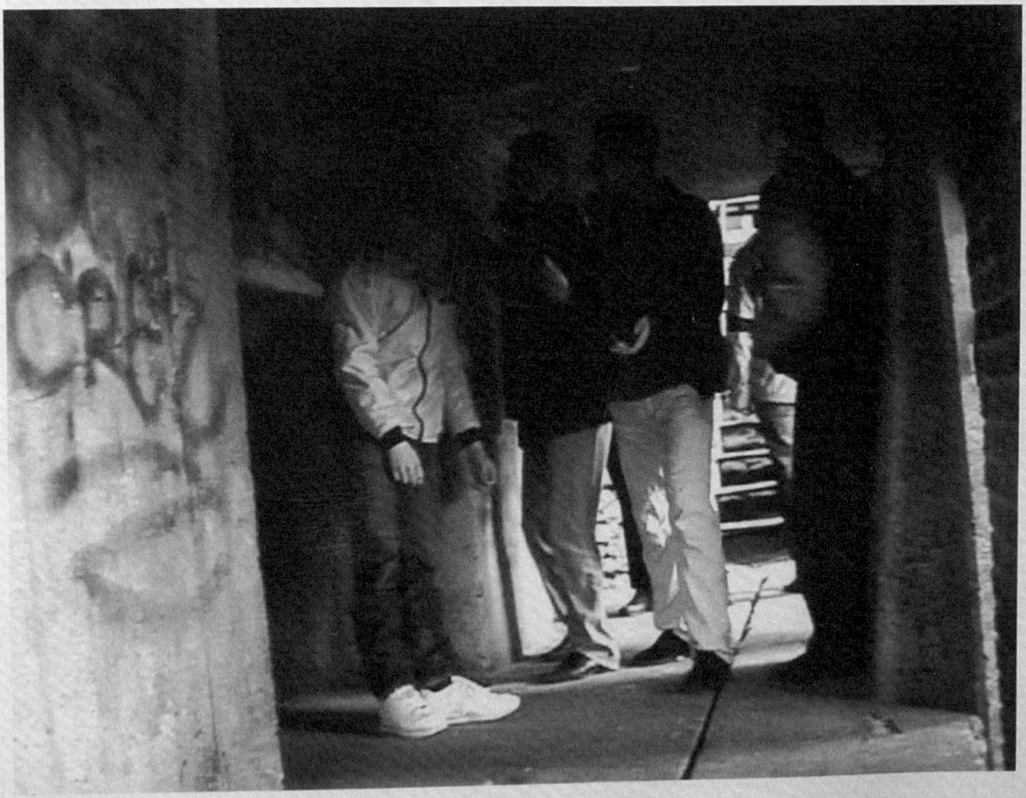

wanted Friend.

- uitgangspunt Bart wil een vriend ~~voordeel~~

- het is ook een goed idee om naar afrika/india te gaan want daar kan je vriend kopen.

- of chef willen van een vriend is de dingets (dat lukt zo niet) of je moet er één kopen.

- Ok ik wil het nog wel proberen om een vriend te vinden maar de dat het niet lukt dus beter of kopen

of kopen met geld ~~Frei de~~ de vrienden make dan de Film

- moeten we die jongens alles uit- leggen?

- ~~Alles~~ Zij maken onze Film?

— Alles uitleggen etc.

als we vrienden willen moeten we beginnen, dan nemen zij ons overal mee naar toe, zij maken de film.

Guus

— kill kill kill

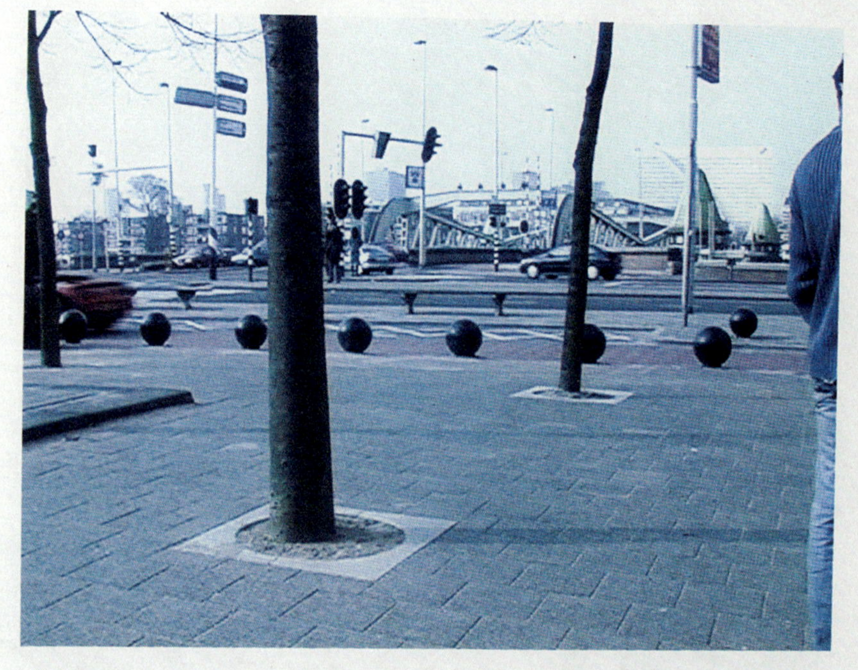

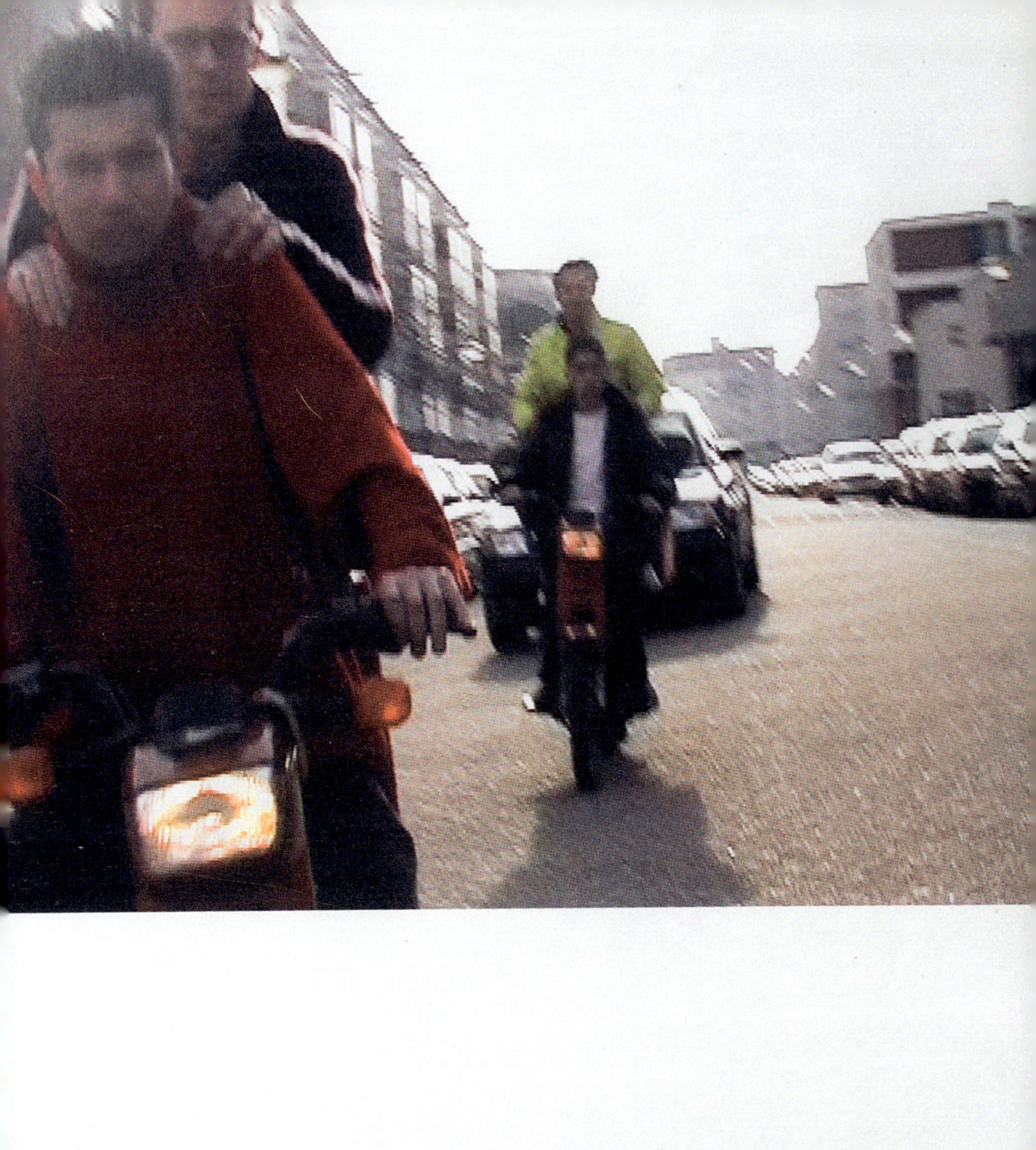

Held van
het volk
Pim had blue eyes,
beautiful blue eyes.

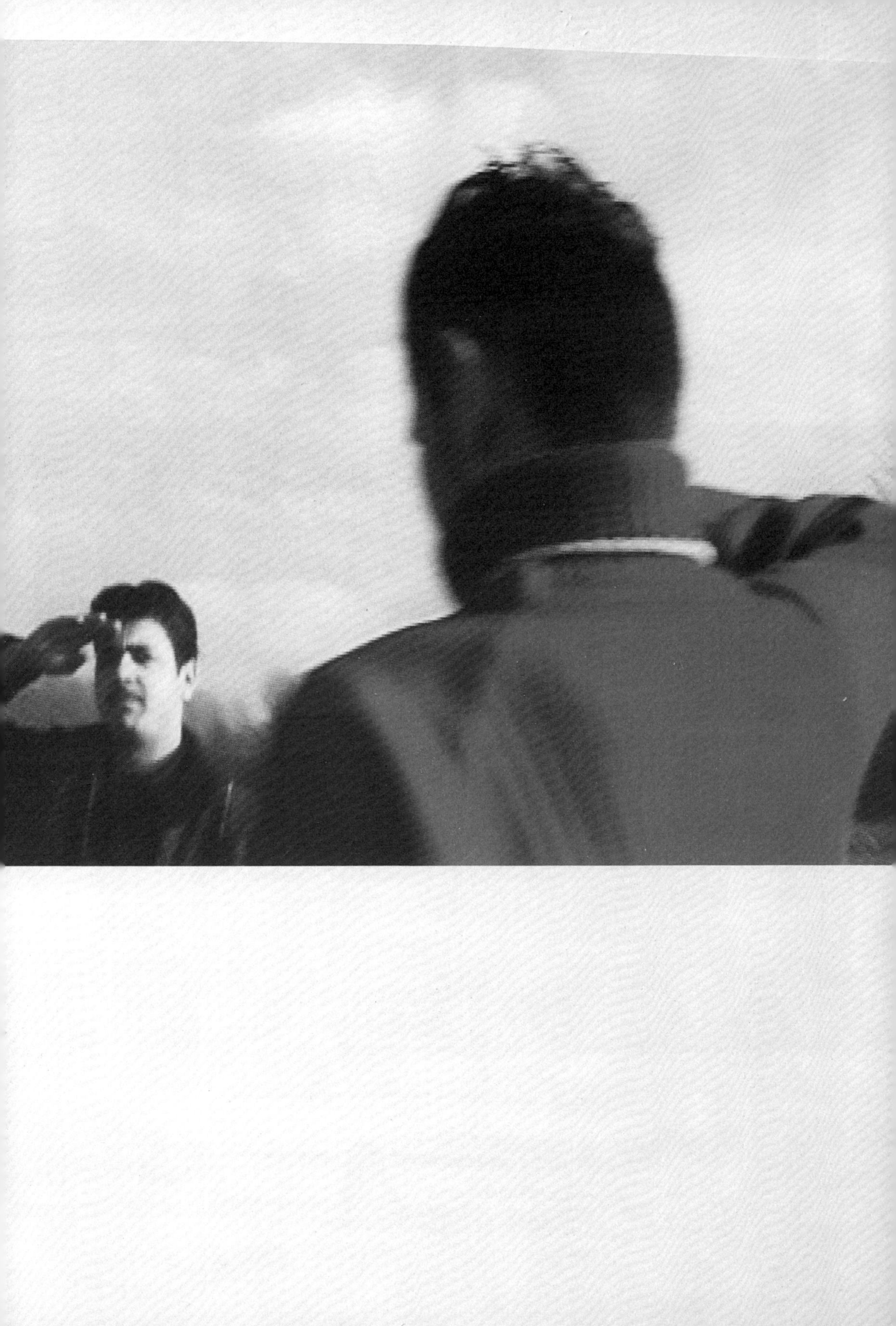

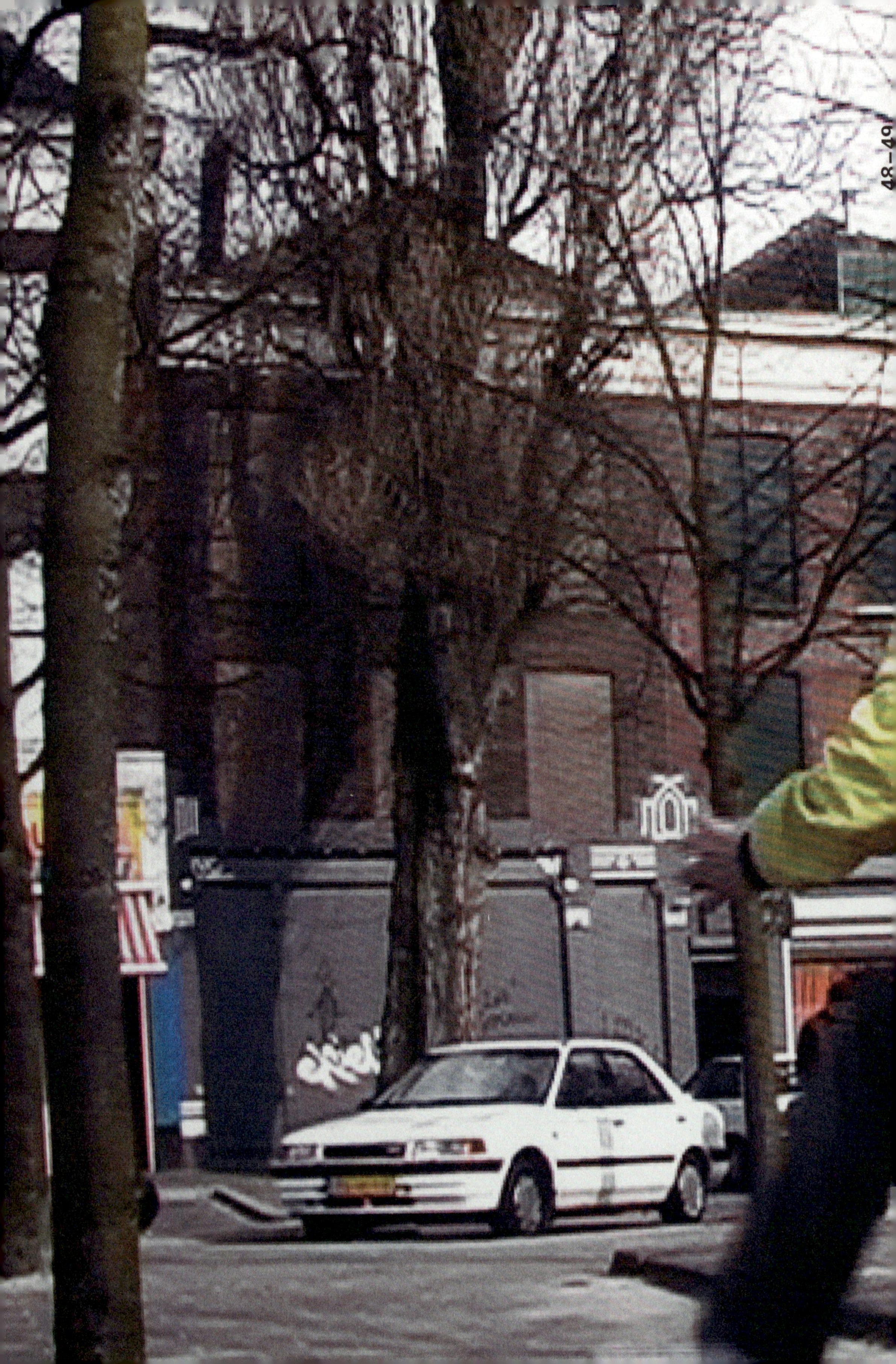

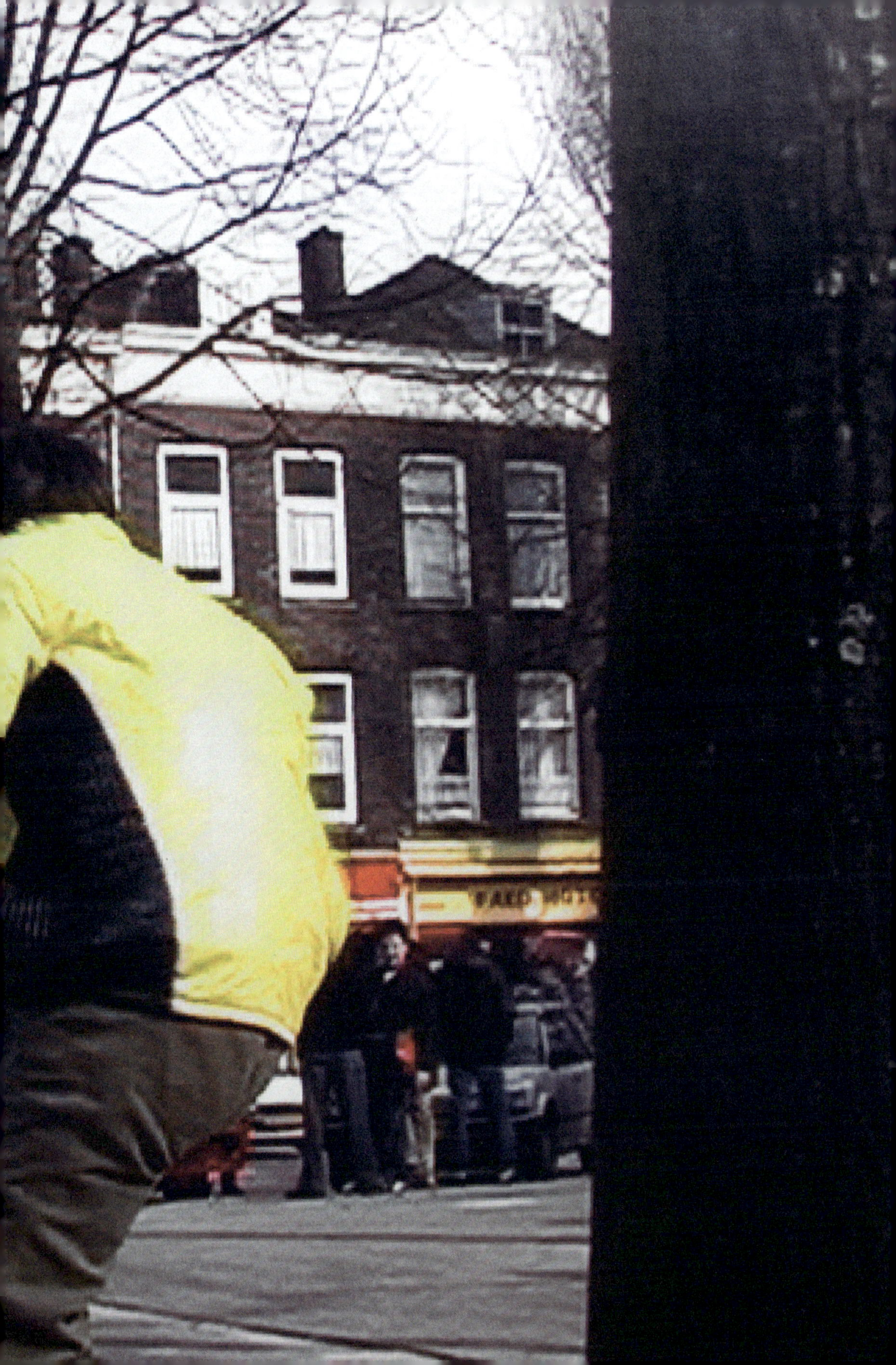

camera D.J.

— 4.20 Maurice   ali kadester + ander
  6: °g tied film Al.
   [→ lied ali → +ting: 32.
— 7:55 Barsa nedim dansen.
— 8:45 interviewgetje
— 10:20 Baz. ferrari
— 12:20 zeer mooi Baz ferrari
— 13:01 marrokaase jonges
— 14:40 nedim in ferrari
— 16:00 ferrari met bloem
— 16:40 freestyle J angetje + geluid
— 17:20 ferrari + Bart met Nedim
— 18:53 ali + meisjes.
— 19:20 ali zingt.
   20:28 west side meisjes.
   21:30 ca meisje hoofddoek.
— 24:00 Bart stapt beter uit ferrari
  26:00 bespraak osman + M + B.
  27:40: Bart danst met meisjes etc.
  28:30 goed + feest
   29:20: super feest.
— 30:00 → Bart meegevent in feest
  30:50
  53:00
  39:00 Af Hala

“How do you approach them? I don´t have the guts.”

“Hoe ga je naar die jongens toe? Ik zou dat nooit durven.”

Respect, 2003
DV transferred to DVD, color, sound,
8 minutes
Plaster board, carpet, plastic, wood,
acrylic paint
600 x 350 x 200 cm
With the financial support of
Mondrian Fund, Amsterdam

Awakening, 2005
DV transferred to DVD,
color, sound, 12 minutes
Wood, furniture, lace curtain,
mattresses
Approx. 250 x 225 x 625 cm
With the financial support of
Mondrian Fund, Amsterdam

Rotterdam, 2010
HD, color, sound, 4 minutes
Mixed media
Dimensions variable
Courtesy Sculpture International
Rotterdam and Hart van Zuid

Me Power, 2010
HD, color, sound, 3 minutes
Mixed media
Dimensions variable
Courtesy Sculpture International
Rotterdam and Hart van Zuid

p. 15
Respect, 2003
Page from notebook
29.6 x 21 cm

pp. 16–17
Rotterdam, 2010
Video still

p. 18
Rotterdam, 2010
Installation view: *Rotterdam*, 2010,
Stella Lohaus Gallery, Antwerp

p. 19
Me Power, 2010
Video stills with Chinese subtitles

pp. 20–21
Erik van Lieshout with exhibition
model for *Nether Land*, 2010

pp. 22–23
Me Power, 2010
Installation view (detail): *Morality-
Act VIII: Nether Land*, 2010, Witte de
With Center for Contemporary Art at
the Dutch Cultural Centre, Shanghai

p. 25
*Rotterdam Zuid. A Bike Tour with
Erik van Lieshout* (organized
by Witte de With Center for
Contemporary Art in collaboration
with ArchiGuides Rotterdam), 16
September 2012
Photo detail
View of De Rotterdam by OMA/
Rem Koolhaas under construction on
Wilhelminakade, Kop van Zuid

p. 26
Me Power, 2010
Installation view: *Act V: Power
Alone*, 2010, Witte de With Center
for Contemporary Art, Rotterdam

p. 27
Me Power, 2010
Installation view: *Act V: Power
Alone*, 2010, Witte de With Center
for Contemporary Art, Rotterdam

pp. 28–29
Installation view: *Rotterdam*, 2010,
Stella Lohaus Gallery, Antwerp

pp. 30–31
Studio view, Cologne, 2009

pp. 32–33
Respect, 2003
Production photo
Stieltjesstraat

pp. 34–35
Rotterdam, 2010
Note
21 x 29.6 cm

pp. 36–37
Respect, 2003
Video stills
Stieltjesplein and on subway

pp. 38–39
Respect, 2003
Production photo
Stieltjesplein

pp. 40–41
Rotterdam, 2010
Note
21 x 29.6 cm

p. 42
Respect, 2003
Video stills
Stieltjesstraat

p. 43
Respect, 2003
Note
59 x 42 cm

p. 44
Respect, 2003
Production still
Stieltjesplein

p. 45
Respect, 2003
Video still
Oranjeboomstraat

p. 46
Awakening, 2005
(see also pp. 109–124)
Video still

p. 47
Respect, 2003
Video still

pp. 48–49
Respect, 2003
Video still
Stieltjesplein

p. 50
Respect, 2003
Tape 4: footage list
29.6 x 21 cm

32
33
34
51
57
60
61
63
68
69
76
81

alles. privé

Rick   30 eu
jopie 50 eu
andré; juh 50 eu

politie bonparkeren
op de stoep

25 juni Arthur. Nolte → 500 eur

4 junie actie Ron   100 euro

28 juni A. Schreuder   → 50 euro

1 juli vuilnismannen → 50 euro privé

"Look, there's the café where the guy in my film told me he visits prostitutes," says Erik van Lieshout while giving a tour of Rotterdam South, a district that plays such an important role in his work. This is no different in his film *Janus*: "The man that says he killed people together with his dad lived there. He is in hiding somewhere now because of a quarrel."

He arrived here in 1993 and moved into a house on Dordtselaan, exactly on the corner that offers a view of Maashaven metro station, with the immense Maassilo behind it.[1] He liked standing behind the window to look at people passing by. "I could stare at them all day. It was beautiful," he tells us.

The south of Rotterdam is considered by some to be a criminal ghetto, with the associated social issues connected to low levels of education among residents, high unemployment, and a large immigrant population—a place many Rotterdammers wouldn't visit if they had no reason to. Yet for Van Lieshout it is the ultimate place to live and work. "It is a collage of architecture and people," he says. "You ring a doorbell, the door opens, and you can immediately participate in whatever is happening at that moment. Everyone is completely themselves and nobody sugarcoats what they say. This district is an inexhaustible source of inspiration."

This is how, armed with a video camera, he collected the images that can be seen in *Janus*. The film premiered at TRACK in Ghent in 2012. Afterward it was shown at Galerie Guido W. Baudach, Berlin and Annet Gelink Gallery, Amsterdam. At the 2013 International Film Festival Rotterdam, *Janus* won the Canon Tiger Award for best short film.

After all that, what he hadn't had time for was organizing a viewing of *Janus* for the people featured in the film. For Van Lieshout this is important: it completes the circle, the people from the film have to be able to say what it is like to be part of art, his art.

Van Lieshout organized a viewing for the participants on 15 June 2013 in the cultural center Het Gemaal, located in Afrikaanderplein (in Rotterdam South). Ten minutes before the start of the screening, there are no signs outside that would indicate that an art event is about to take place. The remains of Saturday's market are cleared away. Stalls are stacked on top of one another. A street sweeper blows the trash off the streets. Seagulls scramble between the remains of vegetables and fruit that have fallen on the ground. On the horizon, the tip of the

Erasmus Bridge points to the sky—the bridge is one of the connection points between Rotterdam South and the more 'desired' northern part of the city.

Janus is named after Janus Noltee who lived on Heer Danielstraat, next to the building that housed Van Lieshout's studio. Janus had lung cancer and was admitted to Maasstad Hospital for an operation. It was precisely at this time that a drug-resistant hospital bacteria was discovered. A few days after his successful operation, Janus unexpectedly passed away. The family was told he choked while eating.

As more news about the hospital bacteria was broadcast, levels of fear among the family, as well as in the district, rose. What kind of bacteria was this? Who had died from it? The Noltee family began to suspect that Janus' official cause of death may not be correct. At that time, Van Lieshout was working on a new video project, filming the stories that crossed his path on the streets, including Janus' story. He then made an agreement with Museum Rotterdam that they would buy Janus' estate and use his possessions to create an installation also featuring Van Lieshout's new film: An ordinary man would be elevated to art and exhibited at the museum.

"Special," says Janus' daughter-in-law Miranda Noltee about Van Lieshout's plan, while Van Lieshout's camera films her round face. Her voice sounds sweet and ingratiating: "I just can't believe it."

Museum Rotterdam made an inventory of the estate. Van Lieshout filmed this as well: curator Liesbeth van der Zeeuw walks around the trumpery. She finds Janus' son Arthur and daughter-in-law Miranda to be "such nice people." In the next shot, Janus' neighbor Otto van Veen speaks. He thinks differently of the Noltee family: they are egocentrics. He tells us there was a fight during Janus' funeral, that there was swearing because some people, such as Cora (Janus' partner), were not allowed to attend the service.

Cora won't be present at tonight's screening. "She wants nothing to do with the family because of the fight," explains Van Lieshout. He hopes Arthur and Miranda Noltee will be present, because of their leading roles in the movie.

A theme in *Janus* is how politics turned on art through the cutting of subsidies. In the eyes of some politicians, art is nothing but a leftist hobby, so reports the media, it is something only the elite can enjoy. It is said that art is not for ordinary people, so why spend tax money on it? In *Janus*, Van Lieshout says: "Rotterdam South is the lowest of the lowest. And we are beneath it." For this 'problem area' money is available.

Just as art was ruthlessly tackled by the people's representatives, Van Lieshout has handled the people ruthlessly and mercilessly. That is why he is nervous about tonight's screening. During the filming he had been nice to those in front of his lens, but in the editing this friendliness disappeared. Some will hear his true thoughts about them in the film. Some will only see a fraction of what was recorded of them, voicing opinions that may not necessarily benefit them.

If Arthur and Miranda come tonight they will hopefully be able to answer the following questions: Did they participate in Van Lieshout's film for the sake of art, to give an ordinary man a place in a museum? Or did they participate for practical reasons, because they were paid 1,500 Euro for Janus' estate? Does this film do justice to their story? Or has the artist used them for the sake of his own work?

It is almost time to switch on the projector and they haven't arrived yet. Van Lieshout's phone beeps. He reads the message and sighs. "Their car broke down, bad luck. We will have to continue without them."

Sixteen people have shown up, the majority consists of other artists, Van Lieshout's colleagues. Aside from them a few representatives of Museum Rotterdam are present—they had been forced to pull the plug from the *Janus* project themselves due to major budget cuts.

Just three people present might be able to provide answers to the glaring questions meant for Arthur and Miranda. People that in the eyes of Van Lieshout can be categorized as 'ordinary folks': Janus' neighbors Otto and Sjaak, and mailman Pierre. In one of the scenes in the film, Pierre tries to reflect on the role of artists: he thinks they are people that cheer up a neighborhood. He then wonders where bacteria come from, creating a steppingstone to one of Van Lieshout's key remarks: "An artist is also a type of bacterium or virus." Janus might have been infected by the hospital bacteria, after which his family and environment were infected by Van Lieshout: he runs off with their lives and utilizes small, de-contextualized parts for his film.

When the credits finish rolling, Van Lieshout steps out in front of his audience to answer questions. The conversation that emerges out of the experience extends the film into the evening: The first questions concern Janus' death and to what extent the hospital bacteria played a role.

Then the mailman Pierre stands up. He wants to know if Van Lieshout is happy with his own film: "When you look back, what is still missing?"

Van Lieshout: "When the film was done I initially didn't think it was very good. I always do. It is a very harsh movie, with a lot of fights. That's my opinion."

Pierre: "Will there be a sequel?"

Van Lieshout: "I just made another film. It's about my family."

Pierre: "What inspired you to make this film?"

Van Lieshout: "I was in my studio and could no longer continue what I had been working on. So I went outside."

Pierre: "It's good you came by with that camera. I thought: now I'll finally be a movie star. I always have something to say and I'm a camera of sorts myself. As a mailman you see everything and go everywhere. On top of that I'm a window cleaner… I think a real artist is one that doesn't need subsidies." He concludes: "Well, watching the film was good, I am happy with the film."

Then it's time for drinks. "Do I think people will understand what this film is about? No, I don't think so," says Liesbeth van der Zeeuw. "You could see it when the questions were asked. People are mostly interested in the bacteria and Janus' cause of death. And that's not what it's really about."

Do the people involved agree? The question can no longer be asked — Otto, Sjaak, and Pierre have already left. Their empty beer bottles sit beside their chairs.

Thankfully, Otto van der Veen is willing to answer some questions at his house, one of the working-class homes on Heer Danielstraat, next to Janus' former home. Otto is wearing black jogging pants, a white T-shirt, and white sports socks tucked into a pair of dark blue slippers. Inside, all kinds of shades of the color brown dominate the room. Otto sits down and says: "I wouldn't work with Van Lieshout again. Look, Erik is a nice jovial guy. He walks by one day, asks if he can film you, and then you talk for half an hour. Yet he only used about four seconds for his film. And precisely the part where I say Janus' family members are egocentric because they fought at the funeral. And the part about my neighbor where I say he hasn't worked a day in his life. That didn't make him happy. Of course, I said it, it's not a lie. My neighbor knows that's what I think of him, but still: why does Erik need to use precisely that sentence for the film?"

Otto explains what happened at Janus' cremation: "Cora was his life partner and the family suddenly decided she wasn't welcome anymore. They told her during the funeral. It was like 'for fuck's sake!', you know?" Otto's wife, who, besides a dark T-shirt, is wearing the same clothes as her husband, stands in the kitchen stirring a pan and has been listening in. She calls out: "I don't think that's something you should be talking about Otto. It's not our business, if those people want to say that, then they should do so themselves." Otto nods. Last Question: What did he think about having been part of this video artwork? Otto: "This isn't art, is it?! A painting, that's art."

Not far from Otto's place lives Cora Knegt, Janus' life partner. I meet Cora, blond and wearing a striking pair of blue glasses, at her small house that has sun shining into the backyard. There are a surprising amount of Buddha statues of all shapes and sizes scattered around her house. In the living room there is a large beige couch and a mirror hanging on the wall, framed with stuffed shiny silver cushions.

"I saw the film, but I really don't know if I can help you," she says while pouring a glass of iced water, as well as a glass of white wine for herself. "It was quite intense, everything came back to me. I met Janus twenty-two years ago in a café on Groene Hilledijk. We had fun together. We both worked on the beach at Rockanje. I was a lavatory attendant and Janus put out the sun beds. Janus was a real collector, his whole house was full of it: paintings, ashtrays, glass fish."

When he was diagnosed with cancer and admitted for an operation, Cora would walk to Maasstad Hospital every day. "The operation was a success but he kept having trouble eating. He had all these tubes going down his throat. A banana lay on his nightstand. I pointed at it and said 'Hey, why not try something else for a change?' Saturday morning I received a phone call: 'Your husband choked on a piece of banana...' Oh! Someone must have given it to him! He went into a coma because of it and was transferred to intensive care. As it turns out that is where the bacteria was, it was in the tubes. Then he passed. Whether it was the banana or the bacteria that was to blame, I do not know. And I don't care: he is dead, I won't get him back."

Janus had little contact with his children, Cora says. "And then they suddenly appeared. When I arrived at the crematorium it turned out they had told the undertaker I was not allowed to attend the service. There was swearing. I left. It was all so very painful. Until this day I do not know why they acted the way they did. If I'm honest, I don't want to know anymore. It's finished, done. Man, have I been talking. It's making my feet all sweaty."

Would Janus have been happy with the film? "I think so. He would have liked it. He liked to be seen. He had a yellow Opel Manta, for example, that he kept racing around the streets. He liked to show off. But the aftermath with his family, that wouldn't have made him proud." Cora herself finds the film to be shocking. "I'm surprised at all these people just telling their story. That man talking about prostitutes, I see him do his supermarket shopping at Albert Heijn! And jeez… that man that committed a murder! They all live in this area! Still, I don't think you get a fair picture of the neighborhood. Erik shows the excesses. Look, this area is mostly inhabited by ordinary, working-class people. They work to pay rent and like to go camping."

Above Cora's couch, beside the mirror, hangs a painting of a cat. Art? "I like cats and saw the painting at a florist. So I bought it. Nice, lots of color. Aside from that I don't know much about art. Sometimes I join my daughter to visit a museum. Recently there was an exhibition about Tutankhamen. With modern art I quickly think: Great, seen it, I'm done here."

She knew Erik van Lieshout by name. "I saw him on TV, on the program *Zomergasten*. A troublemaker. I liked that he came to my house and wanted to know more about Janus. And I don't regret participating. The result is quite heavy. But I don't feel like my privacy was violated. I'm telling the story myself aren't I? And it's exactly how it happened, so why remain silent? I think I might watch the film one more time in my life, and that will be enough. I am happy I'm not an artist. I would go crazy from all the thoughts and the pressure to keep creating. Just let me be ordinary, have a job, see my grandkids. I'll be more than happy."

Ivo van Woerden (b. 1979) is a journalist living in Rotterdam. His writing has been published in *Vrij Nederland, HP/De Tijd, Trouw, de Volkskrant, AD, Nieuwe Revu, Humo, de Morgen*, among others. He is the author of *Undercover in de Ouderenzorg* (2011) and *Het Drama van Alphen* (2013).

1.   The Maassilo is the biggest nightclub and events venue in Rotterdam. It opened its doors to the public in 2004 and is housed in an iconic factory building erected in 1906 on the south side of the Maashaven, and formerly known as Rotterdamse Graansilo (or the Rotterdam Granary).

"This is the underbelly of society, Rotterdam South. And they're putting us artists even below that. They treat artists as more lowly than them."

"Dit is eigenlijk de onder-laag van de samenleving, Rotterdam Zuid, het allerlaagst, min of meer, en daar stoppen ze ons kunstenaars nog onder. Ze behandelen de kunstenaars als nog lager als hun."

'Kijk, daar is het café van die man die in mijn film zegt hoe hij naar de hoertjes gaat,' zegt Erik van Lieshout terwijl hij een rondleiding geeft door Rotterdam-Zuid, de wijk die een grote rol speelt in zijn werk. Zo ook in zijn film *Janus*. Hij wijst naar een huis: 'Daar woont die man die zegt hoe hij samen met zijn vader mensen heeft vermoord. Hij zit nu ergens ondergedoken, want hij heeft ruzie.'

In 1993 kwam hij hier terecht en betrok een woning aan de Dordtselaan, precies op de hoek die uitzicht biedt op Metrostation Maashaven met daarachter de immense Maassilo. Hij stond er graag voor het raam om naar de mensen te kijken die voorbij liepen. 'Ik kon de hele dag naar ze staren. Dat was prachtig,' vertelt hij.

Rotterdam-Zuid wordt soms getypeerd als een crimineel getto met de bijbehorende sociale problematiek – veel lager opgeleiden, hoge werkloosheid, veel mensen met een buitenlandse achtergrond. Een plek waar je in principe niet komt als je er niets te zoeken hebt. Voor Van Lieshout is het juist de ultieme woon- en werkomgeving. 'Het is de collage aan architectuur en mensen,' zeg hij. 'Je belt ergens aan, de deur gaat open en dan mag je ongezouten meedoen met wat er op dat moment gebeurt. Iedereen is er totaal zichzelf en heeft het hart op de tong. Deze buurt is een oneindige inspiratiebron.'

Gewapend met een camera heeft hij zo de beelden verzameld die terug zijn te zien in *Janus*. In 2012 ging de film in première tijdens kunstmanifestatie TRACK in Gent. Daarna vertoonden de Berlijnse Galerie Guido W. Baudach en de Amsterdamse Annet Gelink Gallery de film. Tijdens het Rotterdam Filmfestival 2013 won *Janus* de Canon Tiger Award for Short Film.

Maar waar hij niet aan toe was gekomen, is een vertoning van *Janus* aan de mensen die in de film voorkomen. Voor Van Lieshout is dat belangrijk; de cirkel wordt rond gemaakt, de mensen uit de film moeten kunnen zeggen hoe het is om deel uit te maken van een kunstwerk, zijn kunstwerk.

Daartoe heeft Van Lieshout zaterdag 15 juni 2013 een filmvertoning in cultureel centrum Het Gemaal georganiseerd, gelegen aan het Afrikaanderplein. Tien minuten voor aanvang van de voorstelling is buiten nog niet te merken dat er een kunstevenement zal plaatsvinden. De restanten van de zaterdagmarkt worden opgeruimd. Kraampjes staan opgestapeld naast elkaar. Een schoonmaakwagen spuit het vuil van de straat. Meeuwen scharrelen tussen groenten en fruit die op de

grond zijn gevallen. Aan de horizon steekt de punt van de Erasmusbrug de lucht in. Daar ligt de verbinding tussen Rotterdam-Zuid met het 'gewildere' noorden van de stad.
Janus dankt zijn naam aan Janus Noltee die in de Heer Danielstraat woonde, naast het gebouw waarin Van Lieshout zijn atelier had. Janus had longkanker en werd opgenomen in het Maasstad Ziekenhuis voor een operatie. Juist in die periode waarde daar een multiresistente ziekenhuisbacterie rond. Een paar dagen na de succesvol verlopen operatie overleed Janus geheel onverwachts. De familie hoorde dat hij was gestikt tijdens het eten.

Terwijl er steeds meer nieuws over de ziekenhuisbacterie naar buiten kwam, nam de angst bij de familie en in de wijk toe. Wat was dat voor bacterie? Wie waren er allemaal aan overleden? De familie Noltee kreeg het vermoeden dat Janus' officiële doodsoorzaak niet klopte.

Van Lieshout was op dat moment bezig met een nieuw filmproject en volgde op straat verschillende verhalen die op zijn pad kwamen, waaronder het verhaal van Janus. Met Museum Rotterdam sprak hij af dat zij de inboedel van *Janus* zouden kopen zodat hij met dit materiaal een installatie over hem kon maken: de gewone man zou tot kunst worden verheven en in het museum tentoon worden gesteld. 'Speciaal,' zegt Janus' schoondochter Miranda Noltee over Van Lieshouts plan, terwijl Van Lieshouts camera haar ronde gezicht filmt. Haar stem klinkt lief en zalvend: 'Ik kan het gewoon niet geloven.'

Museum Rotterdam taxeerde de inboedel. Ook daar heeft Van Lieshout opnames van gemaakt: conservator Liesbeth van der Zeeuw loopt een rondje tussen de prullaria en zegt dat ze Janus' zoon Arthur en schoondochter Miranda 'zulke lieve mensen' vindt. In het volgende shot komt de buurman van Janus aan het woord, Otto van Veen. Hij vindt iets anders van de familie Noltee: het zijn egoïsten. Hij vertelt dat er ruzie is geweest tijdens Janus' begrafenis, dat er gescholden is omdat sommigen, onder anderen Cora (de levenspartner van Janus), niet aanwezig mochten zijn bij de uitvaart.

Cora zal vanavond niet bij de filmvertoning aanwezig zijn. 'Die wil door de ruzie niets meer met de familie te maken hebben,' legt Van Lieshout uit. Hij hoopt nog op de aanwezigheid van Arthur en Miranda Noltee, vanwege hun hoofdrol in de film.

Een thema in *Janus* is hoe de politiek de kunst de rug toe heeft gekeerd door flink te bezuinigen op kunstsubsidies. Kunst is in de ogen van sommige politieke machthebbers niet meer dan een linkse hobby,

zo wordt in de media verkondigd, iets waarvan alleen de elite kan ge-
nieten. Er wordt gesteld dat kunst niet voor het volk is, dus waarom
zou er belastinggeld naar toe moeten gaan? Van Lieshout zegt in
Janus: 'Rotterdam-Zuid is het laagste van het laagste. En wij zitten
daar nog onder.' Voor dit 'probleemgebied' is namelijk nog wél
subsidie beschikbaar.

Zoals de kunst hard door de volksvertegenwoordigers is aange-
pakt, zo is van Lieshout in *Janus* rauw en genadeloos met het volk
omgegaan. Daarom is hij vanavond zenuwachtig voor de vertoning.
Tijdens het filmen was hij namelijk aardig geweest tegen de mensen
die hij voor zijn lens kreeg. Tijdens de montage is die vriendelijkheid
verdwenen. Sommigen zullen in de film horen hoe hij echt over hen
denkt. Anderen zien alleen maar een fractie van de opnames terug en
daarin doen ze uitspraken die niet per se voordelig voor hen zijn.

Als Arthur en Miranda vanavond komen, kunnen ze hopelijk antwoord geven op de volgende vragen: deden ze mee aan Van Lieshouts
film omwille van de kunst, om de gewone man een plek te geven in
een museum? Of deden ze mee om praktische redenen, omdat ze 1500
euro kregen voor Janus' inboedel? Was in deze film recht gedaan aan
hun verhaal? Of had de kunstenaar hen misbruikt omwille van zijn
eigen werk?

Het is bijna tijd om de videoprojector aan te zetten en ze zijn nog
niet op komen dagen. Dan piept de telefoon van Van Lieshout. Hij leest
de sms en zucht. 'Ze hebben autopech, balen. Dan maar verder zonder. '

Er zijn zestien mensen komen opdagen. Het merendeel bestaat uit
andere kunstenaars, collega's van Van Lieshout. Daarnaast zijn een paar
vertegenwoordigers van Museum Rotterdam aanwezig, dat overigens
voortijdig de stekker uit het Janusproject moest trekken omdat ook het
museum te kampen kreeg met een flinke korting op hun subsidie.

Slechts drie mensen in de zaal zouden eventueel antwoord kunnen
geven op de prangende vragen die bedoeld zijn voor Arthur en Miranda.
Mensen die in van Lieshouts ogen onder 'het volk' kunnen worden ge-
schaard: Janus' buurman Otto, buurman Sjaak en postbode Pierre.

Tijdens een scene van *Janus* probeert Pierre te reflecteren op het
nut van kunstenaars: het zijn volgens hem mensen die leven in de brou-
werij brengen. Daarna vraagt hij zich af waar bacteriën vandaan komen.
Een opstapje naar een sleutelopmerking van Van Lieshout: 'Een kunstenaar is ook een soort bacterie of virus.' Janus werd mogelijk geïnfecteerd door de ziekenhuisbacterie. Daarop is zijn familie en omgeving
door Van Lieshout geïnfecteerd: hij gaat met hun leven aan de haal en
verwerkt kleine, uit hun verband gerukte delen daarvan in zijn werk.

Als de aftiteling voorbij is, gaat Van Lieshout voor het publiek staan
om vragen te beantwoorden. Het gesprek dat ontstaat, laat de film
doorlopen in de avond. Eerst gaan de vragen over de doodsoorzaak
van Janus en in hoeverre de bacterie daarin een rol heeft gespeeld. Dan
staat postbode Pierre op. Hij wil weten of Van Lieshout zelf tevreden is
met de film: 'Als je terugkijkt, wat mis je dan nog?'
    Van Lieshout: 'Toen de film net af was, dacht ik dat hij niet goed was.
Dat denk ik altijd. Het is een harde film, met ruzie. Zo zit ik er zelf in.'
    Pierre: 'Gaan we nog een vervolg krijgen?'
    Van Lieshout: 'Ik heb net een andere film gemaakt. Die gaat over
mijn familie.'
    Pierre: 'Wat motiveerde je om deze film te maken?'
    Van Lieshout: 'Ik was in het atelier en kon niet meer verder met wat
ik daar aan het doen was. Toen ben ik naar buiten gegaan.'
    Pierre: 'Leuk dat je met die camera langskwam. Ik dacht: nu word
ik eindelijk een filmster. Ik heb ook altijd wat te vertellen en ben zelf
een soort camera. Als postbode zie je alles en kom je overal. Ik ben
daarnaast ook nog eens glazenwasser... Ik vind een echte kunstenaar
iemand die geen subsidie nodig heeft.' Hij concludeert: 'Nou, ik vond
het toch leuk om de film te zien. Ik ben er blij mee.'
    Dan is het tijd voor een drankje. 'Of ik denk dat "het volk" begrijpt
waar deze film over gaat? Nee, dat denk ik niet,' zegt Liesbeth van der
Zeeuw. 'Je zag het net bij de vragen die werden gesteld. Men is vooral
benieuwd naar de bacterie en of die Janus' doodsoorzaak is geweest.
En eigenlijk gaat het daar niet om.'
    Is het volk het daarmee eens? De vraag kan niet meer gesteld wor-
den – Otto, Sjaak en Pierre zijn al vertrokken. Hun lege bierflesjes staan
naast de stoelen.

Gelukkig wil Otto van Veen wel wat vragen beantwoorden bij hem
thuis, een van de arbeiderswoningen in de Heer Danielstraat naast het
voormalige huis van Janus.
    Otto draagt een zwarte trainingsbroek, een wit T-shirt en witte
sportsokken in donkerblauwe badslippers. Binnen overheerst de kleur
bruin in alle tinten. Otto gaat op de bank zitten en zegt: 'Ik zou niet
nog een keer meewerken met Van Lieshout. Kijk, Erik is een aardige,
joviale jongen. Hij loopt op een dag langs, vraagt je of hij mag filmen
en dan praat je een half uur. Hij heeft daaruit maar vier zinnen in de film
gestopt. En dan net het stukje dat ik zeg dat de familieleden van Janus
egoïsten zijn omdat ze ruzie hadden op zijn begrafenis. En het stukje
dat ik over mijn achterbuurman zeg dat hij zijn hele leven nog niet

gewerkt heeft. Nou, daar was mijn achterbuurman niet blij mee. Tuurlijk, ik heb het gezegd, dus er is niets van gelogen. Mijn buurman weet ook dat ik dat van hem vind, maar toch: waarom moet Erik nou net die zin in de film stoppen?'

Otto vertelt wat er gebeurde tijdens de crematie van Janus. 'Cora was zijn levensmaatje en die mocht er ineens niet meer bij zijn van de familie. Dat hebben ze haar tijdens die begrafenis laten weten. Het ging van je "kolerekanker!", weet je wel.' Otto's vrouw, die op een donker T-shirt na dezelfde kleding als haar man draagt, staat in de keuken in een pan te roeren en heeft meegeluisterd. Ze roept: 'Ik vind niet dat je dat nou allemaal moet gaan zitten vertellen, Otto. Het zijn onze zaken niet, dus als die mensen dat zelf willen zeggen, dan moeten ze dat ook zelf maar doen.' Otto knikt. Laatste vraag: wat vond hij ervan dat hij deel had uitgemaakt van een videokunstwerk? Otto: 'Dit is toch geen kunst?! Een schilderij, dát is kunst.'

Niet ver van Otto's huis woont Cora Knegt, Janus' levenspartner. Cora, blond met een opvallende blauwe bril, woont in een klein huis met zon op de achtertuin. Er staan verrassend veel boeddha's in allerlei maten her en der verspreid door haar huis. In de huiskamer staat een grote beige bank en aan de muur hangt een spiegel die is omlijst met zilveren glimmende kussens.

'Ik heb de film gezien, maar ik weet niet of ik je kan helpen hoor,' zegt ze terwijl ze water met ijsblokjes pakt en voor zichzelf een glas witte wijn inschenkt. 'Het was best heftig, alles kwam weer terug. Ik heb Janus 22 jaar geleden leren kennen in een café aan de Groene Hilledijk. We hadden het leuk samen. We werkten allebei aan het strand van Rockanje. Ik zat daar als toiletjuffrouw bij de wc's en hij legde ligbedden klaar.' Janus was een echte verzamelaar. 'Het hele huis stond vol: schilderijtjes, asbakken, glazen vissen.'

Toen hij kanker kreeg en opgenomen werd voor een operatie, liep Cora iedere dag naar het Maasstad Ziekenhuis. 'De operatie was geslaagd, maar het wilde maar niet lukken met eten. Hij had ook allemaal slangen in zijn keel. Op zijn nachtkastje lag een grote verse banaan. Ik wees ernaar en zei: joh, probeer eens wat anders te eten. Zaterdagochtend kreeg ik een telefoontje: "Uw man is gestikt in een stukje banaan..." Oh! Iemand moet hem dat hebben gegeven! Hij was erdoor in coma geraakt en is daarna verplaatst naar de Intensive Care. Daar bleek later die bacterie in de slangen te hebben gezeten. Toen is hij overleden. Of de banaan of de bacterie de schuldige is geweest, weet ik niet. En het kan me ook niet schelen: hij is dood, ik krijg hem nooit meer terug.'

Janus had weinig contact met zijn kinderen, vertelt Cora. 'En die kwamen ineens op de proppen. Toen ik bij het crematorium aankwam, bleek dat ze tegen de begrafenisondernemer hadden gezegd dat ik er niet bij mocht zijn. Er werd gescholden. Ik ben weggegaan. Het was allemaal zo vreselijk pijnlijk. Tot op de dag van vandaag weet ik niet waarom ze zo hebben gedaan. Als ik eerlijk ben, wil ik het ook niet meer weten. Het is afgesloten, klaar. Tjee, wat zit ik op de praatstoel. Ik heb er helemaal natte voeten van.'

Zou Janus blij zijn geweest met de film? 'Dat denk ik wel. Hij zou dat wel leuk vinden. Hij wilde graag gezien worden. Hij had bijvoorbeeld een gele Opel Manta waarmee hij door de straat bleef crossen. Hij pronkte graag. Maar de nasleep met de familie, daar zou hij niet trots op zijn geweest.' Zelf vindt Cora de film schokkend. 'Ik ben verbaasd dat al die mensen maar gewoon hun verhaal vertellen. Die man die over de hoertjes praat, die zie ik bij de Albert Heijn zijn boodschappen doen. En tjee... die man die die moord had gepleegd! Ze wonen hier ook allemaal in de buurt! Toch vind ik dat je geen eerlijk beeld krijgt van deze wijk. Erik laat alleen de excessen zien. Kijk, er wonen hier vooral heel gewone mensen, arbeiders. Die werken voor de huur en gaan graag naar de camping.'

Boven Cora's bank hangt naast de spiegel een schilderij van een kat. Kunst? 'Ik hou van katten en ik zag dat schilderij bij de bloemist hangen. Toen heb ik het gekocht. Leuk, lekker kleurrijk. Maar verder ben ik niet zo thuis in kunst. Ik ga wel eens met mijn dochter mee naar een museum. Pas nog naar een tentoonstelling over Toetanchamon. En bij moderne kunst denk ik al snel: zo, dat heb ik ook weer gezien.'

Ze kende Erik van Lieshout wel van naam. 'Ik had hem op televisie gezien bij het programma Zomergasten. Een druktemaker. Ik vond het wel leuk dat hij hier op de stoep stond en meer over Janus wilde weten. En ik heb geen spijt dat ik heb meegedaan. Het resultaat is heftig geworden. Maar ik vind het geen inbreuk op mijn privacy, hoor. Ik vertel het toch allemaal zelf? En het is precies zoals het is gegaan, dus waarom zou je erover zwijgen? Ik denk dat ik die film misschien nog één keer in mijn leven zal kijken en dan is het verder goed. Zelf ben ik trouwens blij dat ik geen kunstenaar ben. Ik zou doodmoe worden van al die gedachtes en dat je de hele tijd wat moet maken. Laat mij maar gewoon zijn, een baantje hebben en mijn kleinkinderen zien. Dan ben ik meer dan tevreden.'

Ivo van Woerden (geb. 1979) is journalist en woont in Rotterdam. Zijn werk verschijnt onder meer in *Vrij Nederland, HP/De Tijd, Trouw, de Volkskrant, AD, Nieuwe Revu, Humo* en *De Morgen*. Hij schreef de boeken *Undercover in de Ouderenzorg* (2011) en *Het drama van Alphen* (2013).

– zijn we?

~~worden~~ jouileren. → diepte gesprekken.
(edah)

zijn we?

~~jouileren~~ → Bart Boom → jouileren → diepte gsprekken → zuidplein act.

zijn we?

at willen we??

Paul Krügerstraat
Putselaan
Hillelaan
Timorstraat (Katendrecht)

"Can´t the truth be told?"

"Mag de waarheid niet
verkondigd worden?"

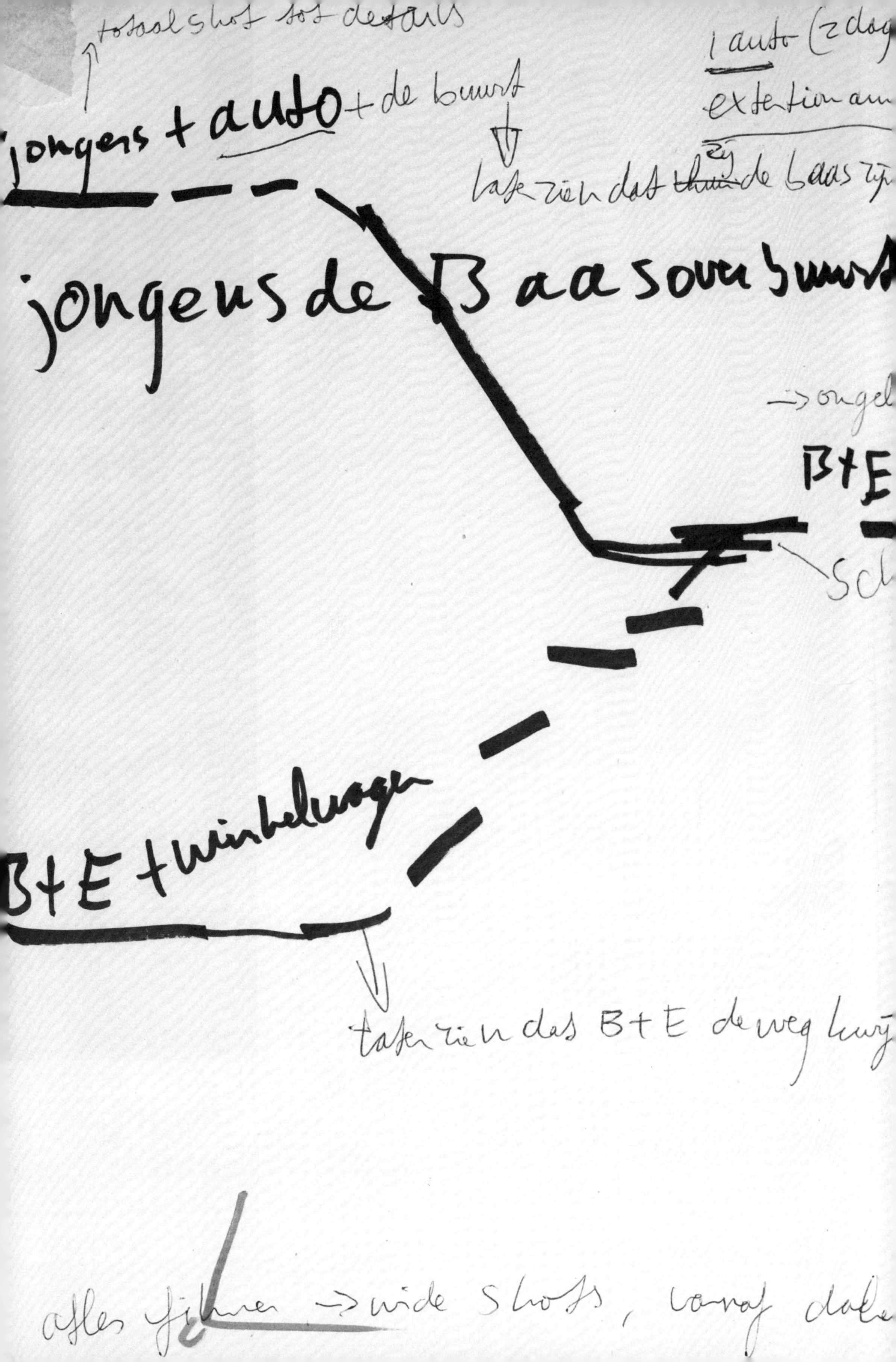

totaal shot tot details

jongens + auto + de buurt

1 auto (2 dag
extention am
late zien dat ~~thuis~~ de baas zij

jongens de Baas over buurt

→ ongel
B+E
sch

B+E twinkelwagen

late zien dat B+E de weg kwijt

alles filmen → wide shots, vanaf dak

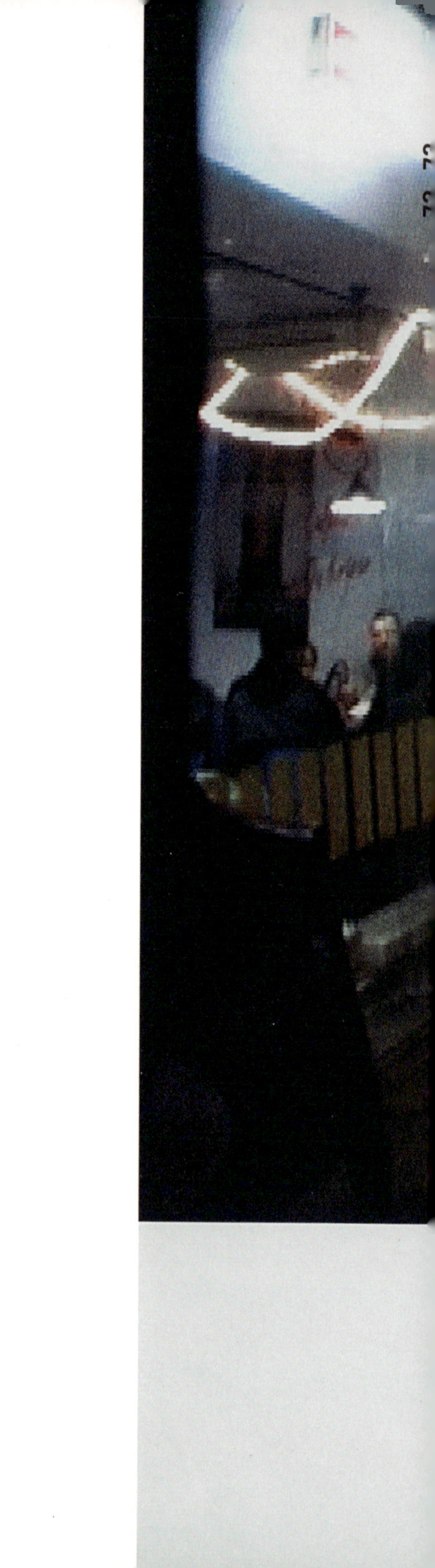

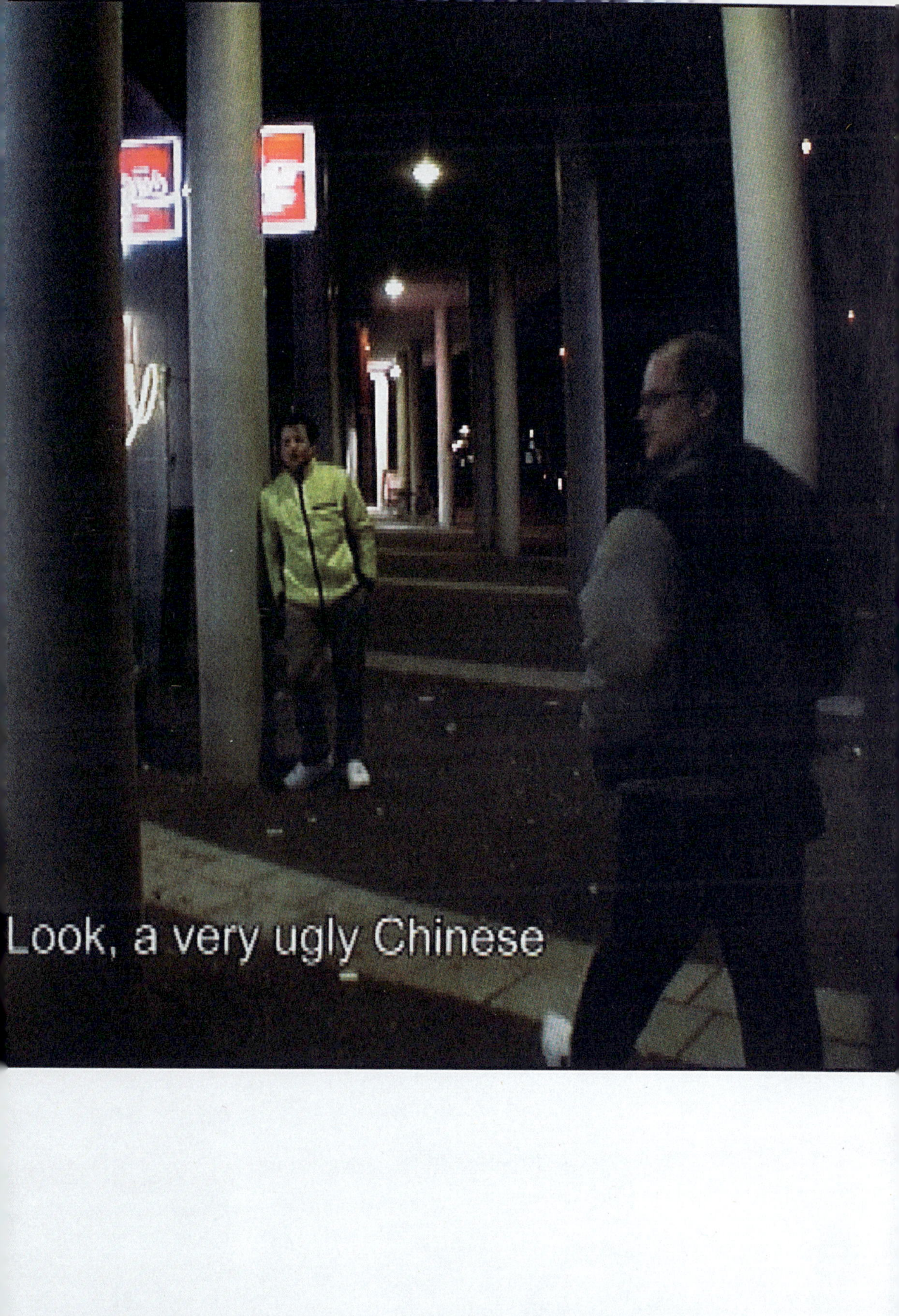
Look, a very ugly Chinese

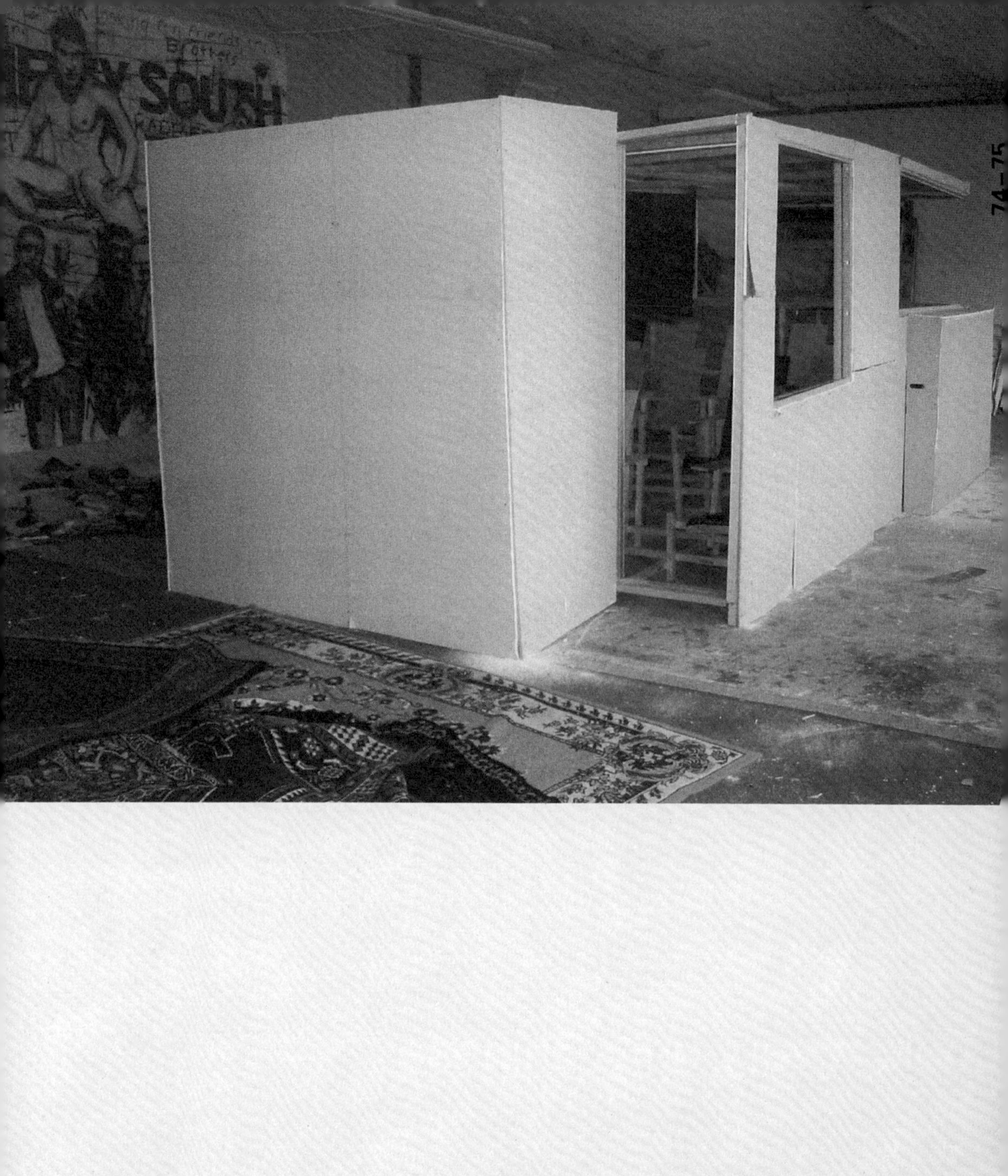

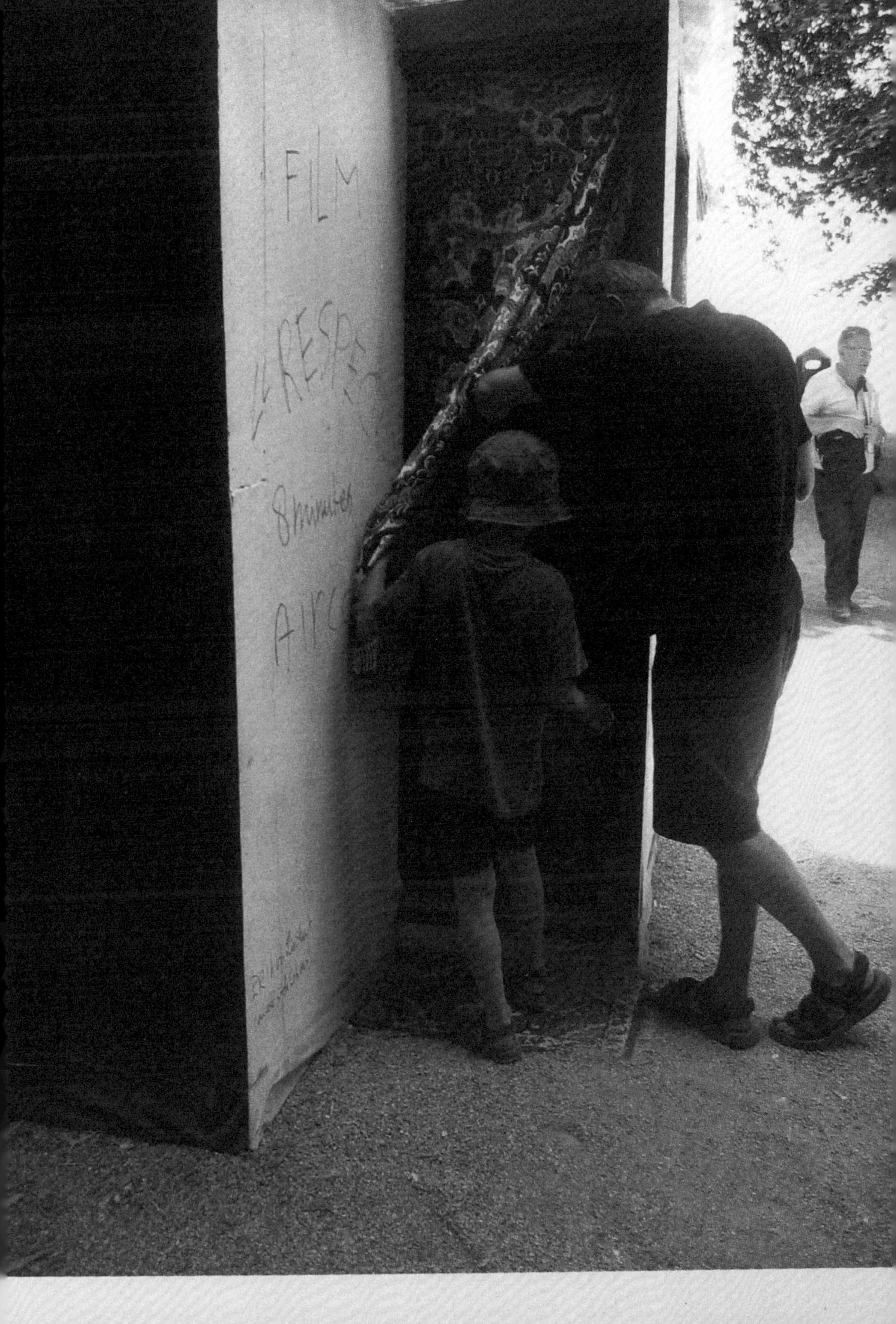

FILM
RESP
8 minutes
AIR

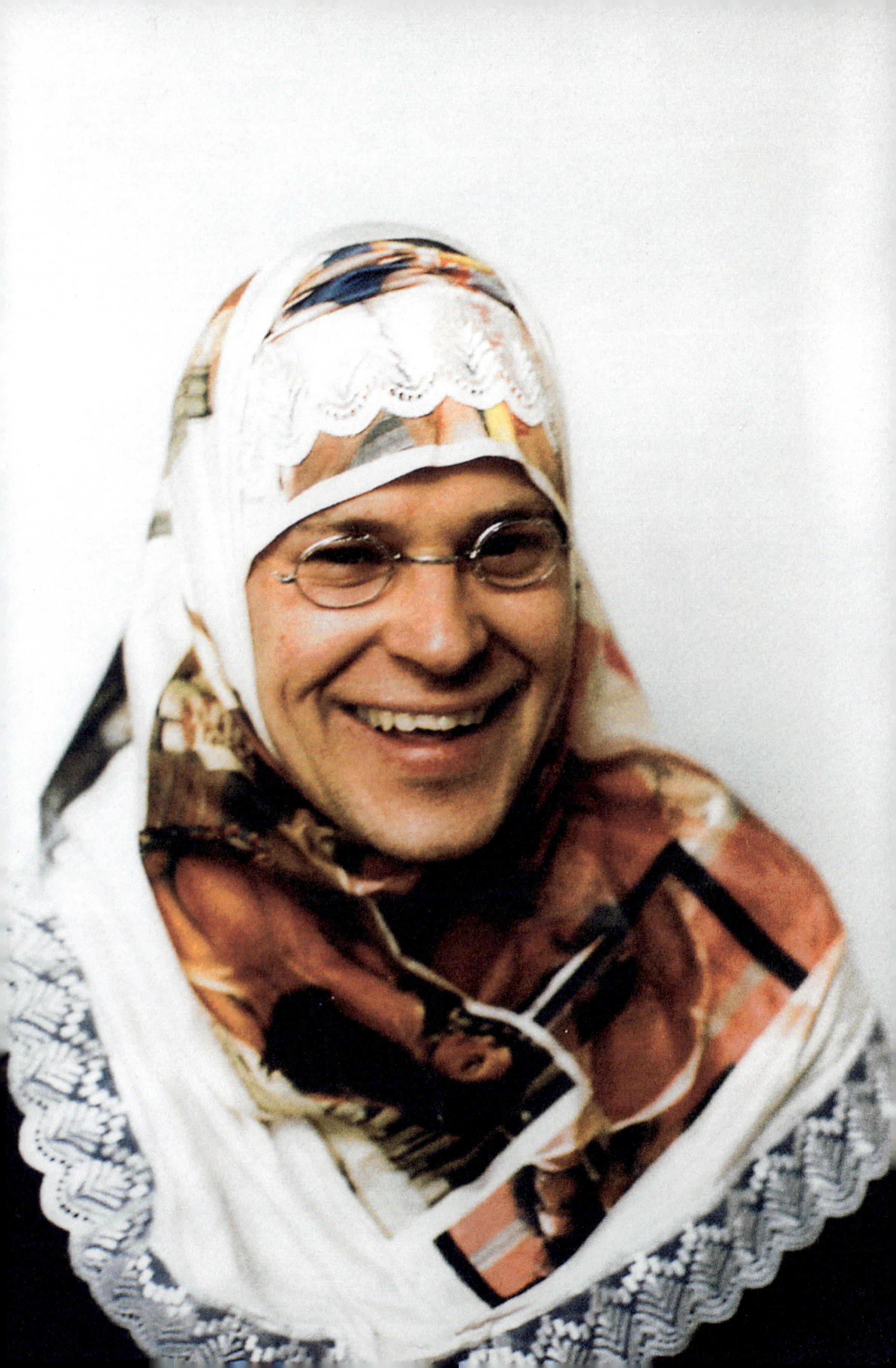

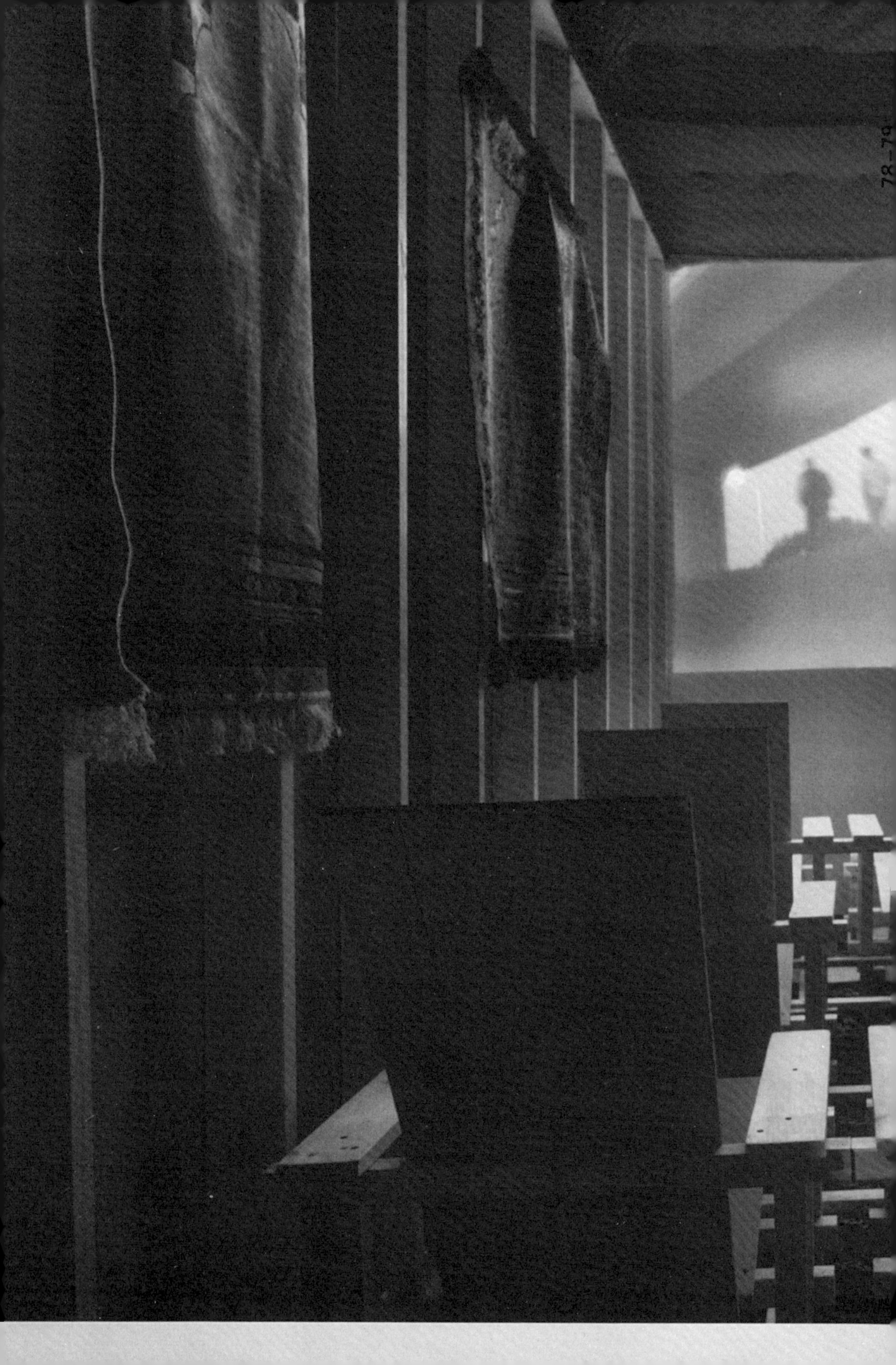
78-79

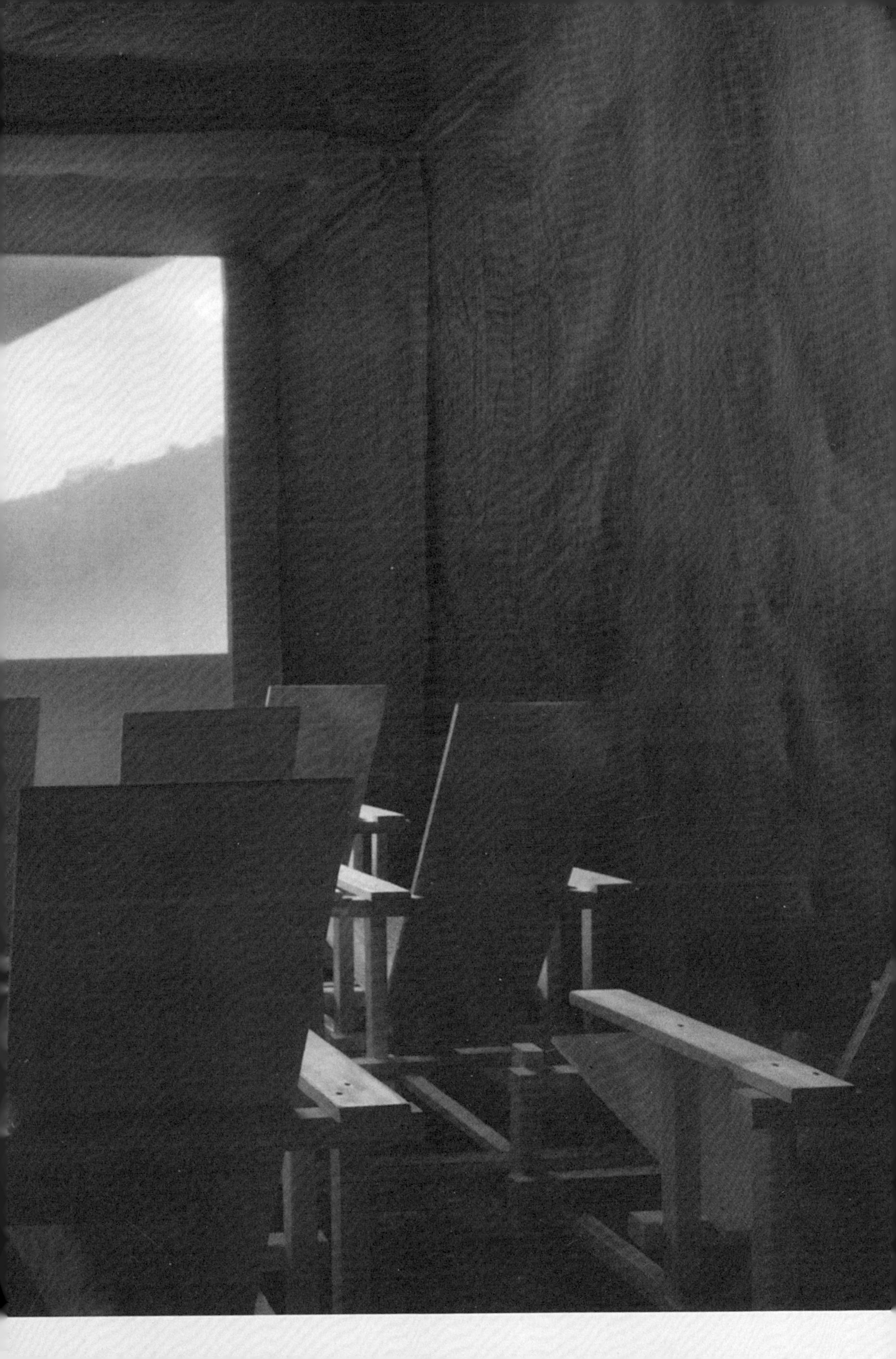

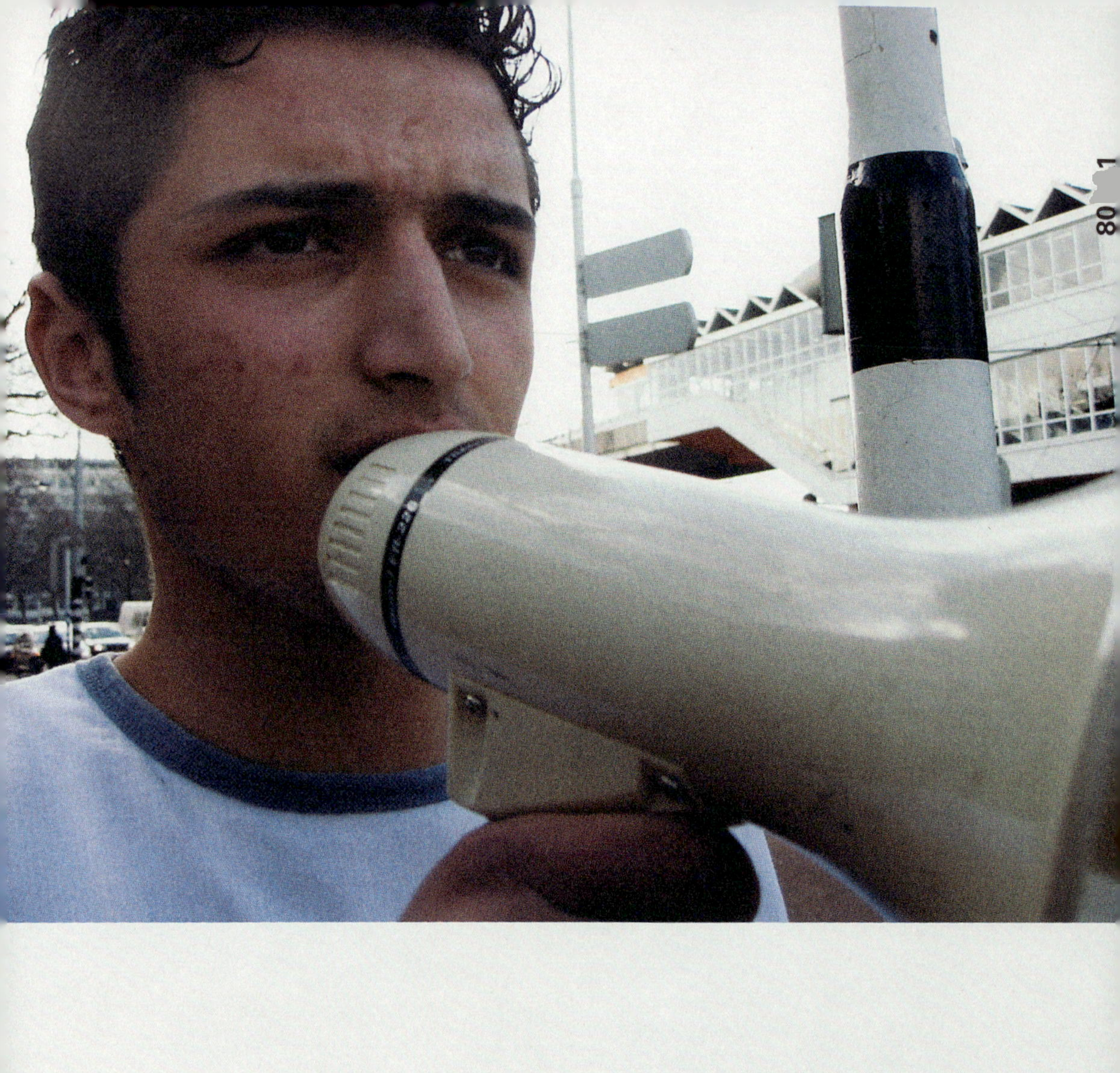

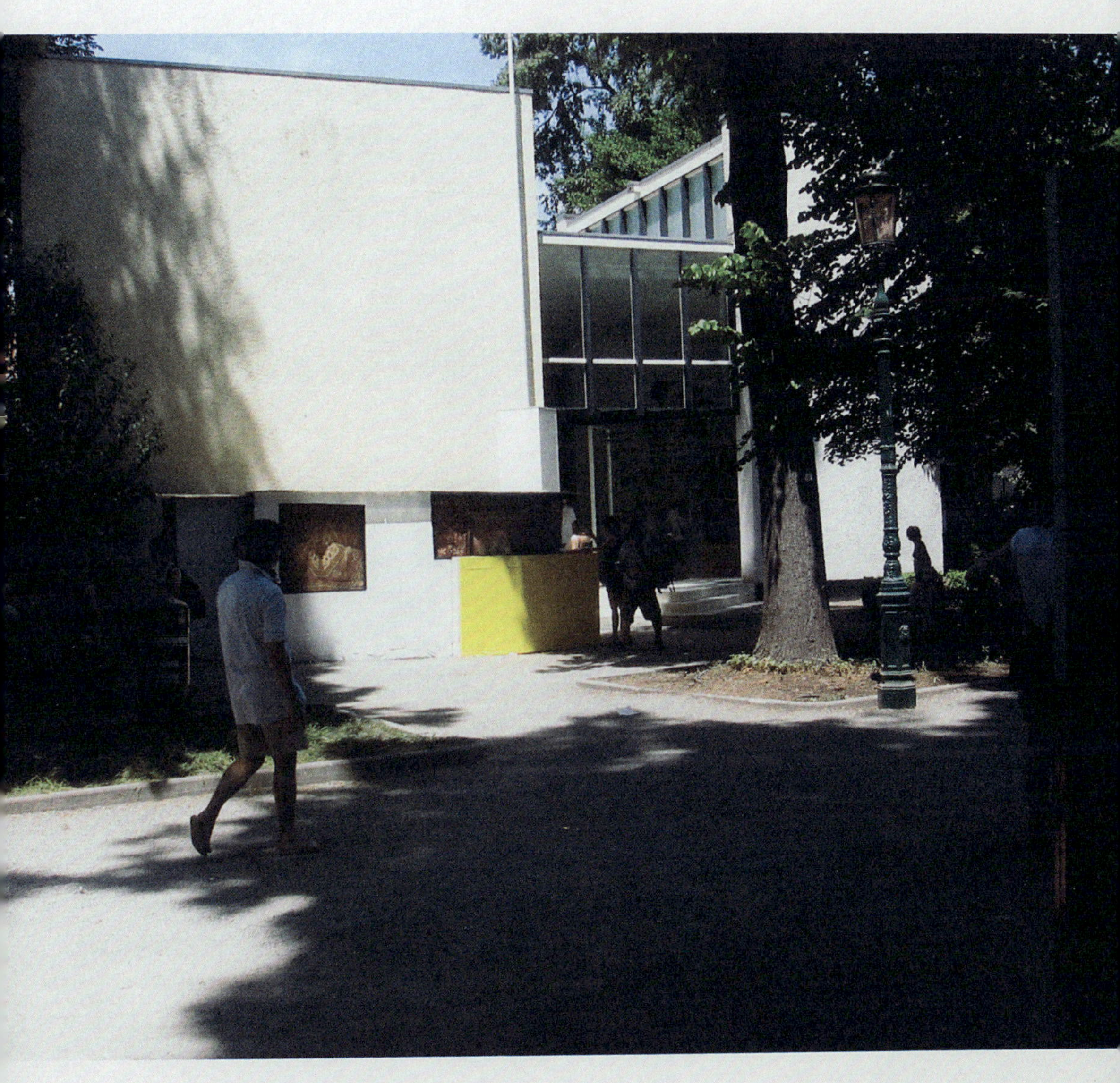

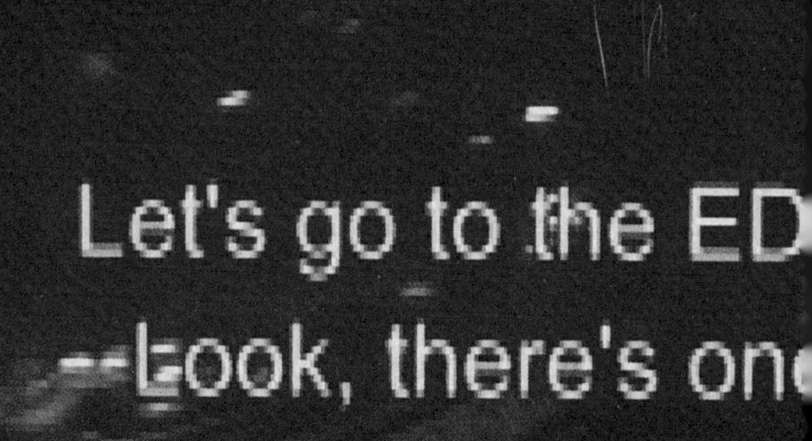
Let's go to the ED
--Look, there's on

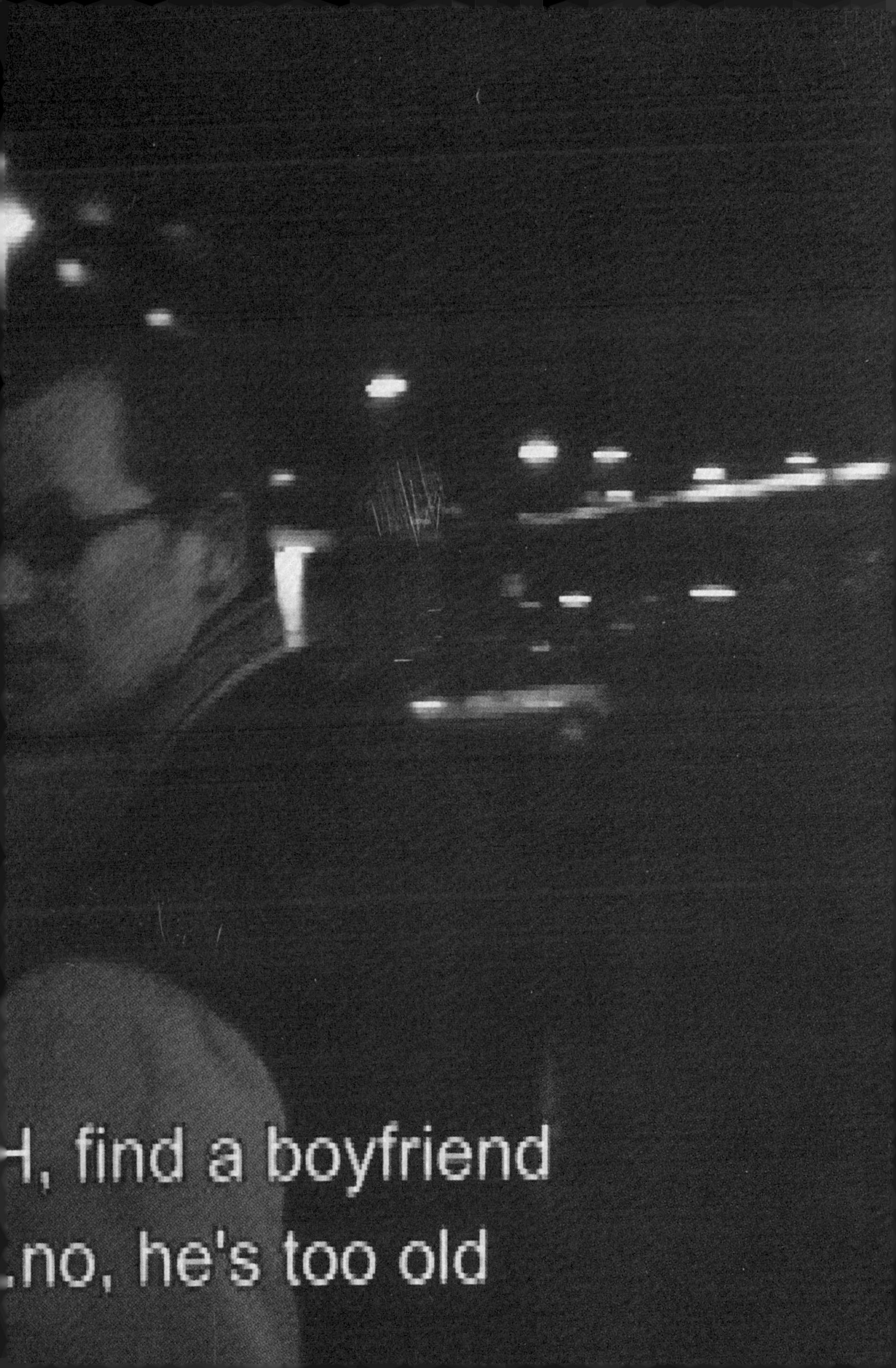

H, find a boyfriend
no, he's too old

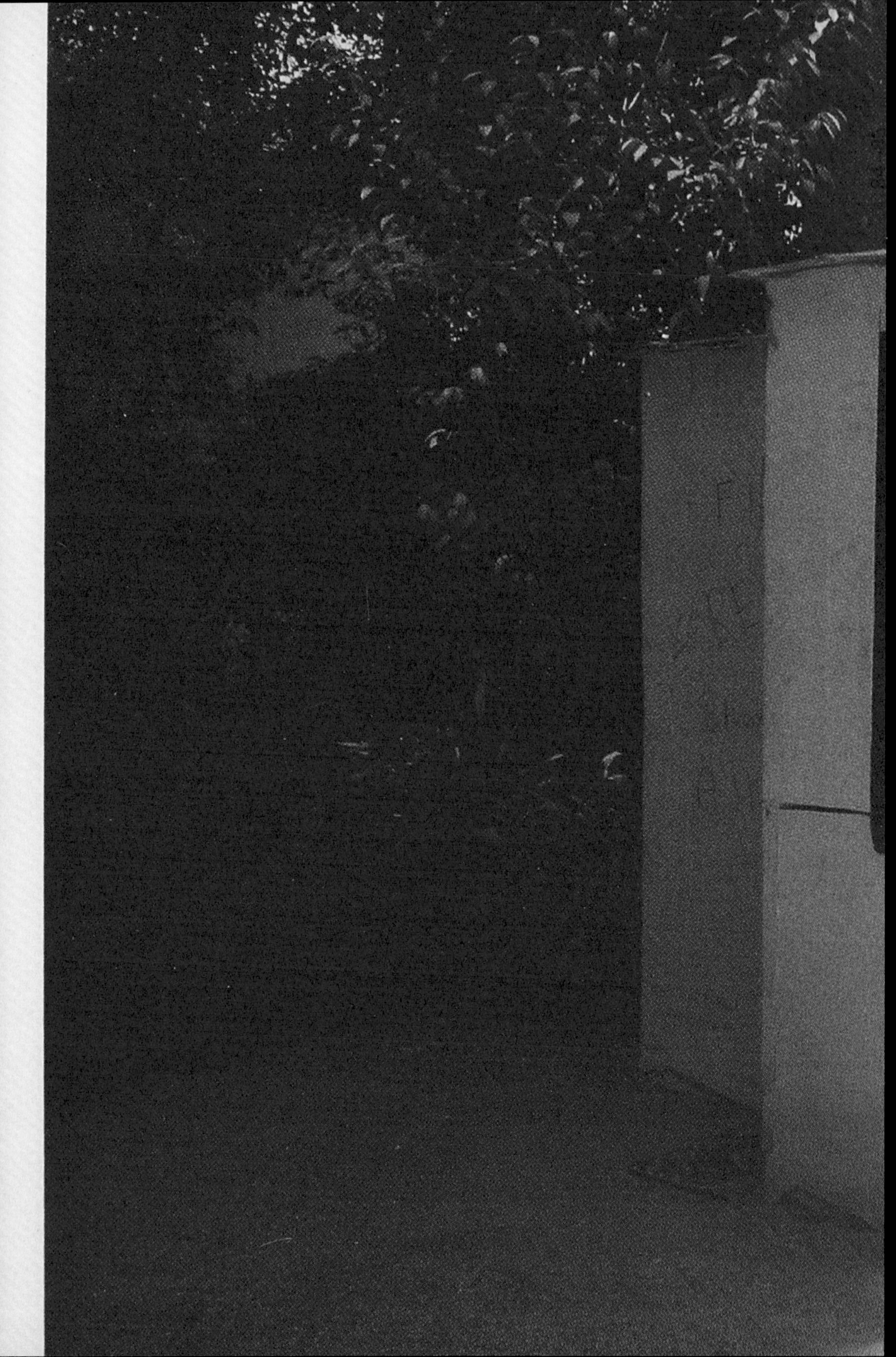

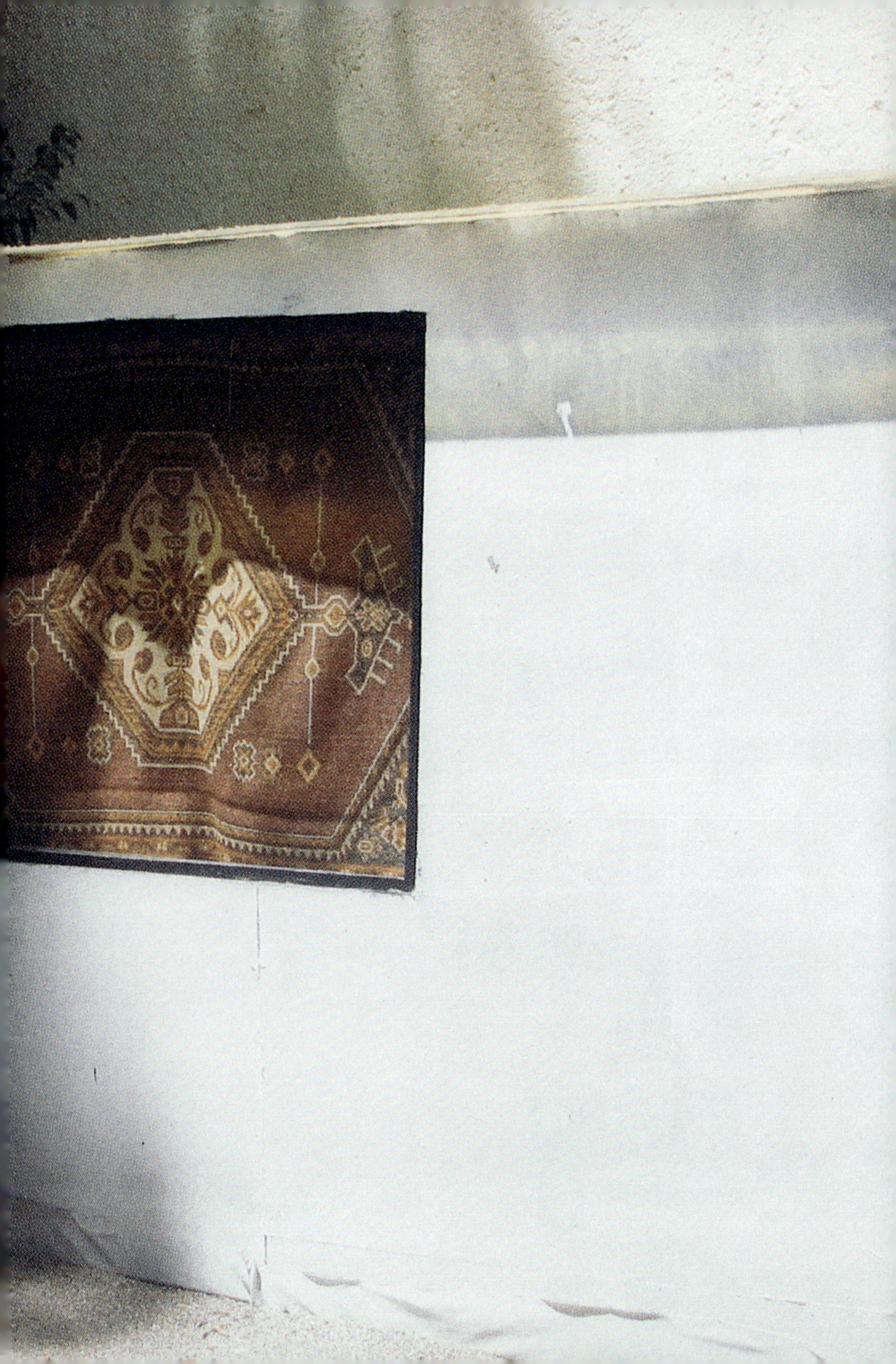

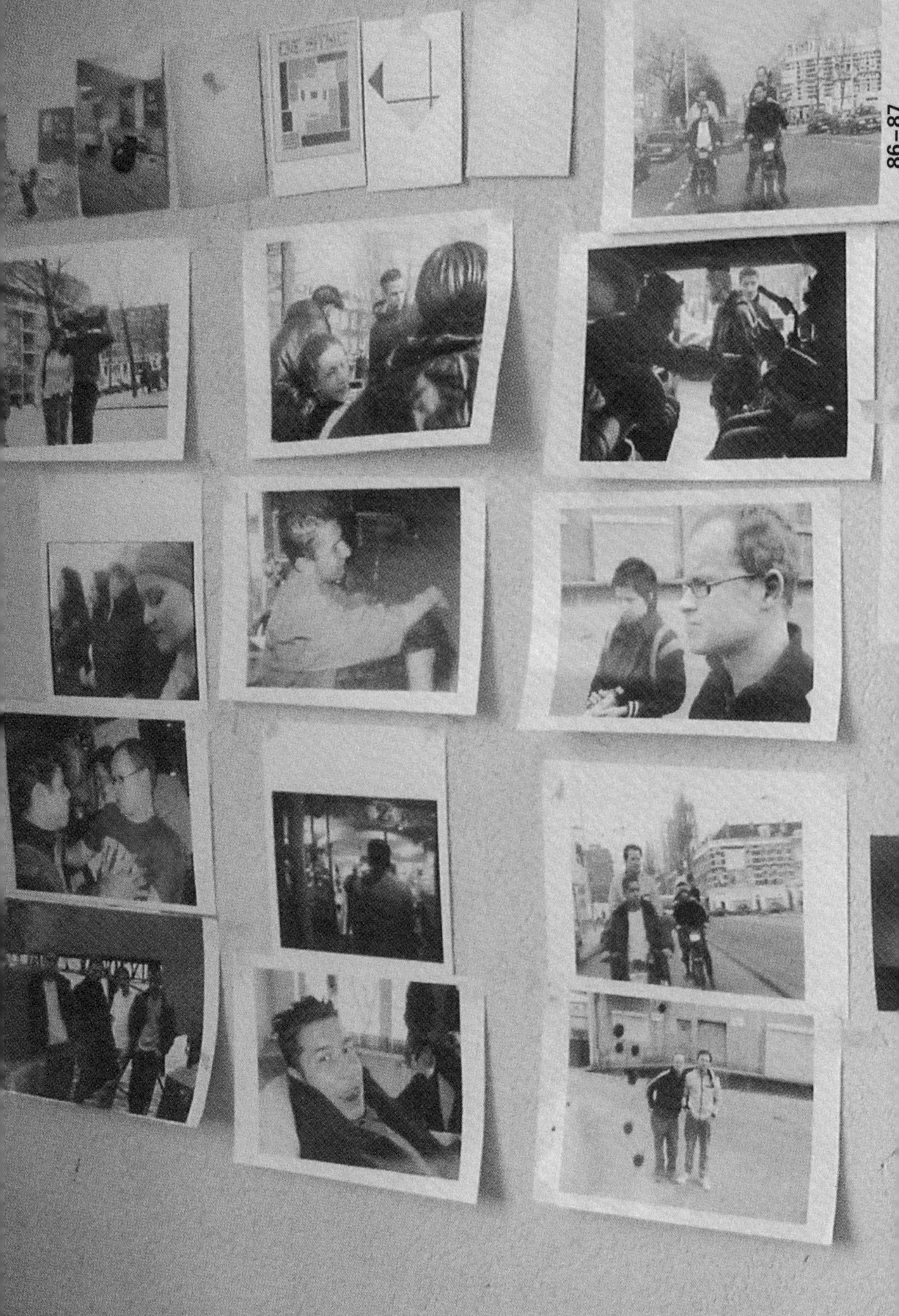

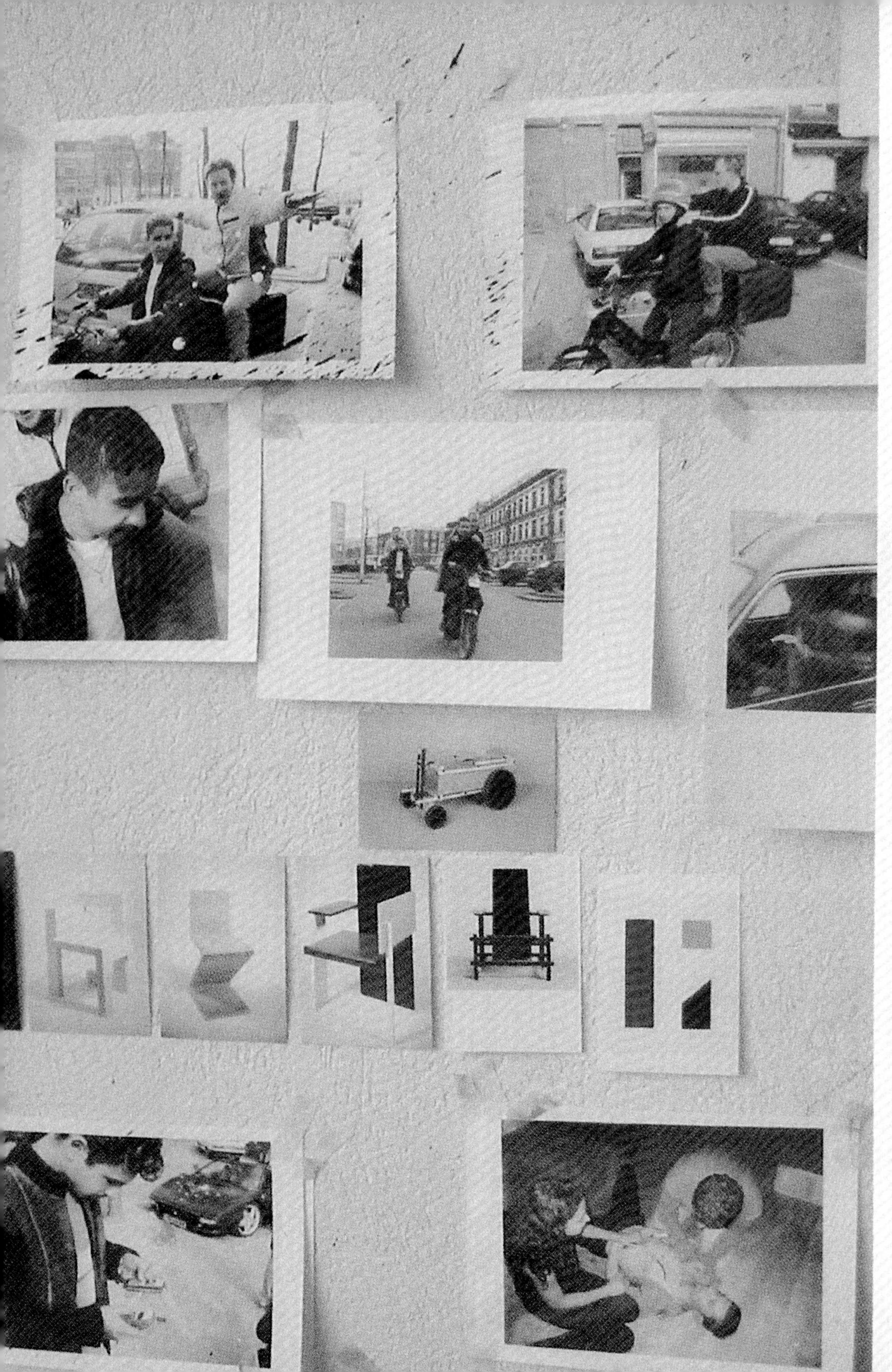

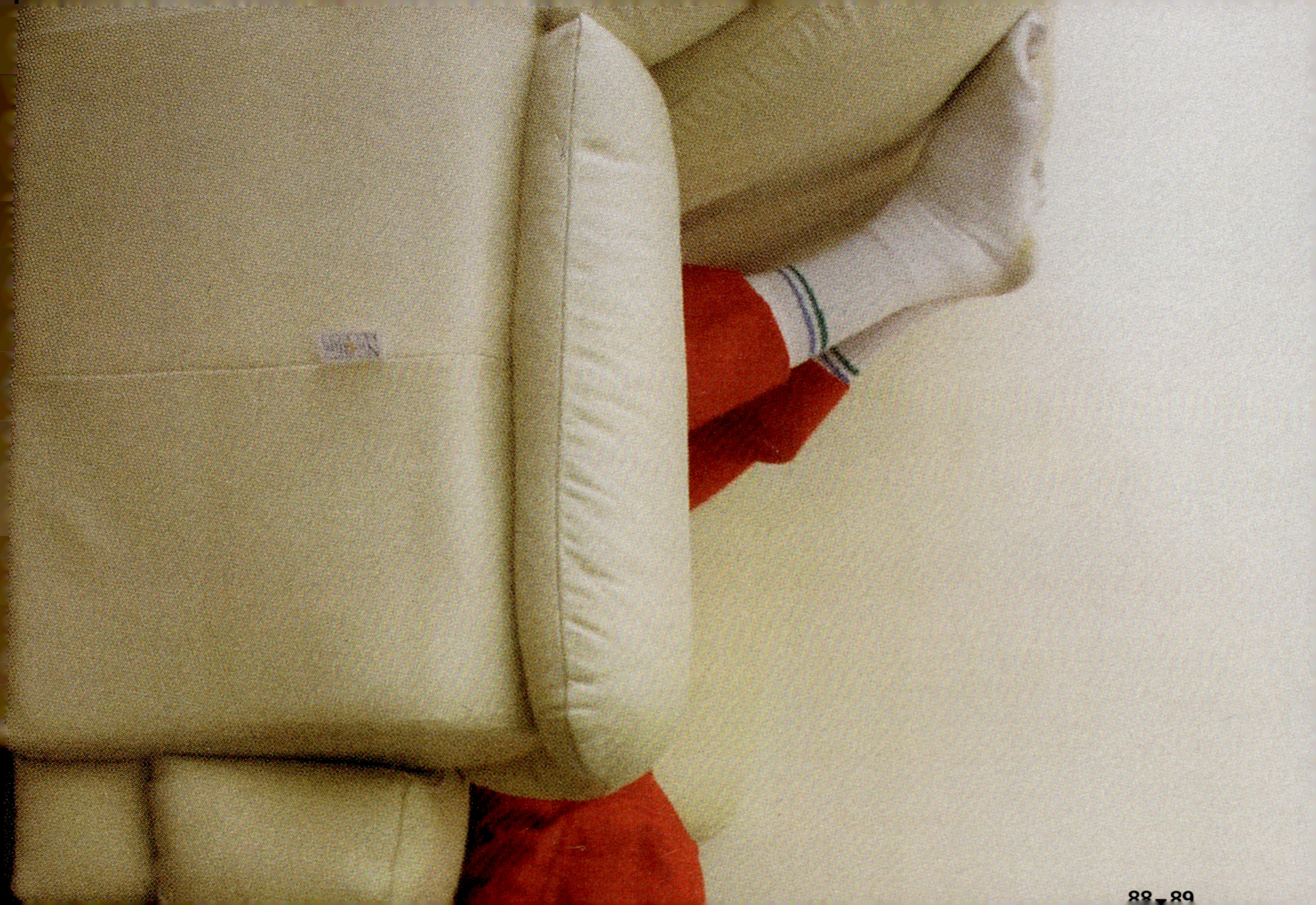

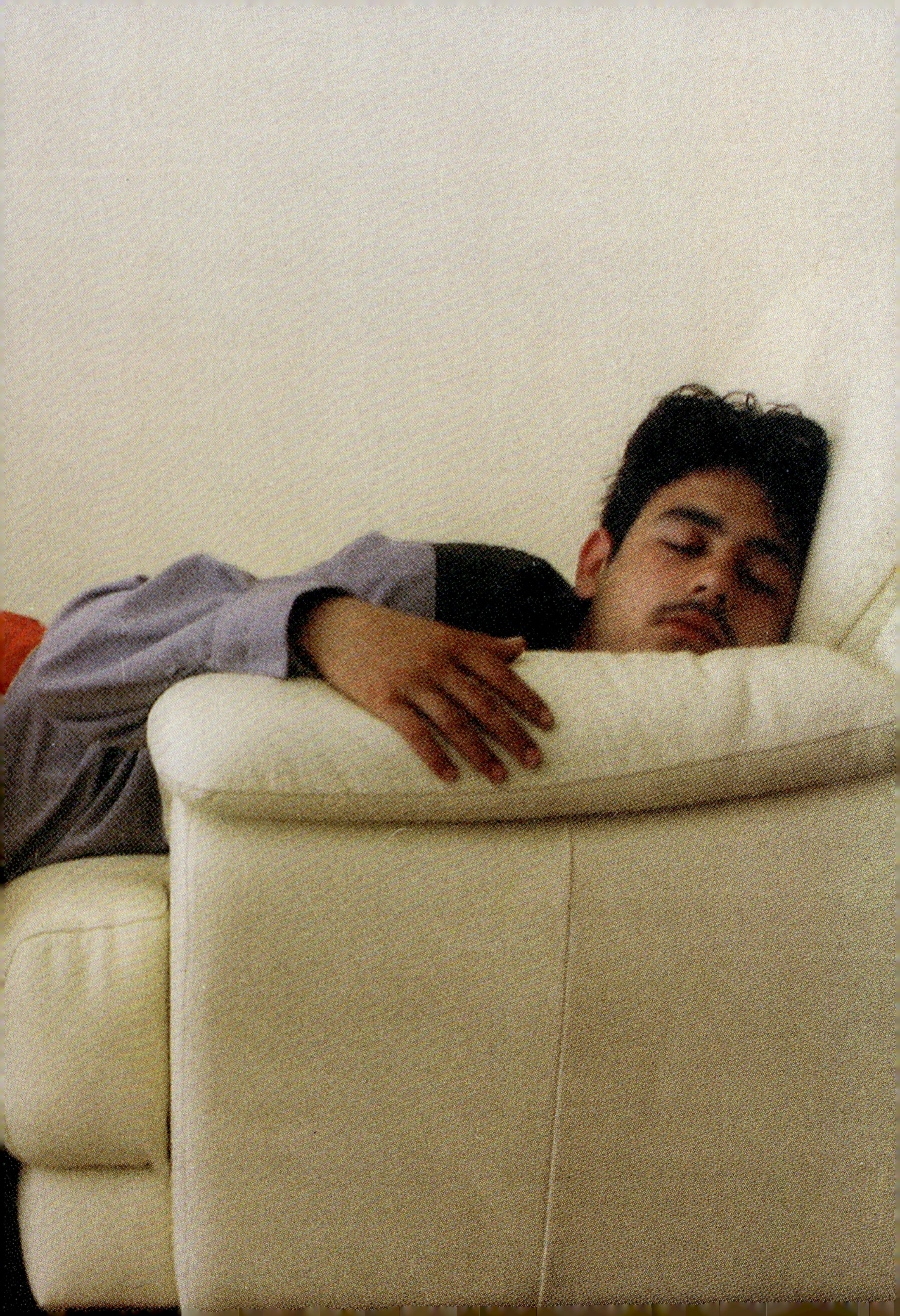

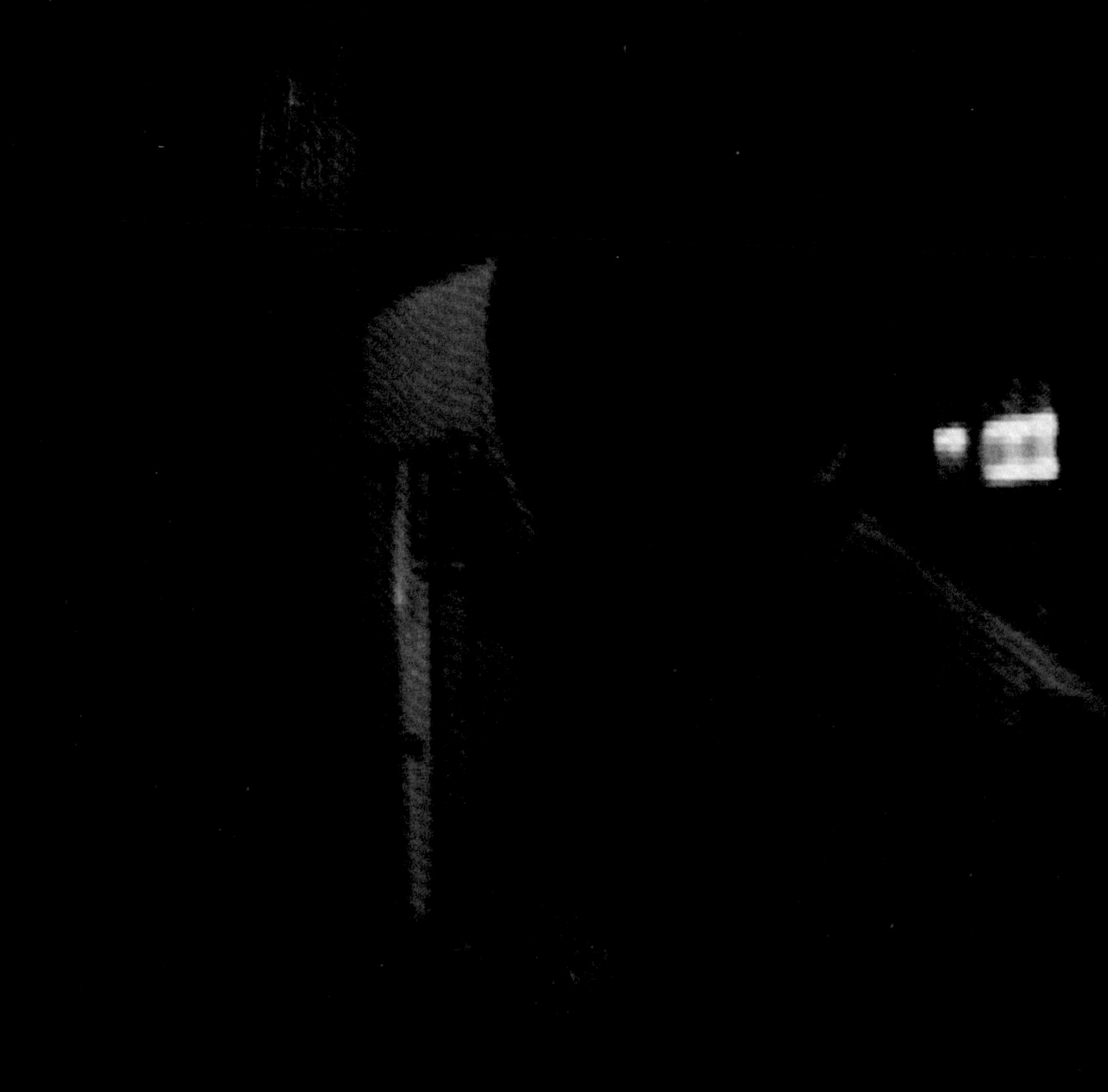
Those Marrocan guy
- Ye

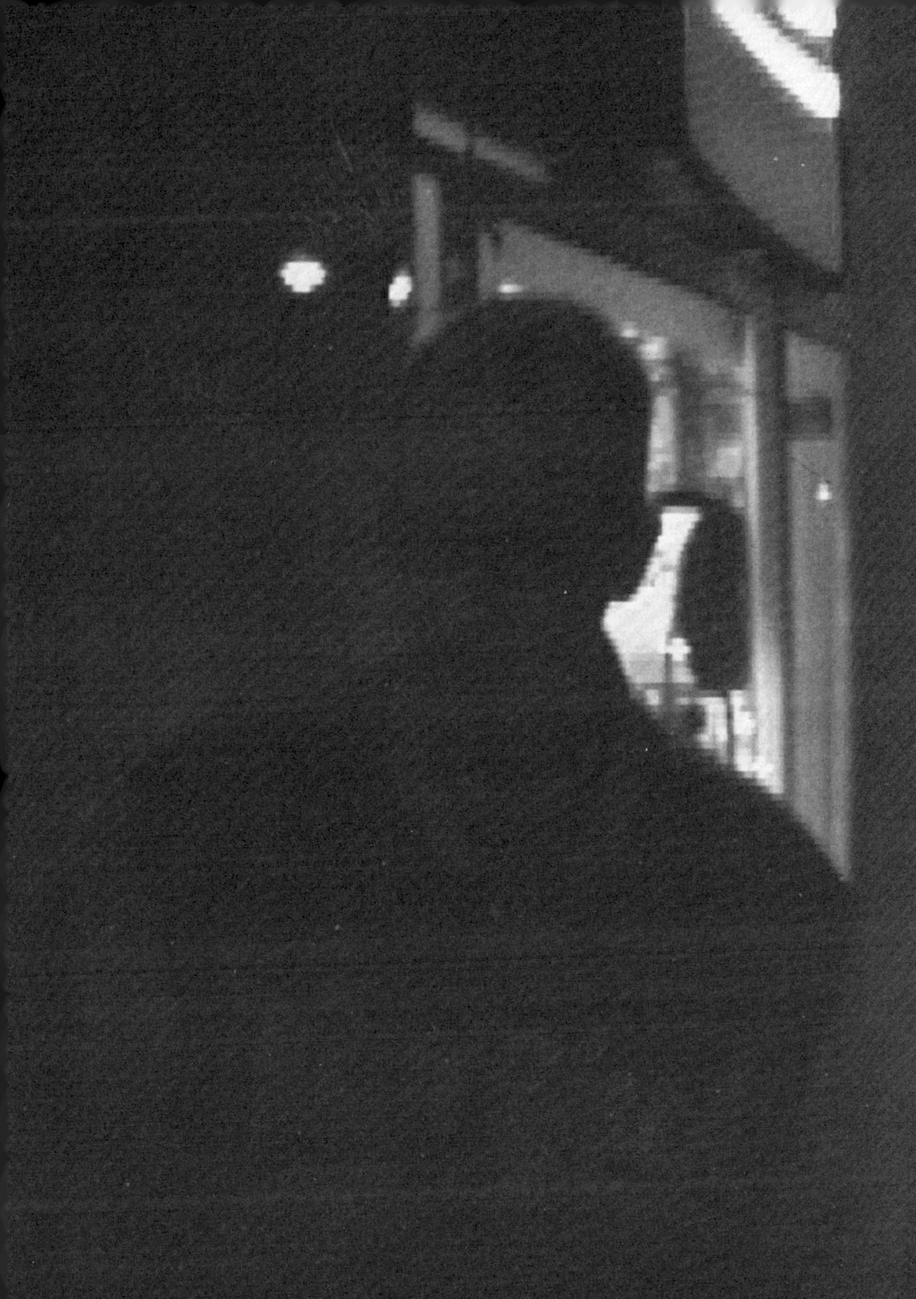

don't you like them?
do

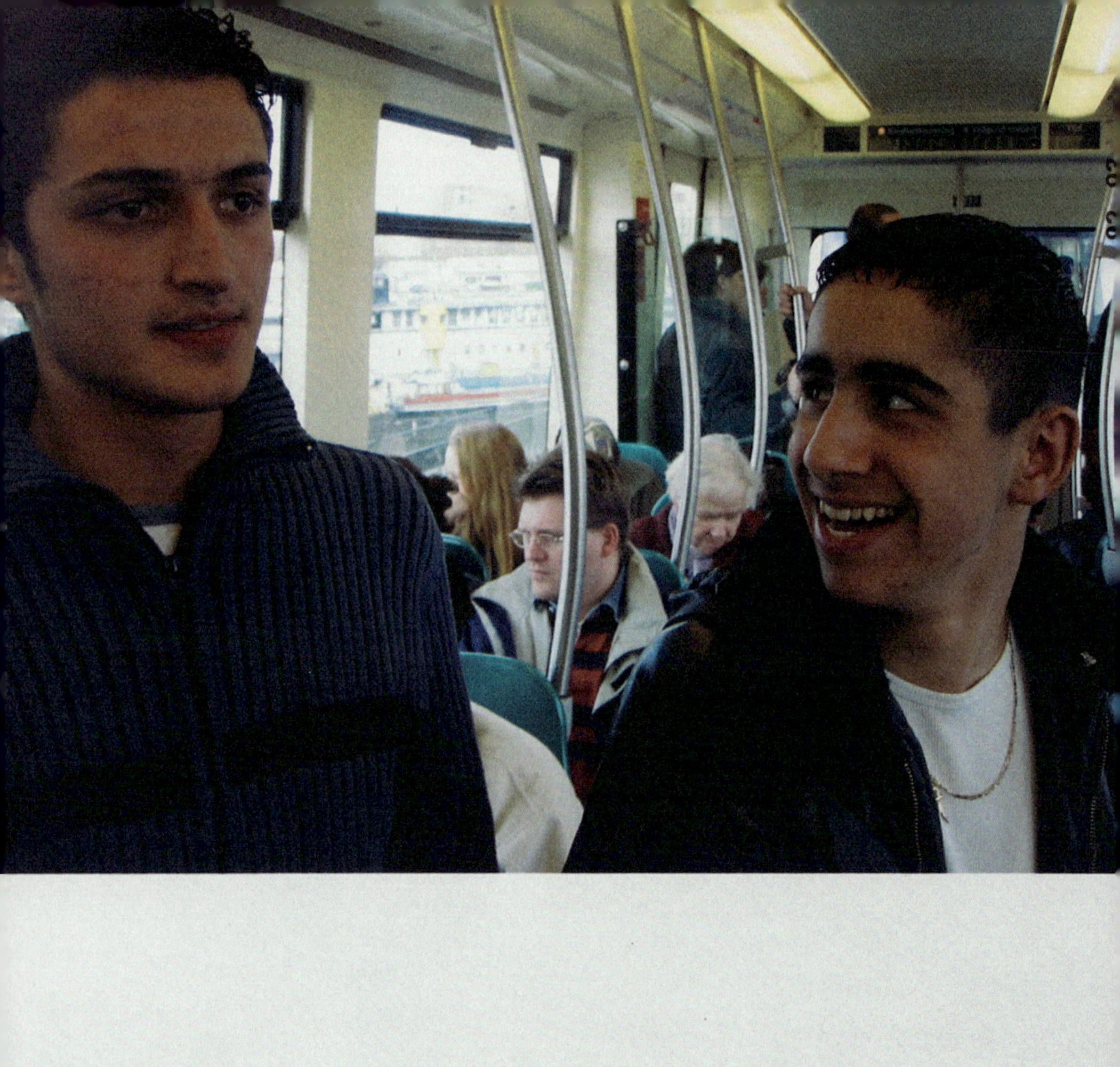

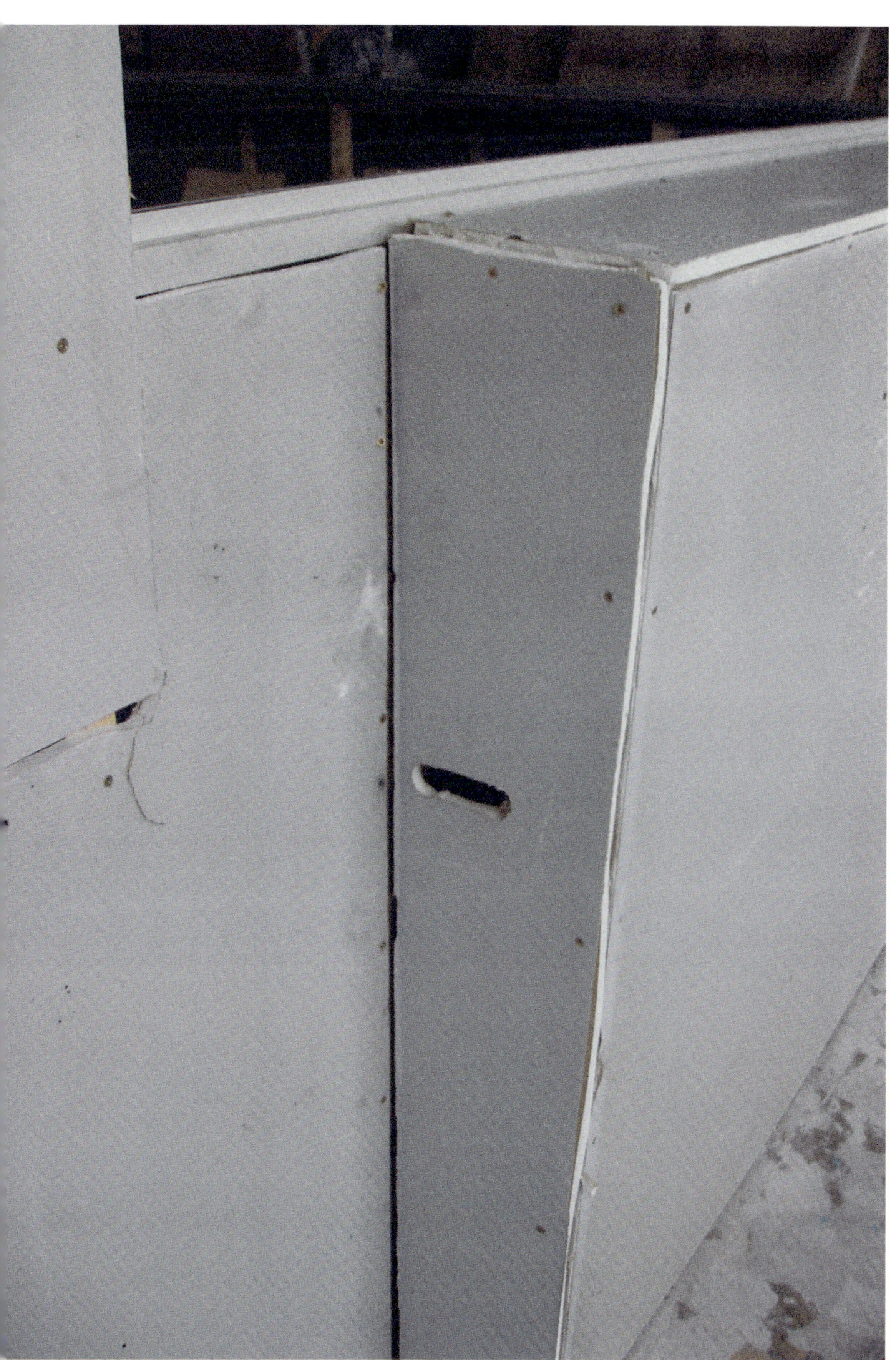

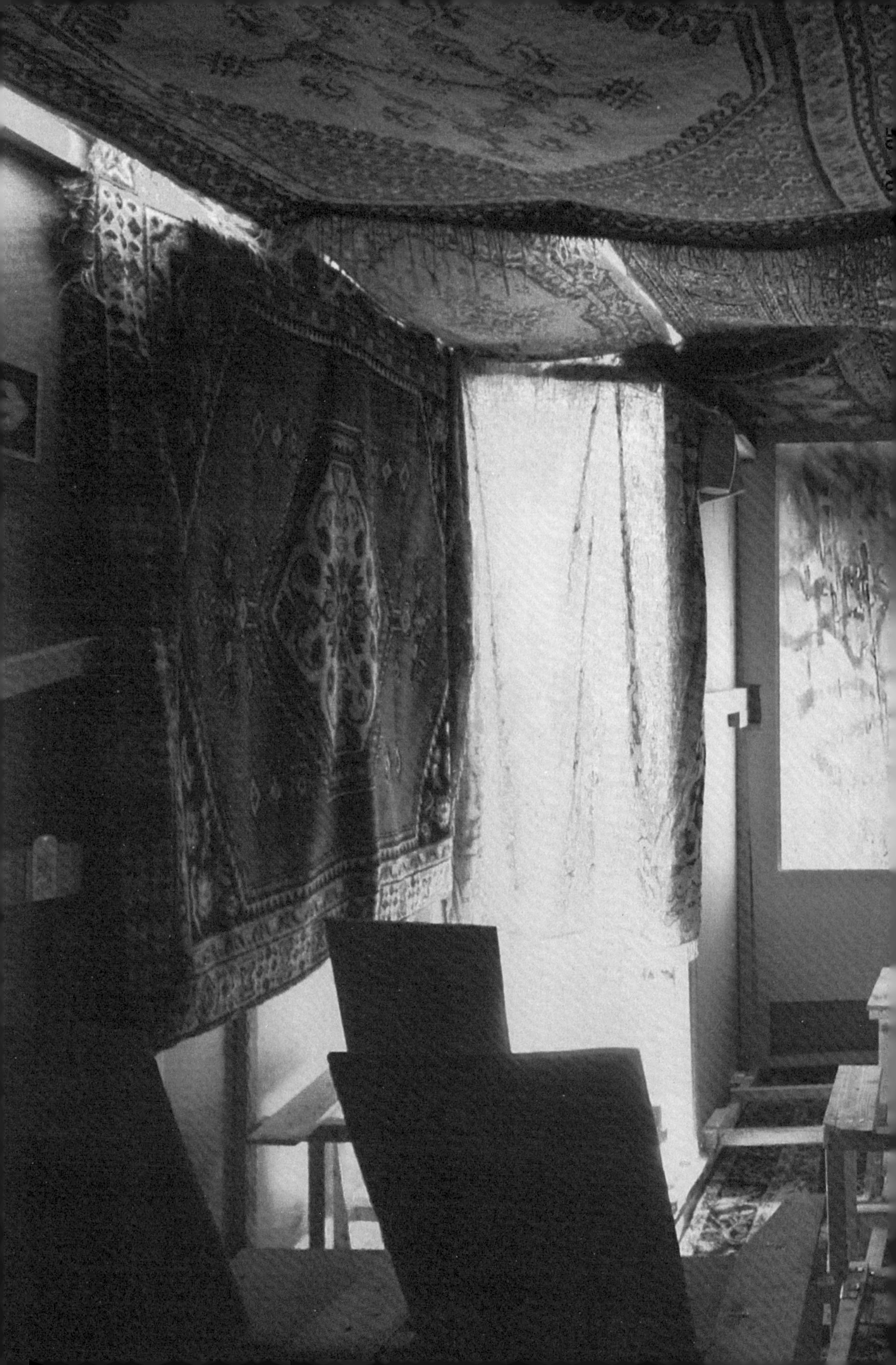

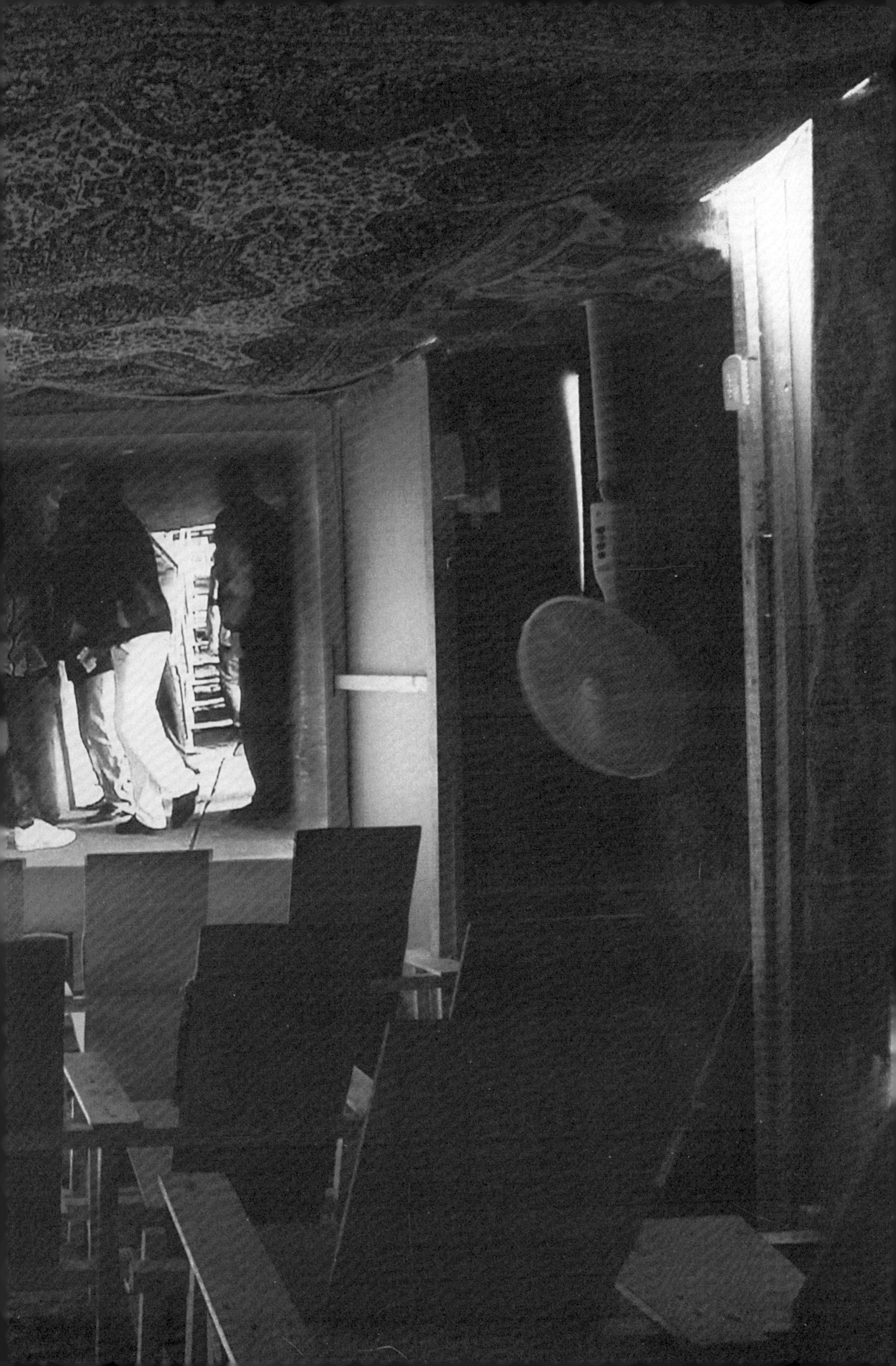

Can't the truth be told?

Theo did it.
Pim did it.

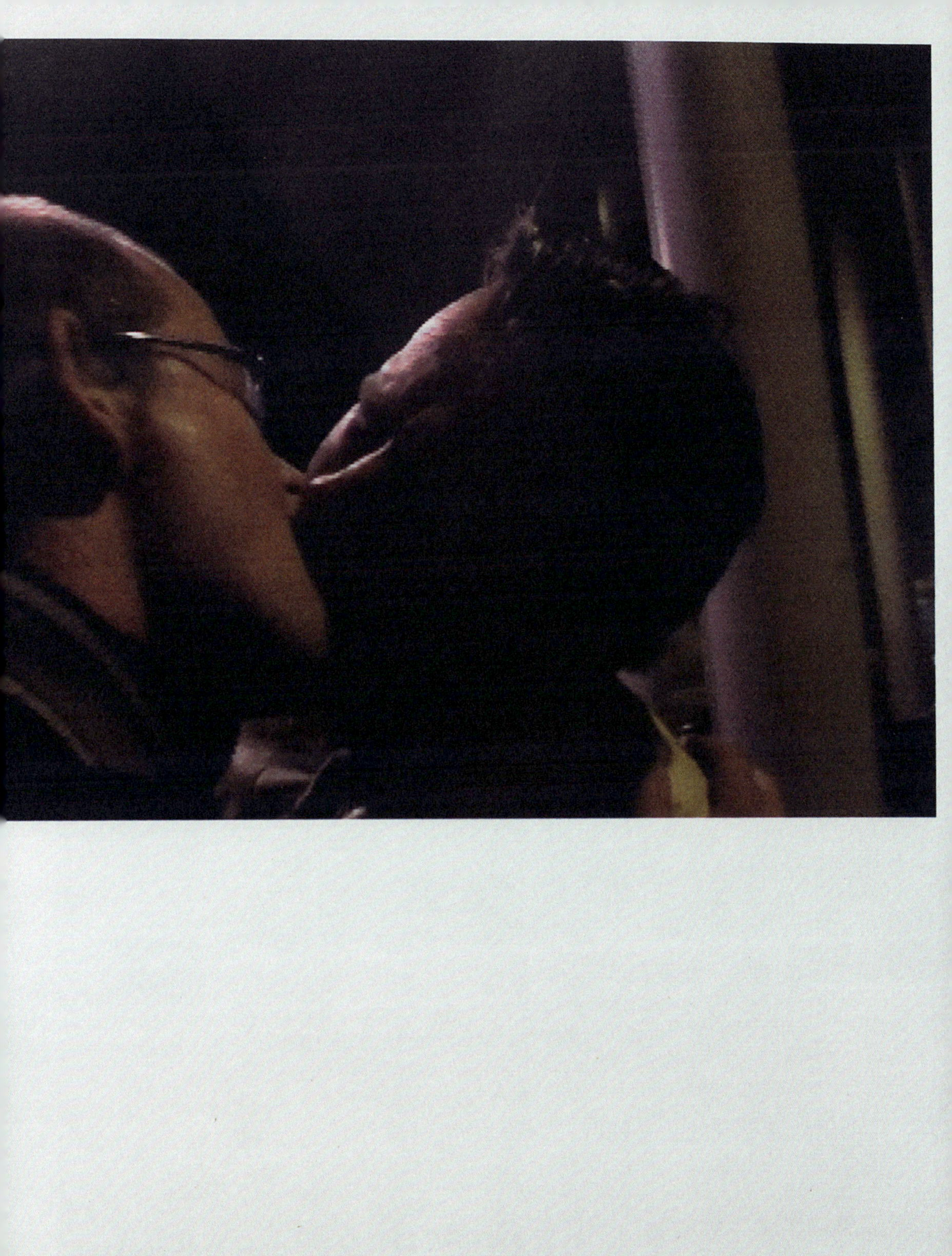

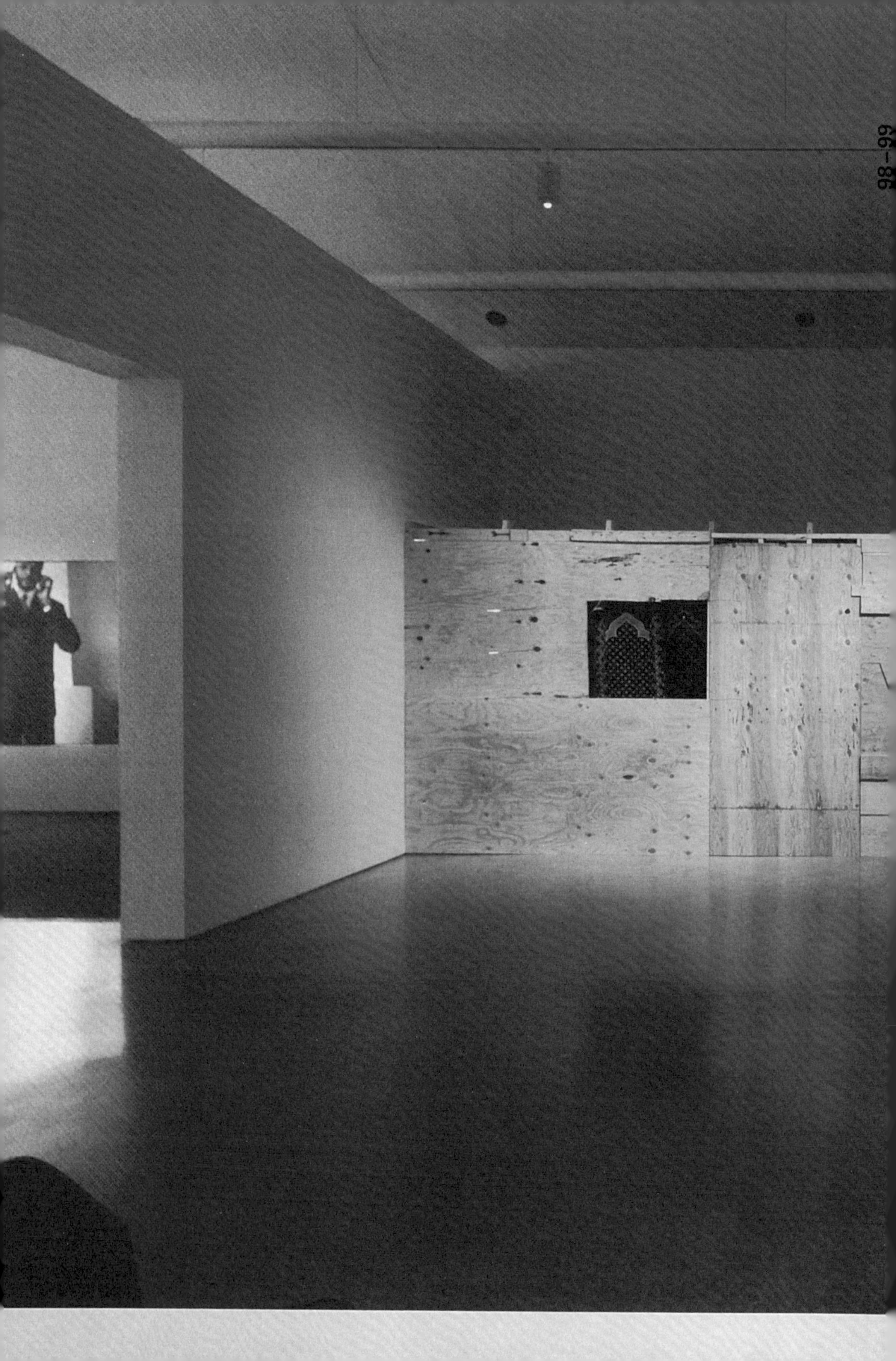

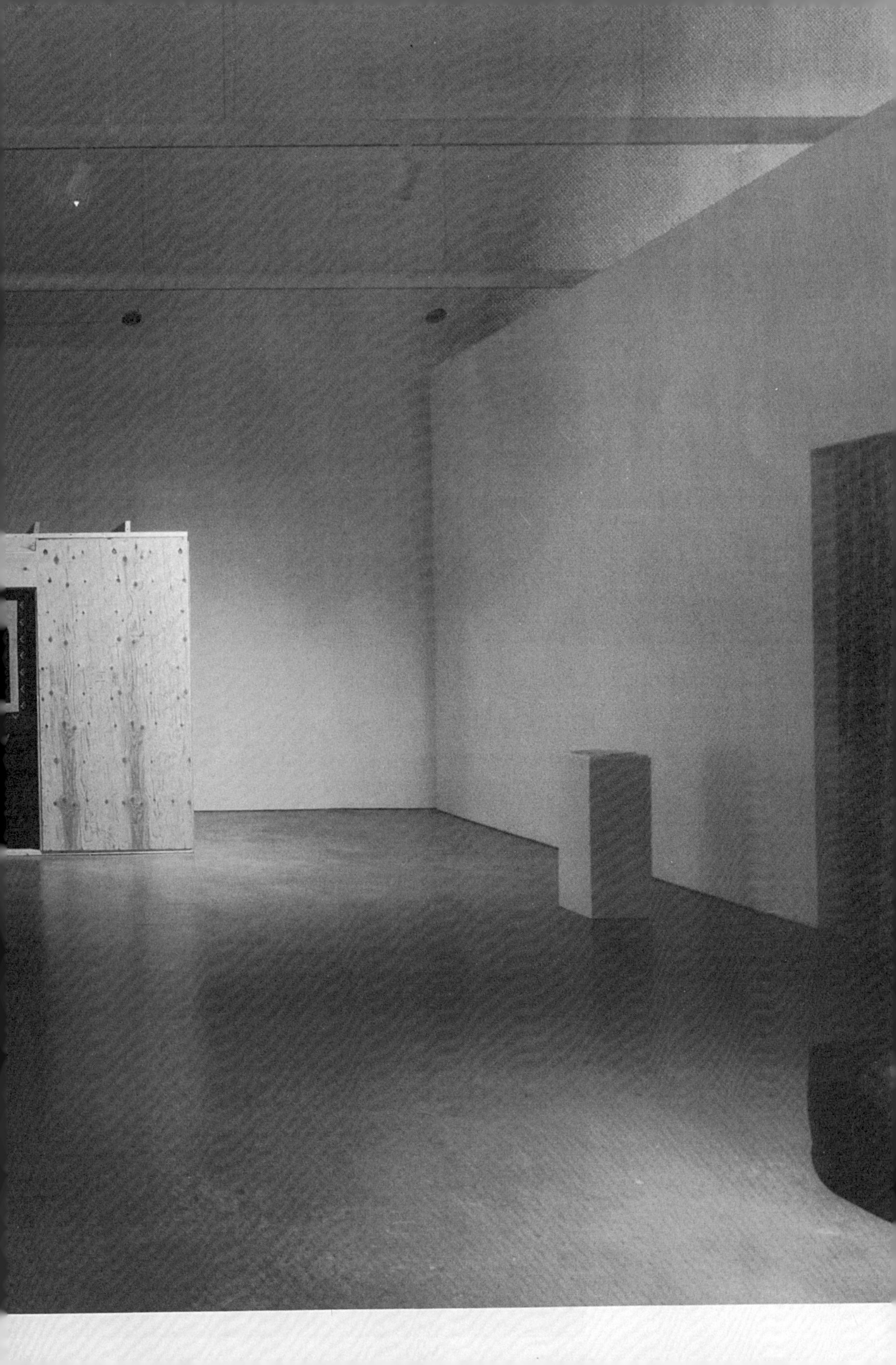

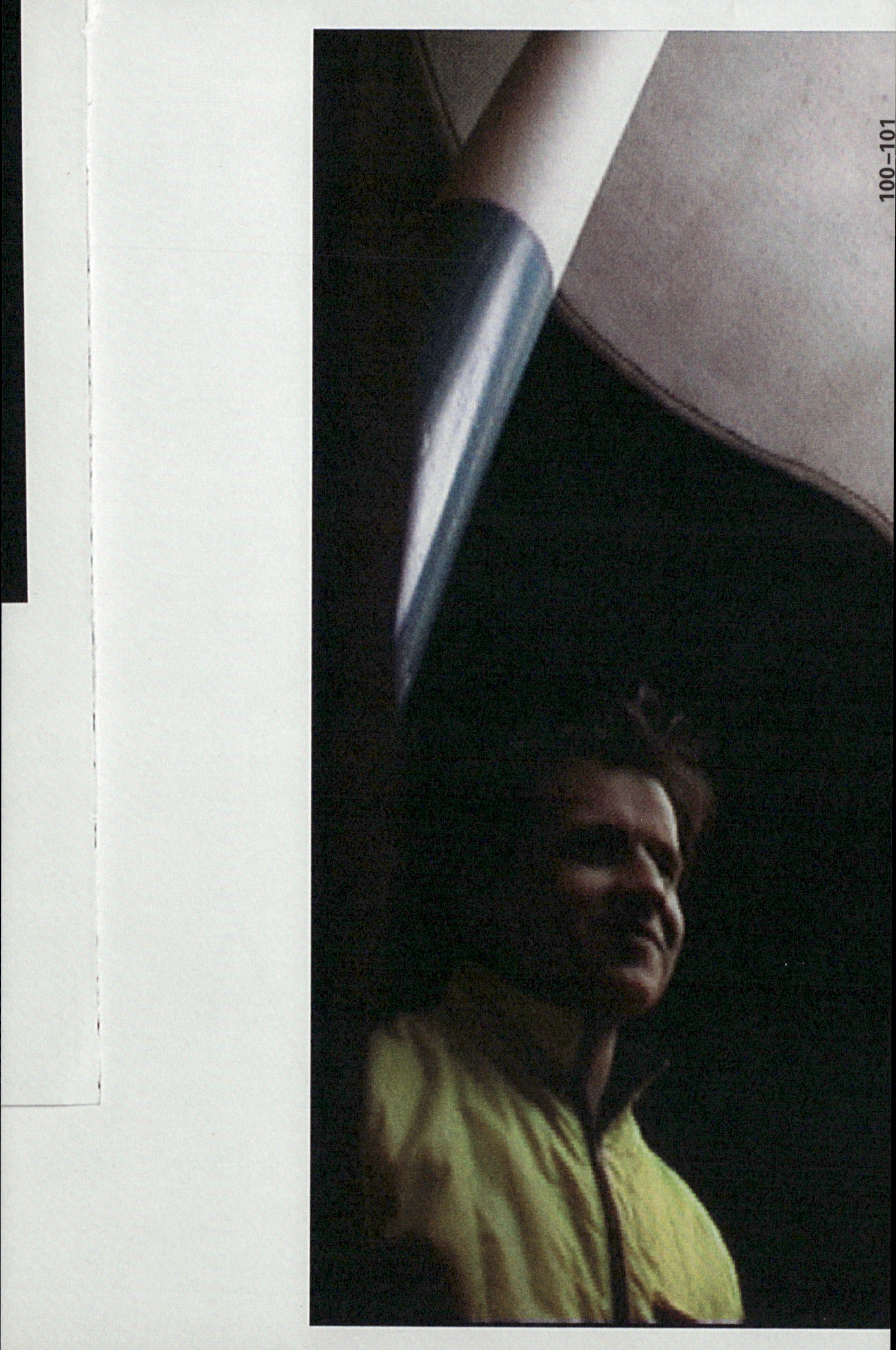

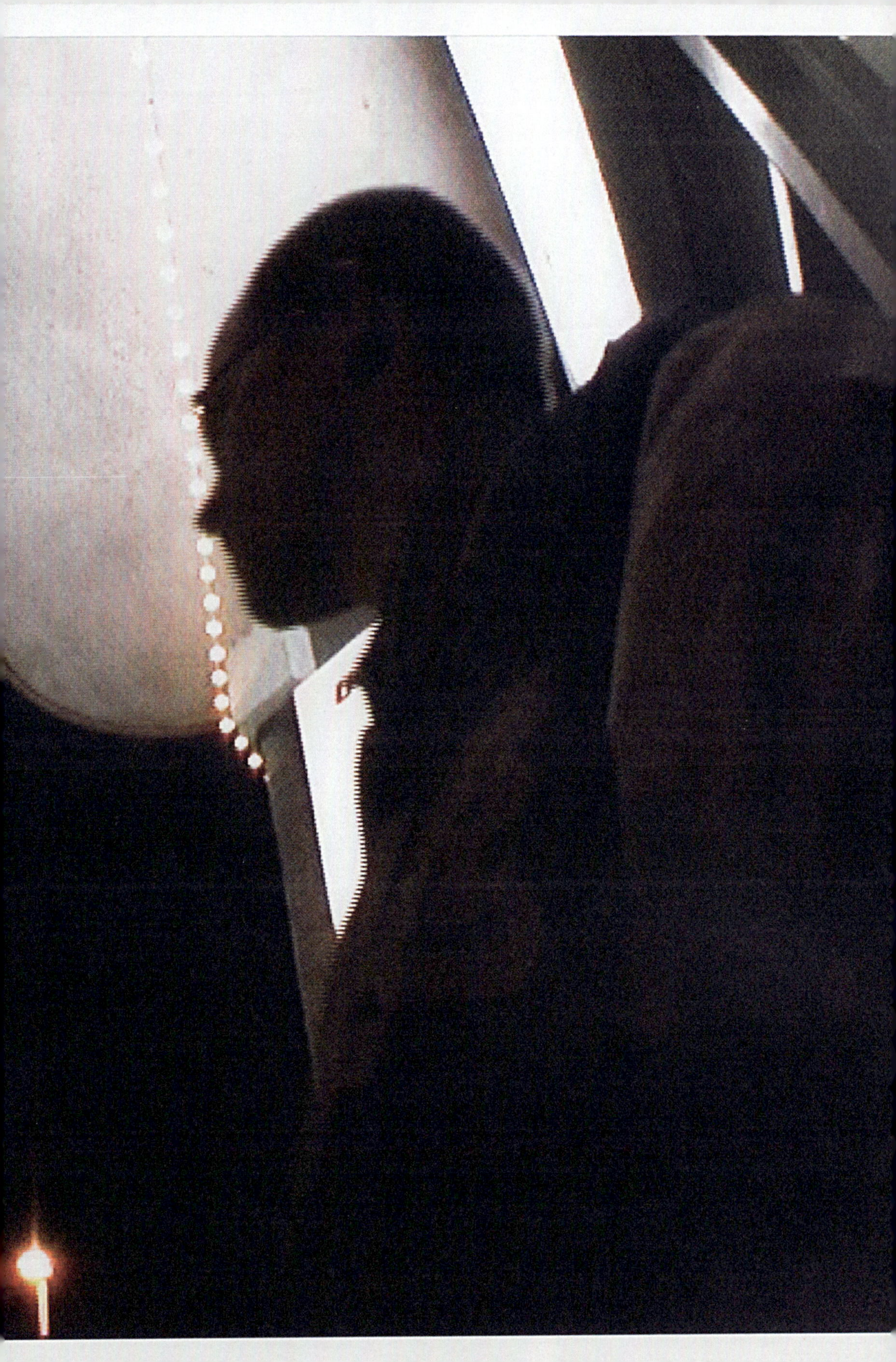

…) ~~[auto + etc~~

s.
—
nde buurt.

jongens de Baa

ja → meegenomen in de auto → auto uit gesmeten → werk
      door drugs te verkope bestolen ze de school of

jongens

den

zijn.

; details a lange aanloop tijde → veel lope

auto, B+E → snoeppad + evt. yamamoto.

akker (snoep

verbaars

_____ leraar meer vrienden kennen.

_____ → weword en beter va ___ → B+E in auto

n aan de aut   → veel

bromentje

- Barjen eril over straat
  te voet op zoek naar vrienden
- jongens rijden in auto rond
  het moet duidelijk zijn dat de jongens
  de buurt onder de baas zijn
  (naar de turkse buurt, extention amo
  unt.
- kleding wordt veranderd door autos
- B+E raken hun auto, jongens boos
- jongens nemen B+E mee
  in de auto, ga
- B+E moeten gaan werken
  voor jongens

- B+
  v
  ho

winkel wage, Bromm   Slot va in de auto

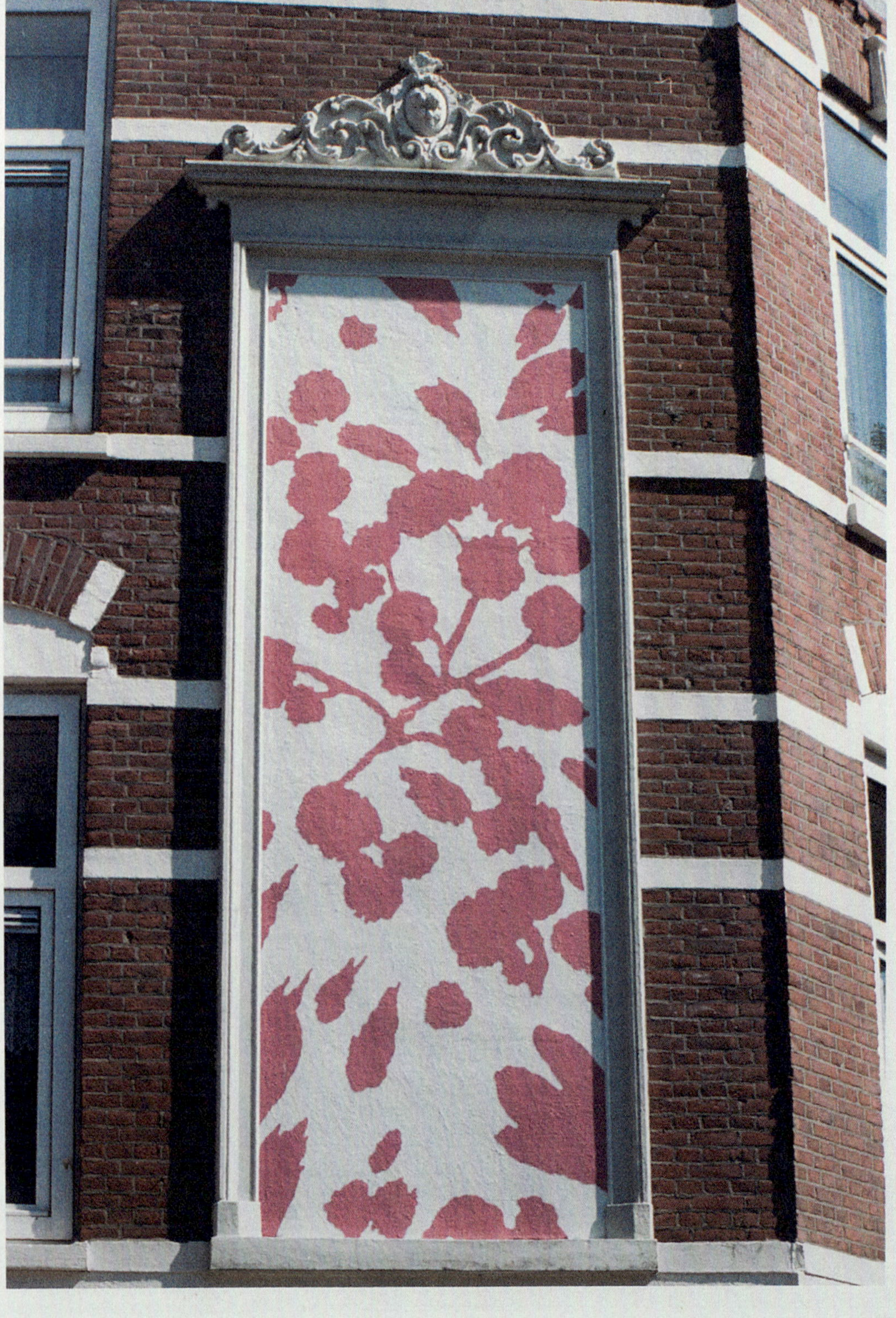

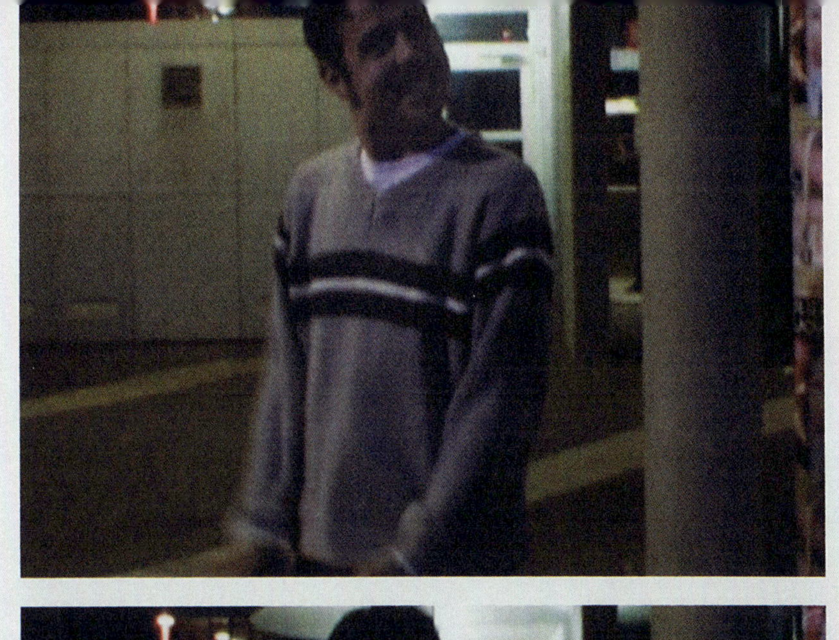
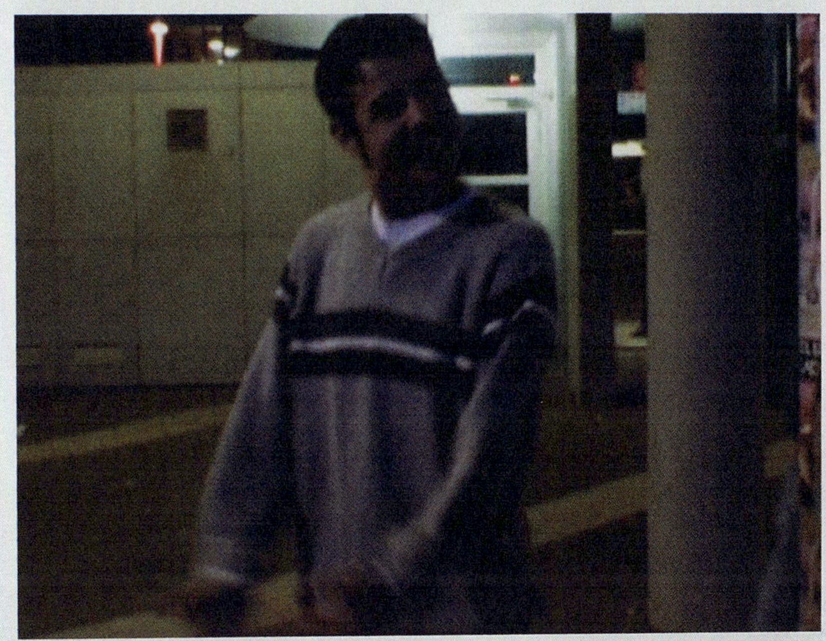
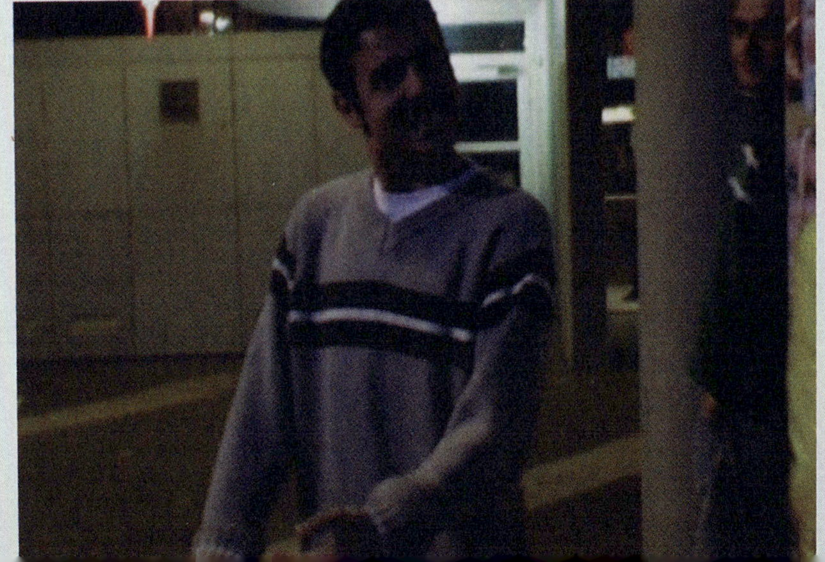

E → De Baas

B+E
†

ie

...a veel succes in de buurt →

...+E werken voor...
...s en geven het / on...
...steeds af aan de
auto.
...ordt B+E steeds
...yler etc. kleding +
...+ auto
...ben nu zeer veel
...en zeer ver succes
...als Jurten jou
...+E de buurt
...nemen wraak
†

"Theo did it. Pim did it."

"Theo deed het.
Pim deed het."

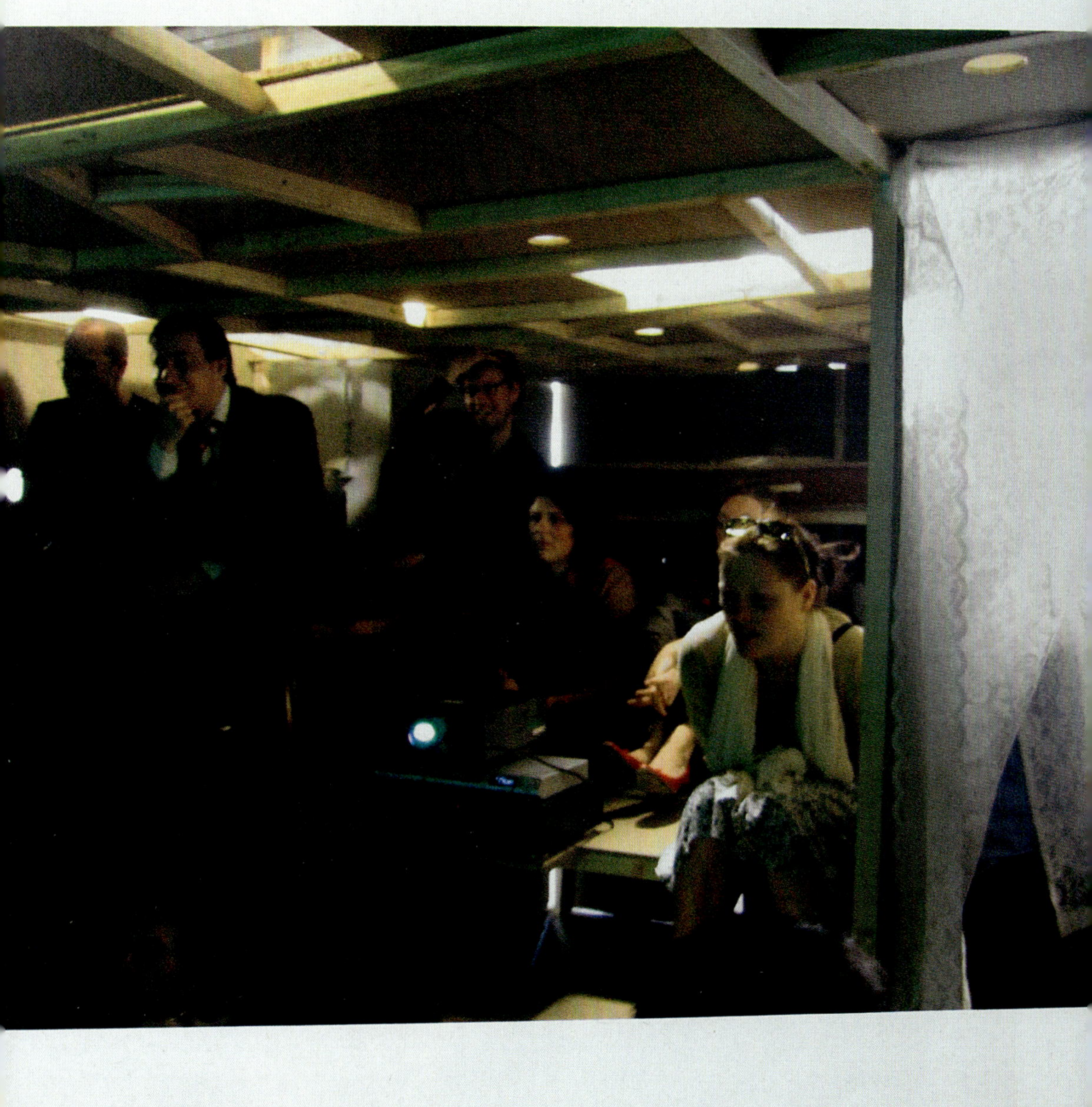

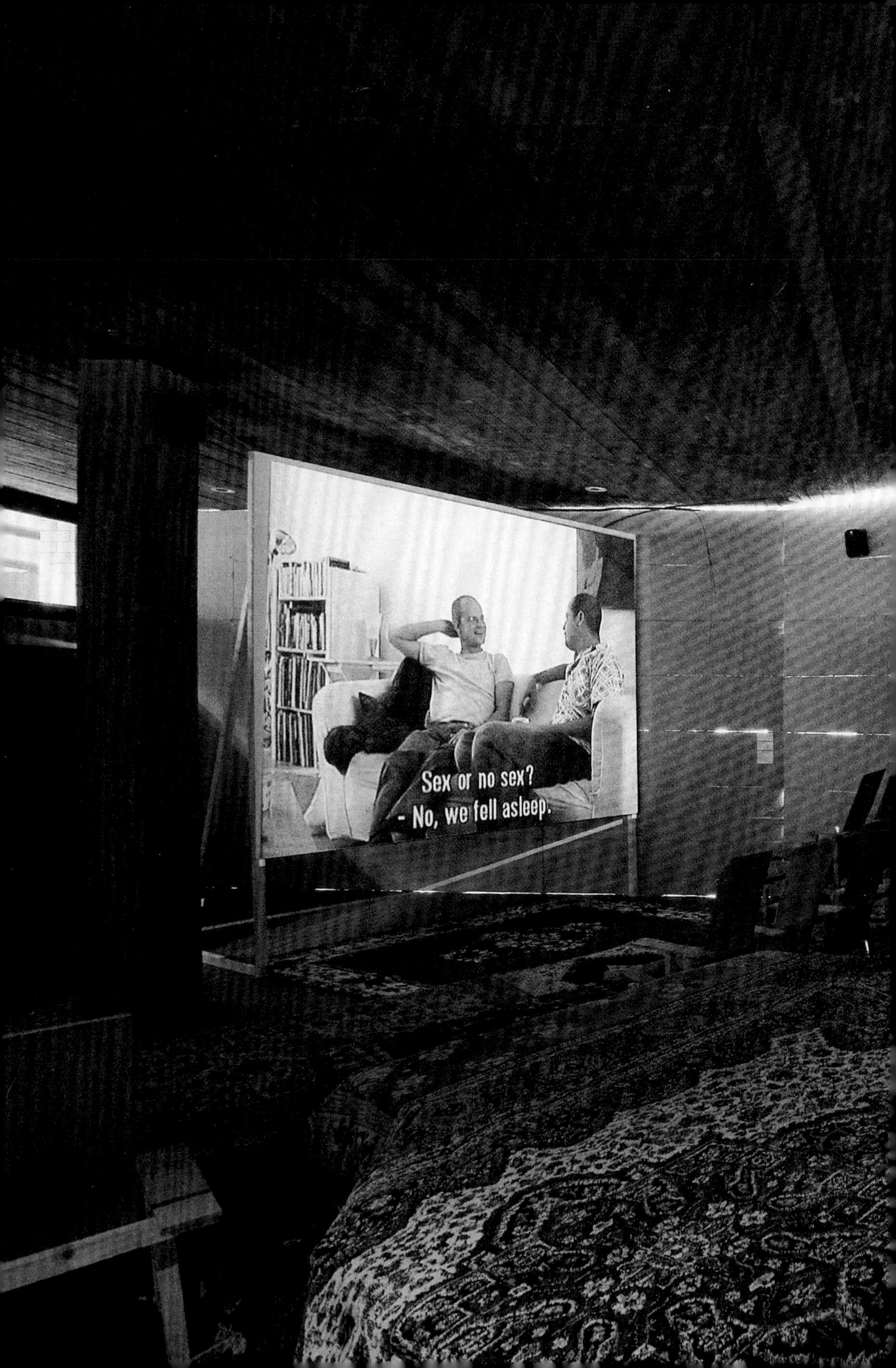

Sex or no sex?
- No, we fell asleep.

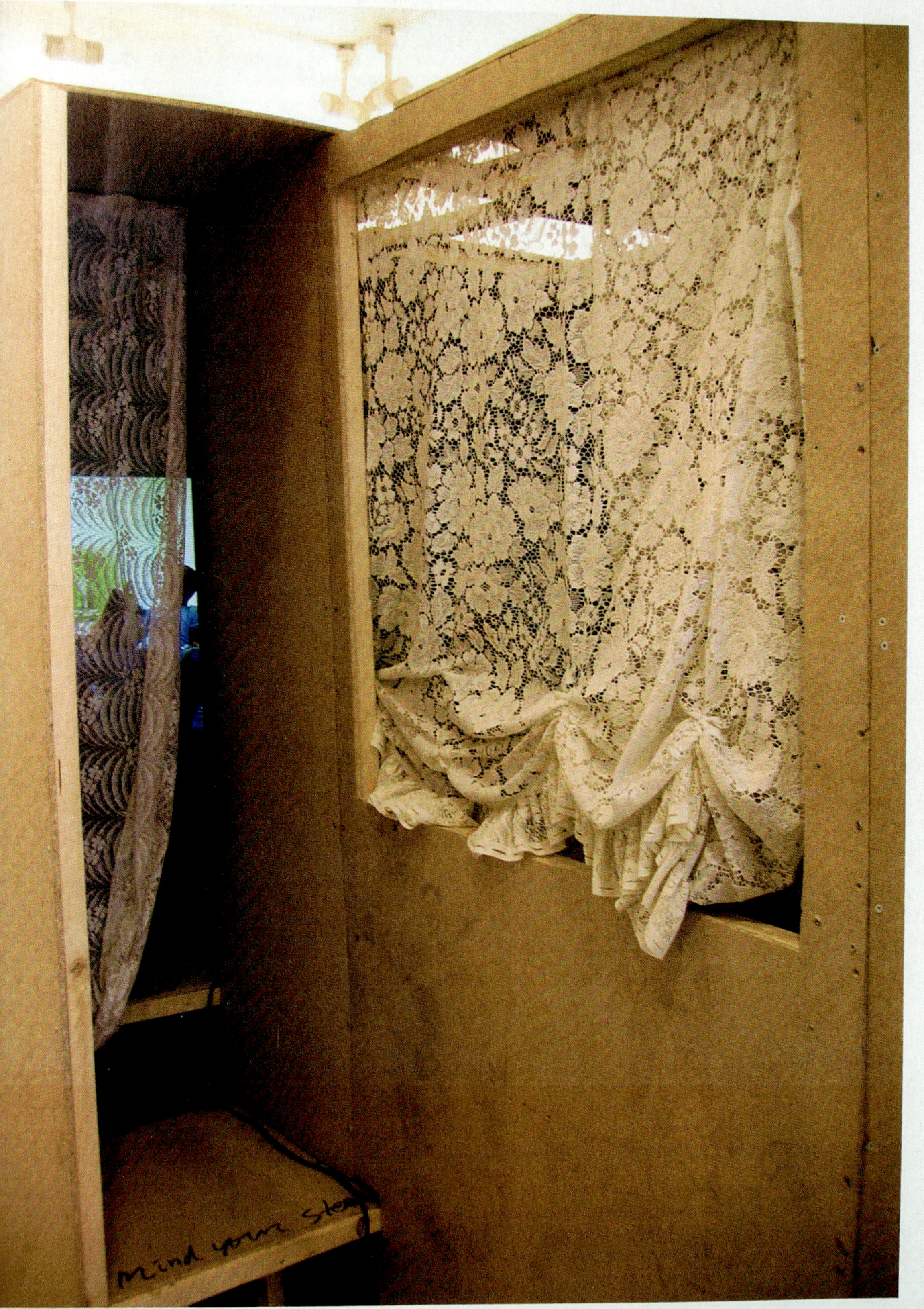
mind your step

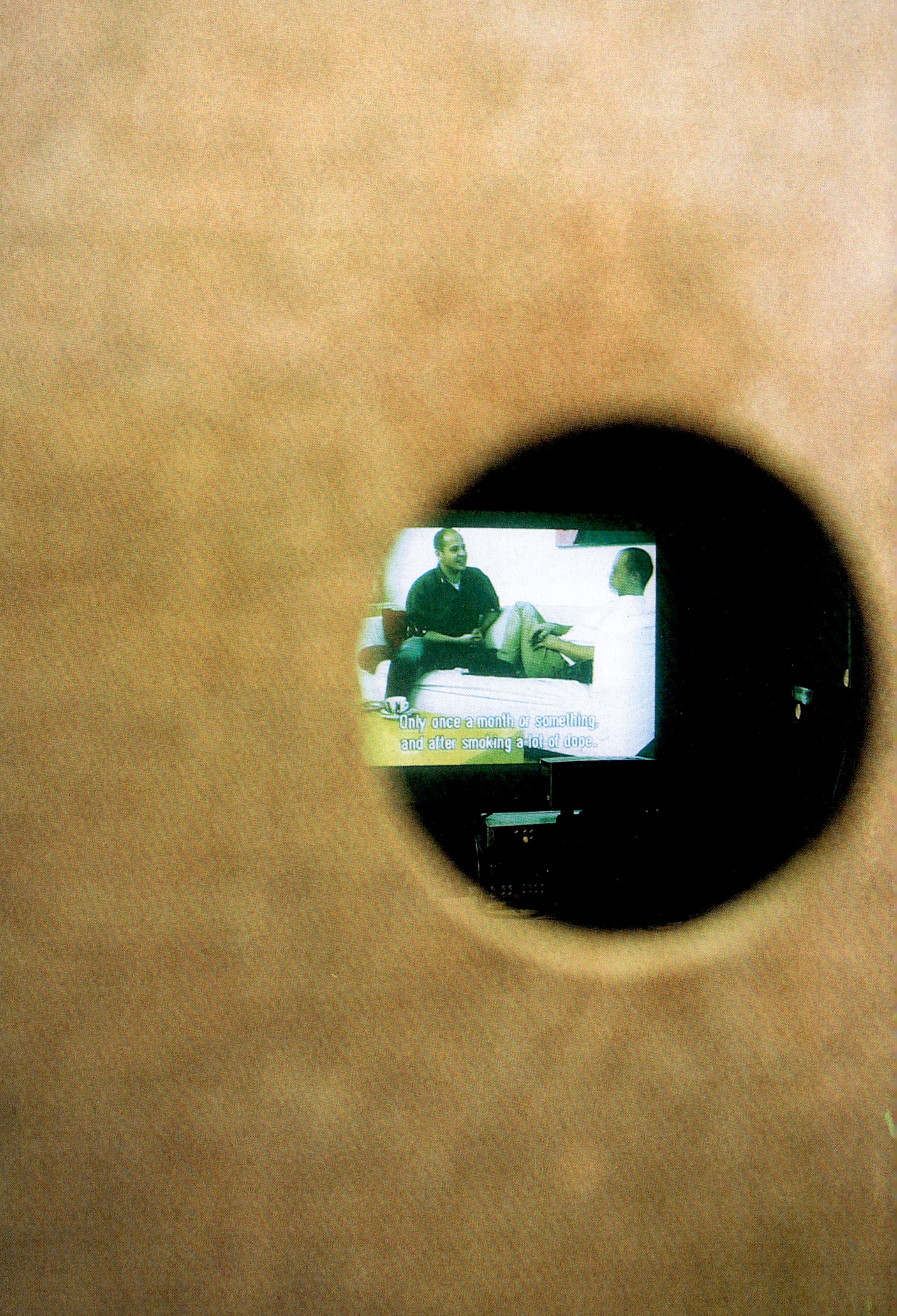
Only once a month or something,
and after smoking a lot of dope.

UBS Wealth Management

No. 36.311   112de jaargang   Hoofdredact[...]

AFGESL[...]

Afschuw en woede na moord Theo van Gogh

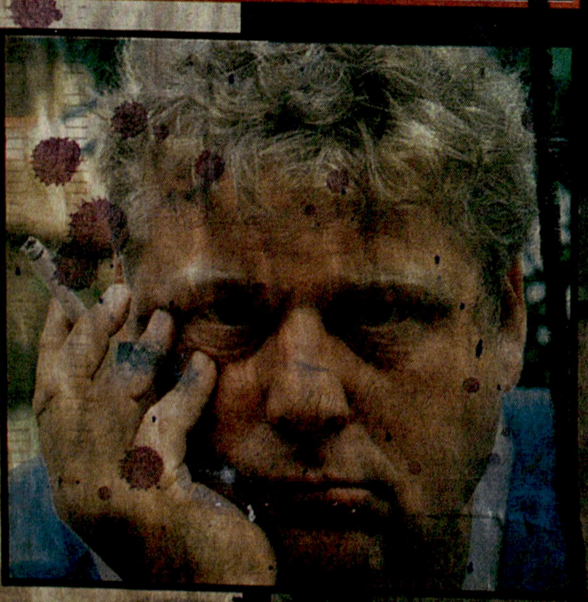

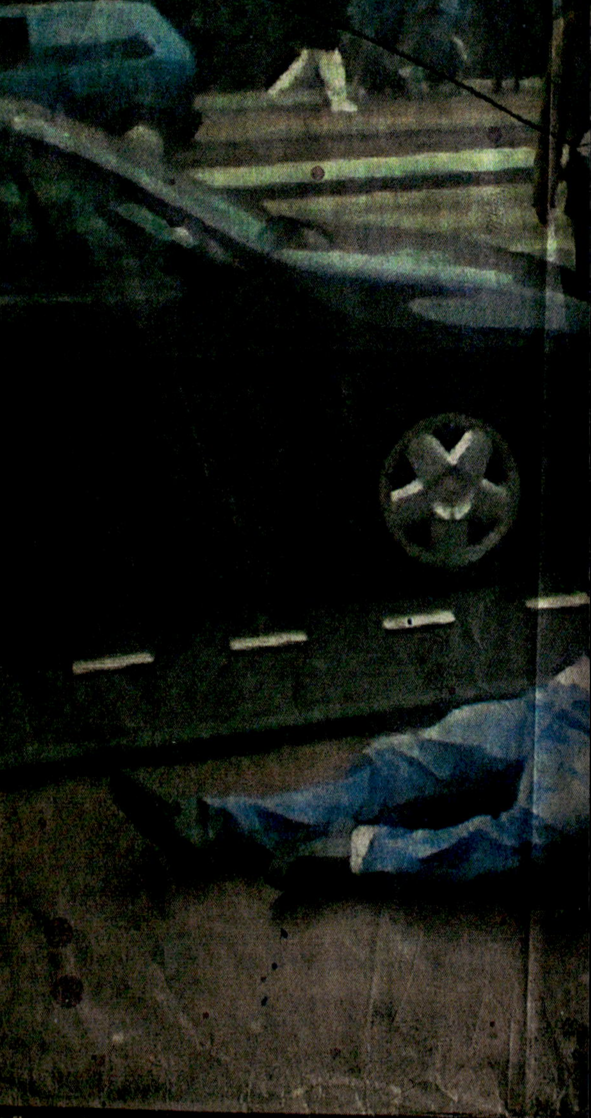

• Als [...]hoos[...] afg[...]slacht ligt Theo van Gogh op het fietspad [...] de [...] in Amsterdam. Uit [...] [...] een 26-jarige Amsterdammer met de Nederlandse en Marokkaanse nationaliteit, de filmmaker de eerste steken toe[...] vestigd met daarop waarschijnlijk Arabische teksten. In zijn zij priemt een tweede mes.

...ACHT

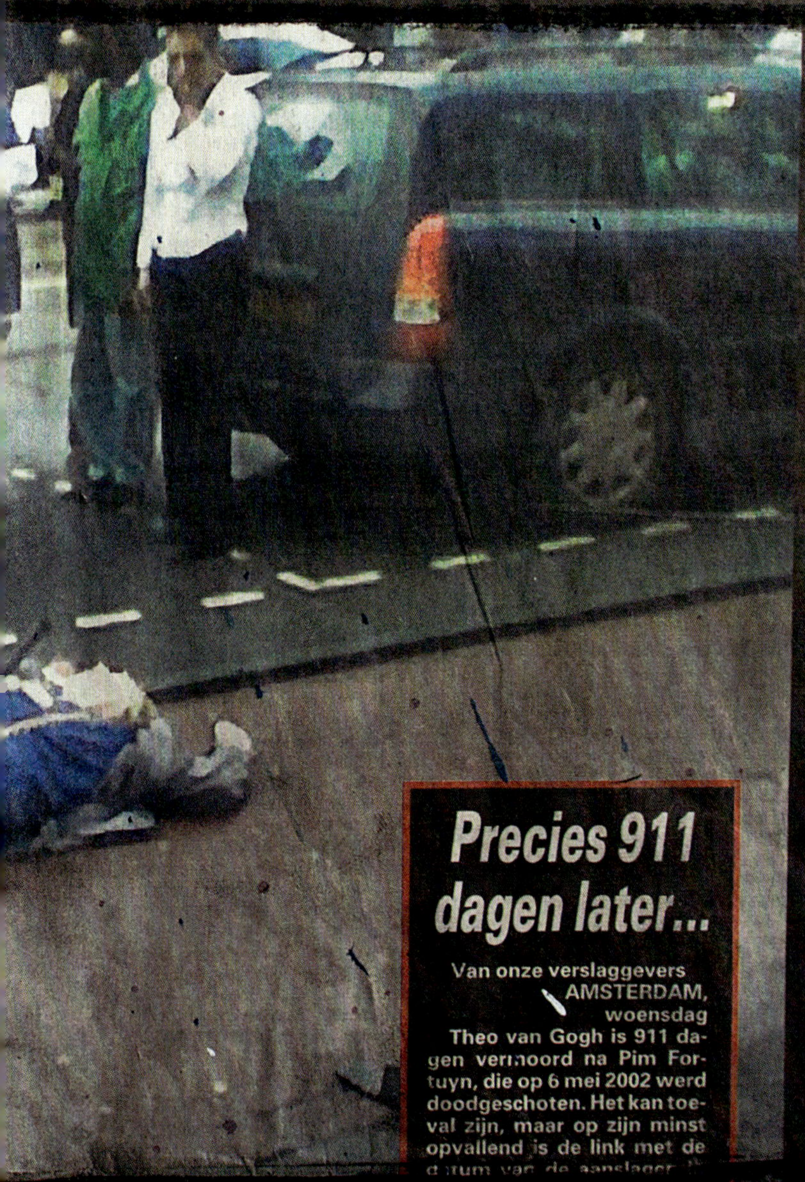

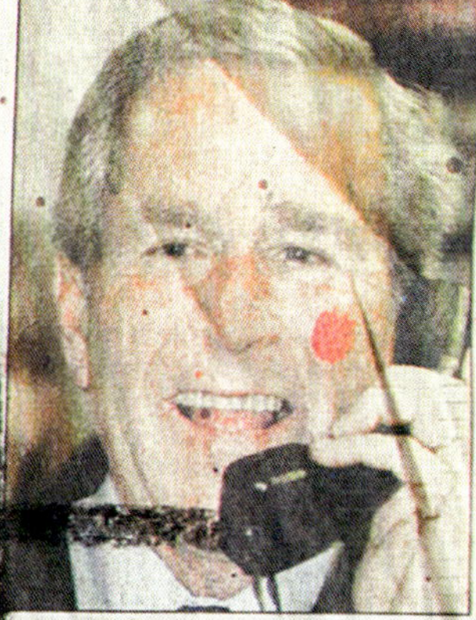

• George Bush

Amerika massaal naar de stembus

door Pieter Nijdam
NEW YORK, woensdag

In de spannendste presidentsverkiezingen in de geschiedenis van de Verenigde Staten zijn de kiezers massaal naar de stembus gegaan om te bepalen wie de komende vier jaar het land mag regeren. De verschillen tussen de zittende president George Bush en zijn Democratische uitdager John Kerry waren zo miniem, dat gisteravond nog geen duidelijke winnaar kon worden aangewezen.

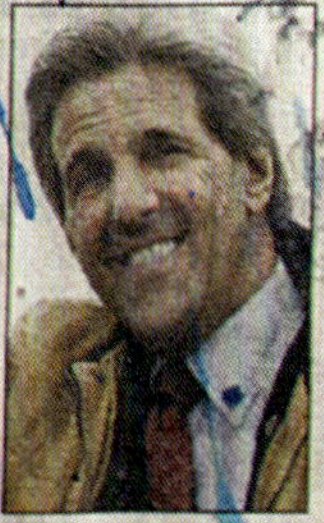

• John Kerry

Terwijl de recordopkomst zich vertaalde in lange rijen voor de stemlokalen, bestookten advocaten van de Republikeinse en Democratische campagneteams elkaar over en weer met klachten van onregelmatigheden. Evenals vier jaar geleden deden zich in veel kiesdistricten problemen voor met de registratie van de kiezer, die noodzakelijk is om te stemmen. Een aan-

Precies 911 dagen later...

Van onze verslaggevers
AMSTERDAM,
woensdag

Theo van Gogh is 911 dagen vermoord na Pim Fortuyn, die op 6 mei 2002 werd doodgeschoten. Het kan toeval zijn, maar op zijn minst opvallend is de link met de datum van de aanslag in New York op 11 september 2001. Die datum wordt op z'n Amerikaans als 9-11 geschreven.

Ferder kwam 9-11 al terug

van het mes waarmee de dader, het moordwapen is een briefje be-

FOTO: ARON BOSKMA

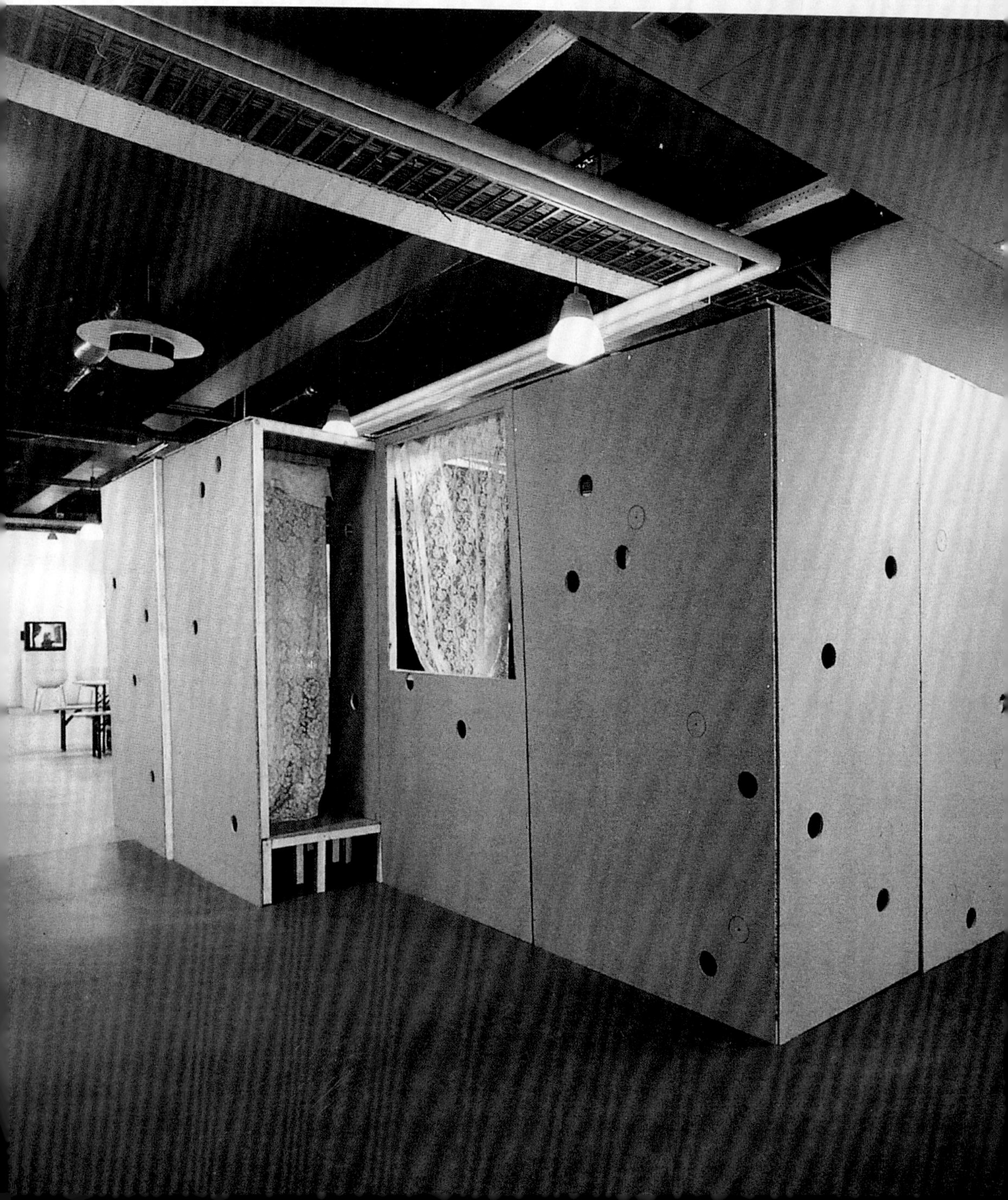

Laat Volkert niet vrij!

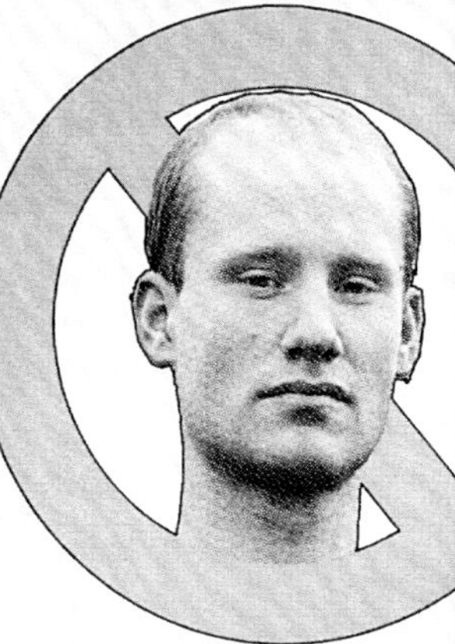

Op 6 mei 2002 werd politicus Pim Fortuyn vermoord door de extreem-linkse activist Volkert van der Graaf. Aan deze brute, gewetenloze moord ging een lange periode van demonisering vooraf door de partijen van de linkse kerk. Heel Nederland was geschokt en in diepe rouw, en ineens hadden de politieke opponenten het 'niet zo bedoeld'.

De moordenaar van Pim Fortuyn werd veroordeeld tot 18 jaar celstraf. Door de huidige wetgeving kan Van der Graaf echter al vrijkomen nadat hij tweederde van zijn straf heeft uitgezeten -slechts twaalf jaren- wegens goed gedrag. Het feit dat deze gewetenloze moordenaar nooit spijt betuigd heeft, of zelfs maar de nabestaanden tegemoet is gekomen door de reden van zijn perverse daad te noemen doet schijnbaar niets aan dit 'goede gedrag' af.

Op 2 mei 2014 wordt om 20u30 een demonstratie georganiseerd in Rotterdam tegen deze vrijlating. Wij roepen u dan ook nadrukkelijk op om deel te nemen aan deze demonstratie en samen te eisen dat Volkert zijn straf uitzit en te tonen dat Rotterdam Pim nooit vergeet.

Kijk voor meer informatie op DemonstratieTegenStrafkortingVolkert.nl

Identitair Verzet

www.IDVerzet.org

info@idverzet.org

CAMPAGNE
HOUDEN
VAN
NEDERLAND
NIEUWRECHTS
WWW.NIEUWRECHTS.NL • 0900 - 6438973
120-121
35 CPN

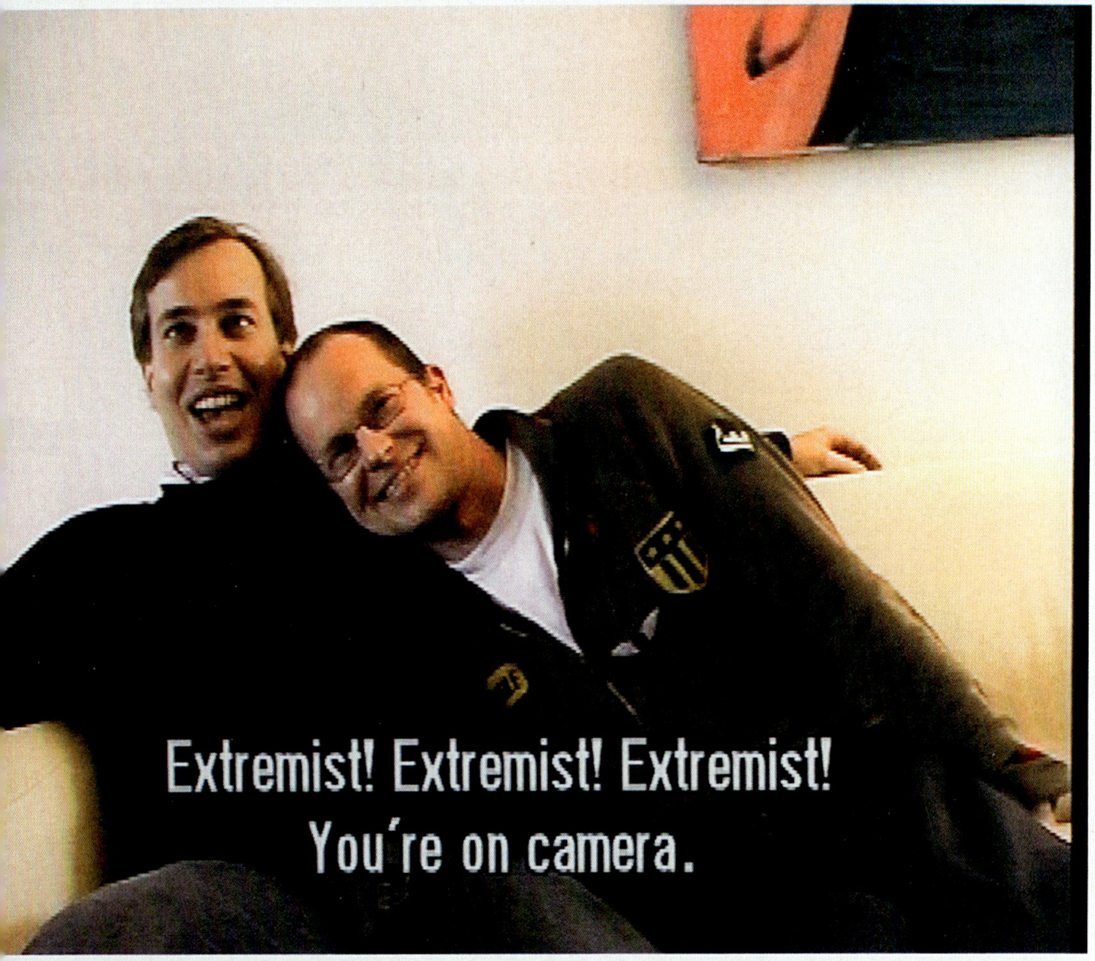

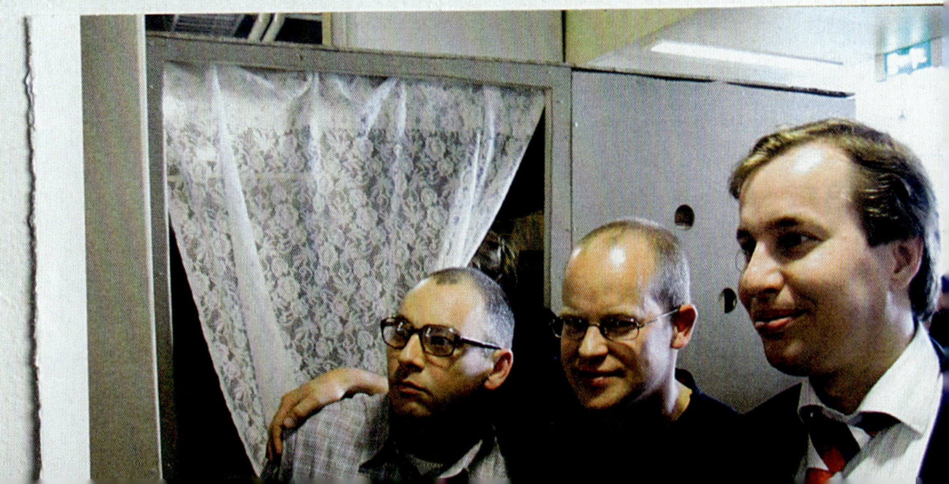
Extremist! Extremist! Extremist!
You're on camera.

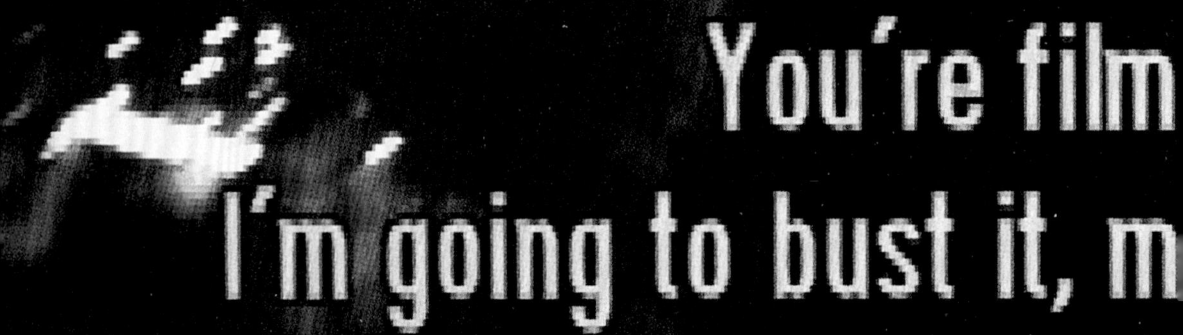
You're film
I'm going to bust it, m

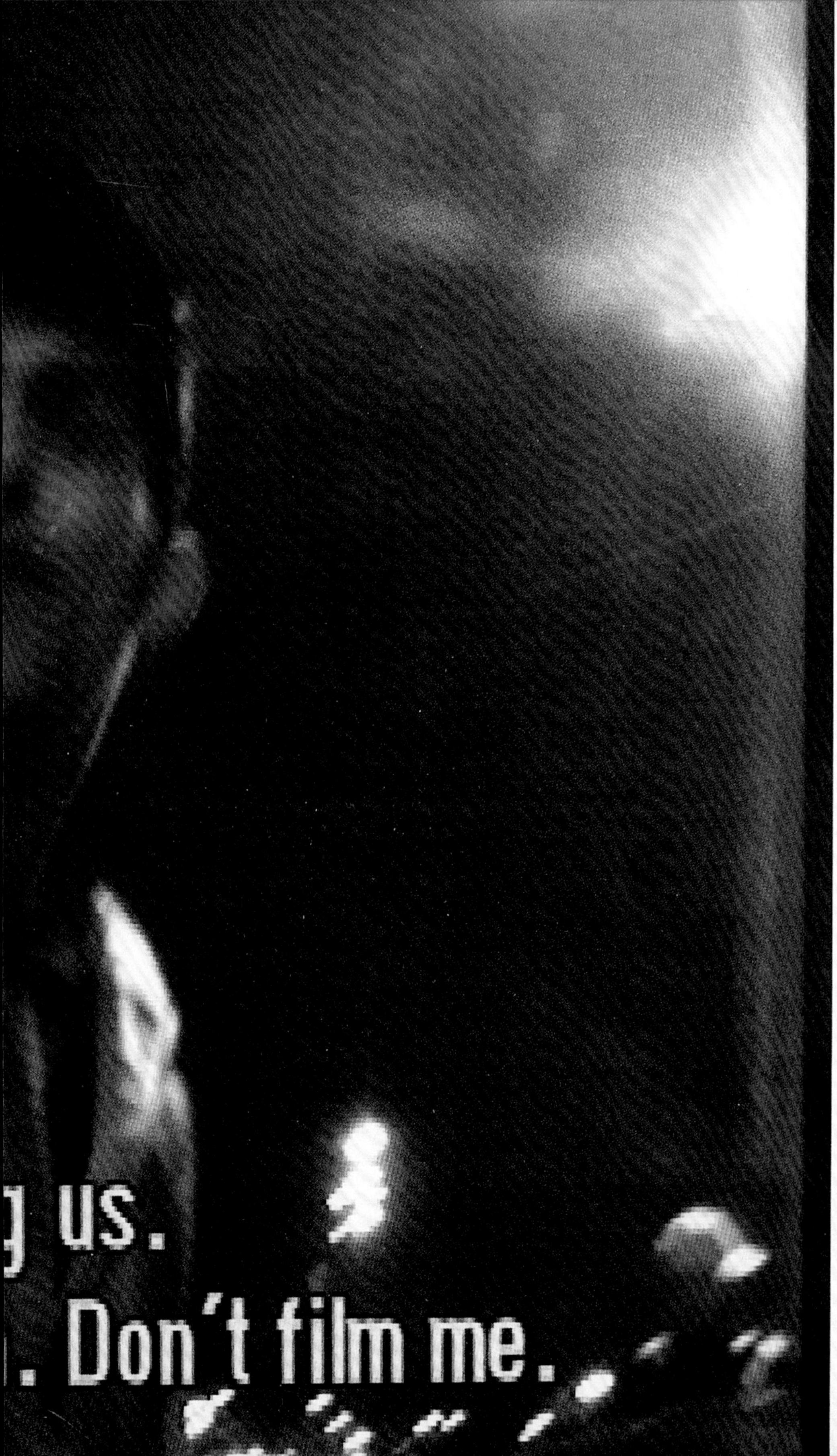

g us.
. Don't film me.

Zuidplein Mall
Strevelsweg
Metroplein
Zuiderpark

"Your starting point should be that you´re making a film about them, not with them."

"Daarin moet je toch ook als uitgangspunt nemen dat jij een film maakt over hun en niet met hun."

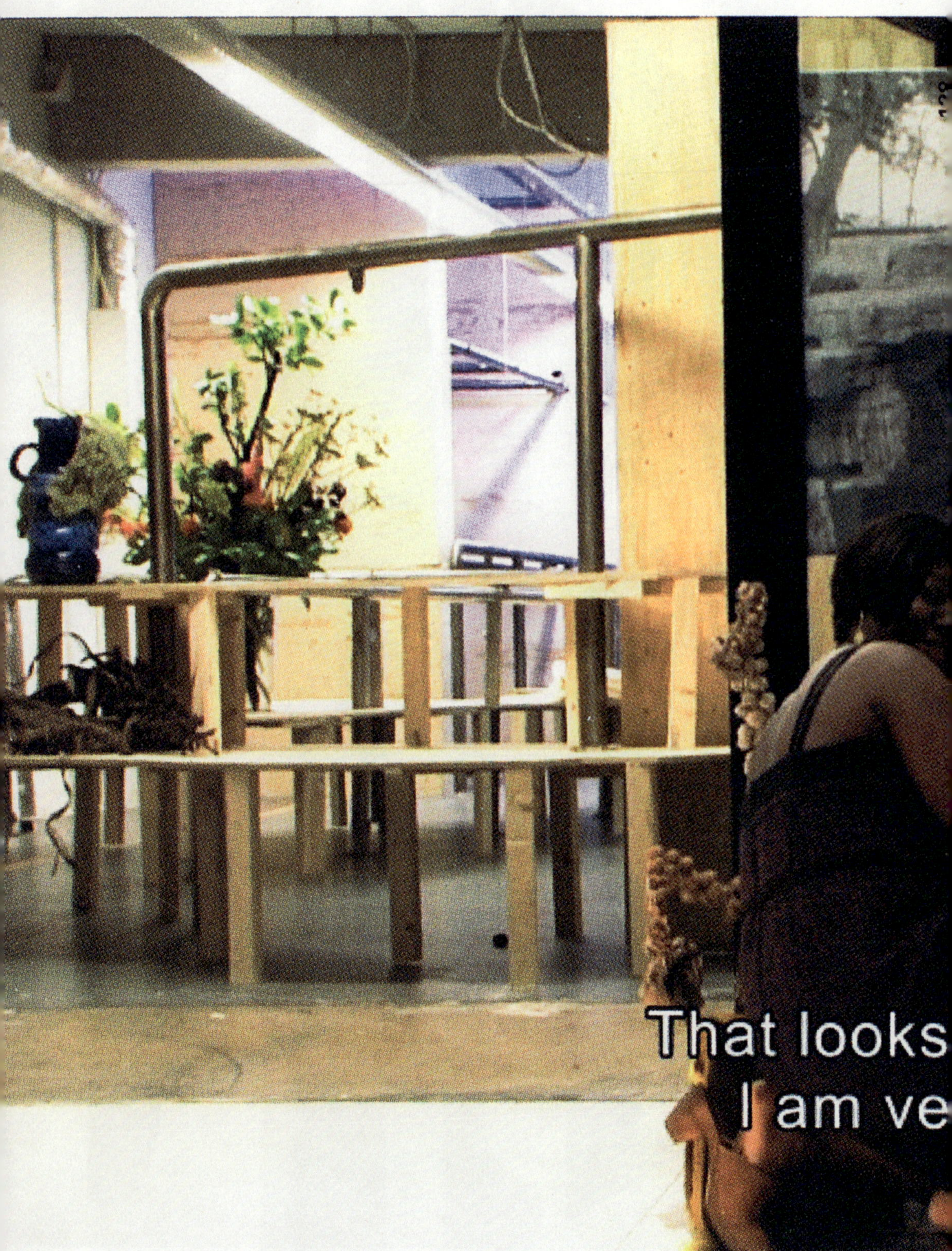
That looks
I am ve

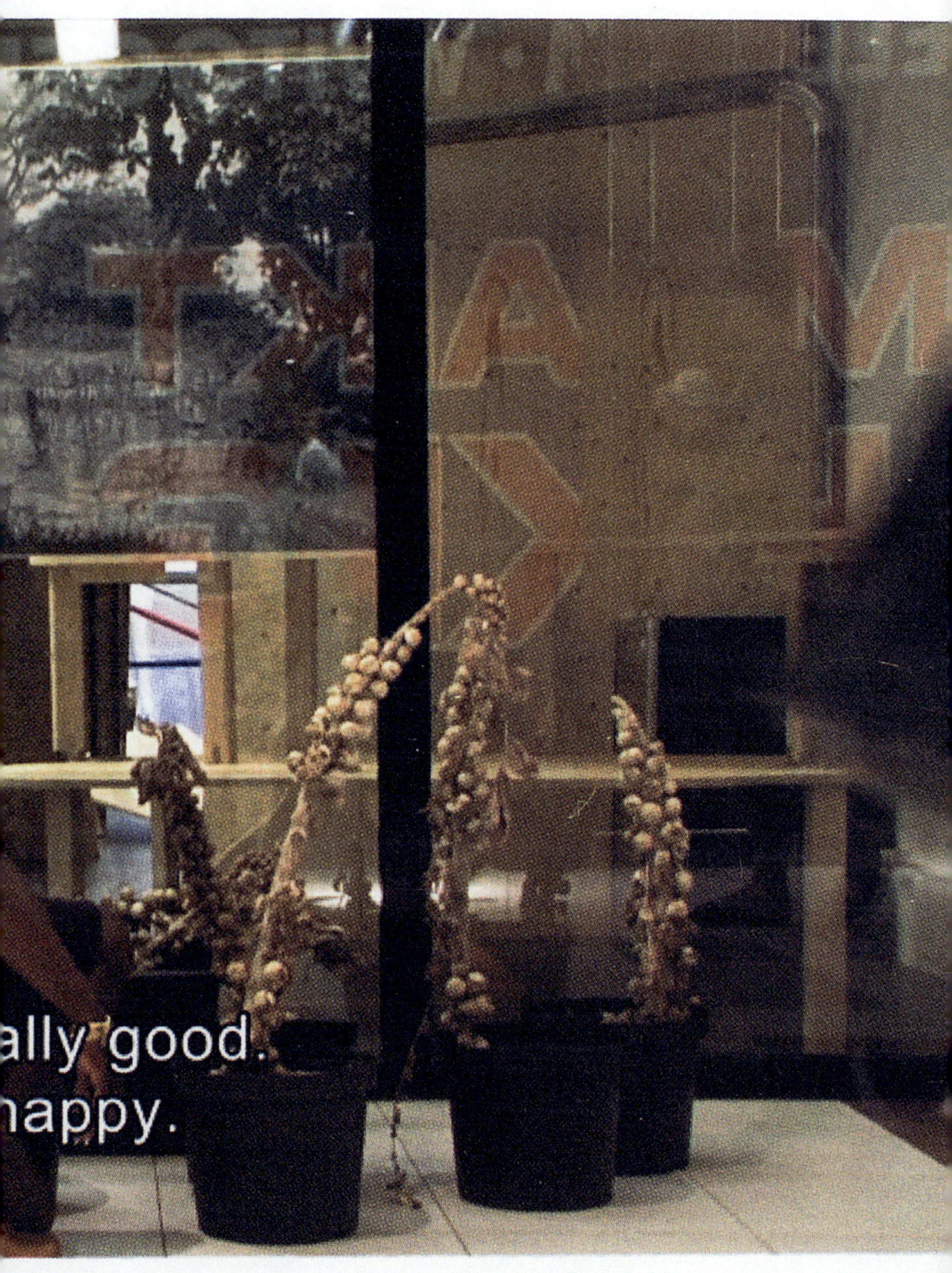
ally good.
happy.

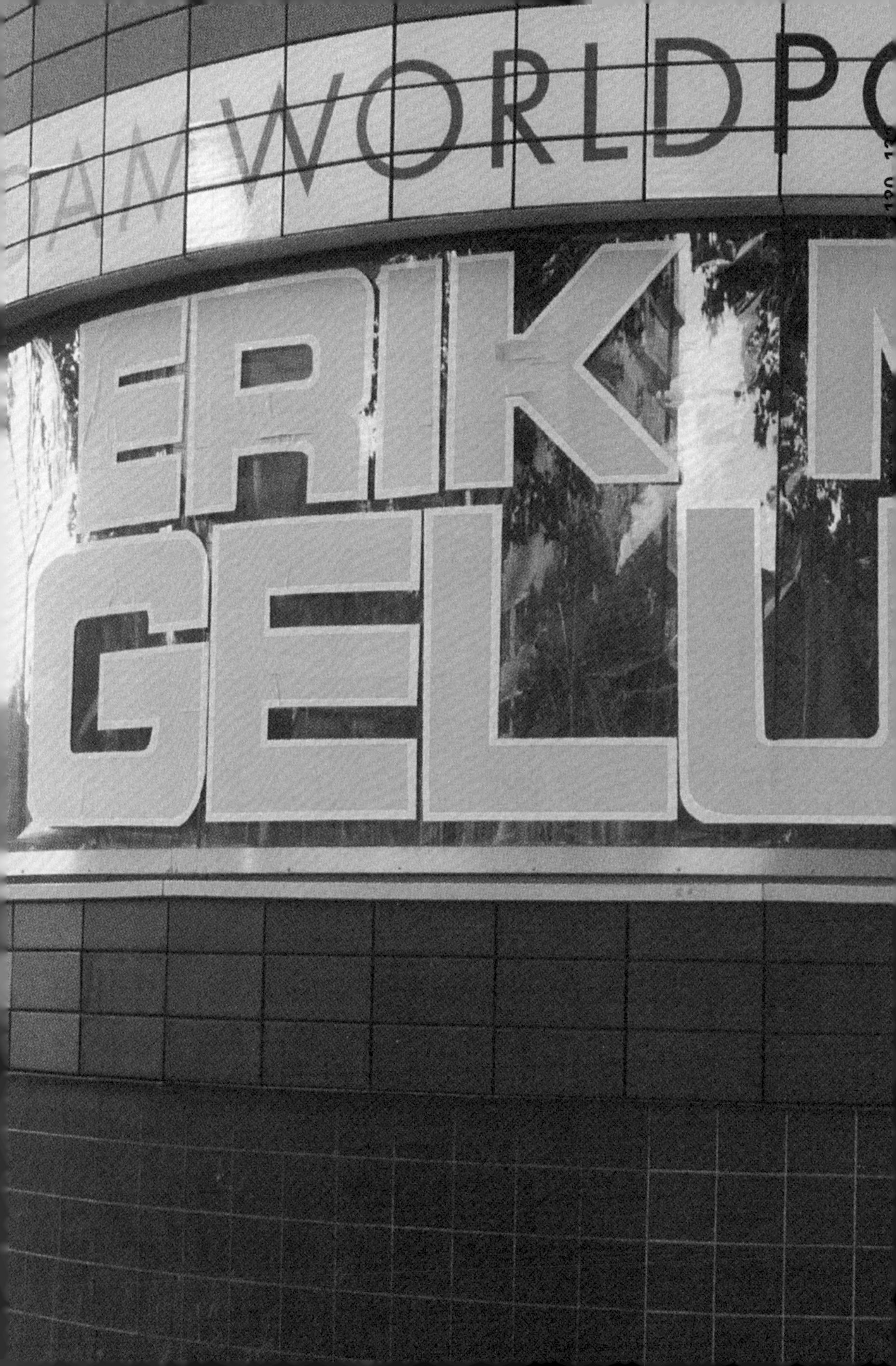
AM WORLD PO
ERIK
CELL

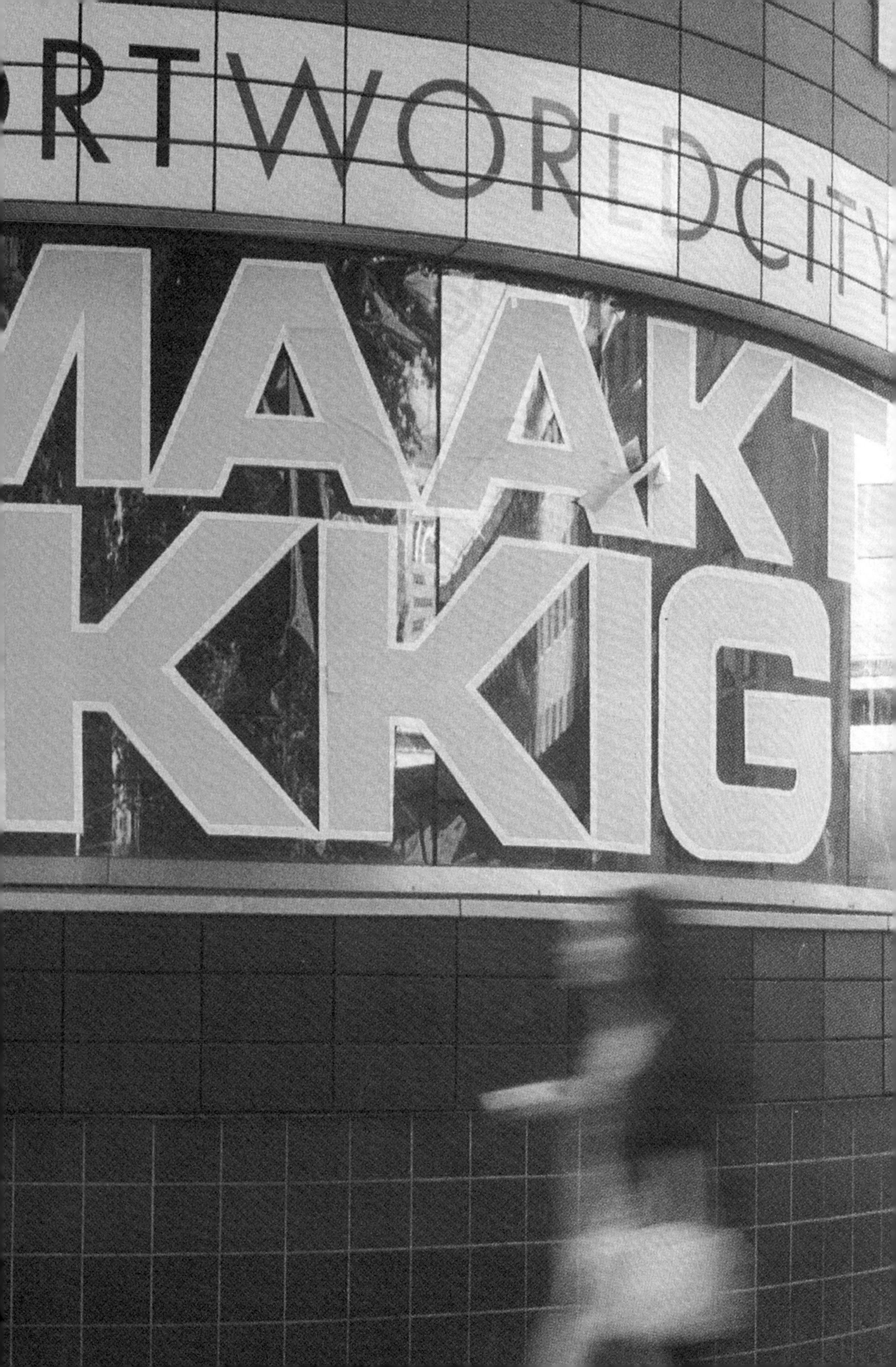
RT WORLD CITY
MAAK
KKIG

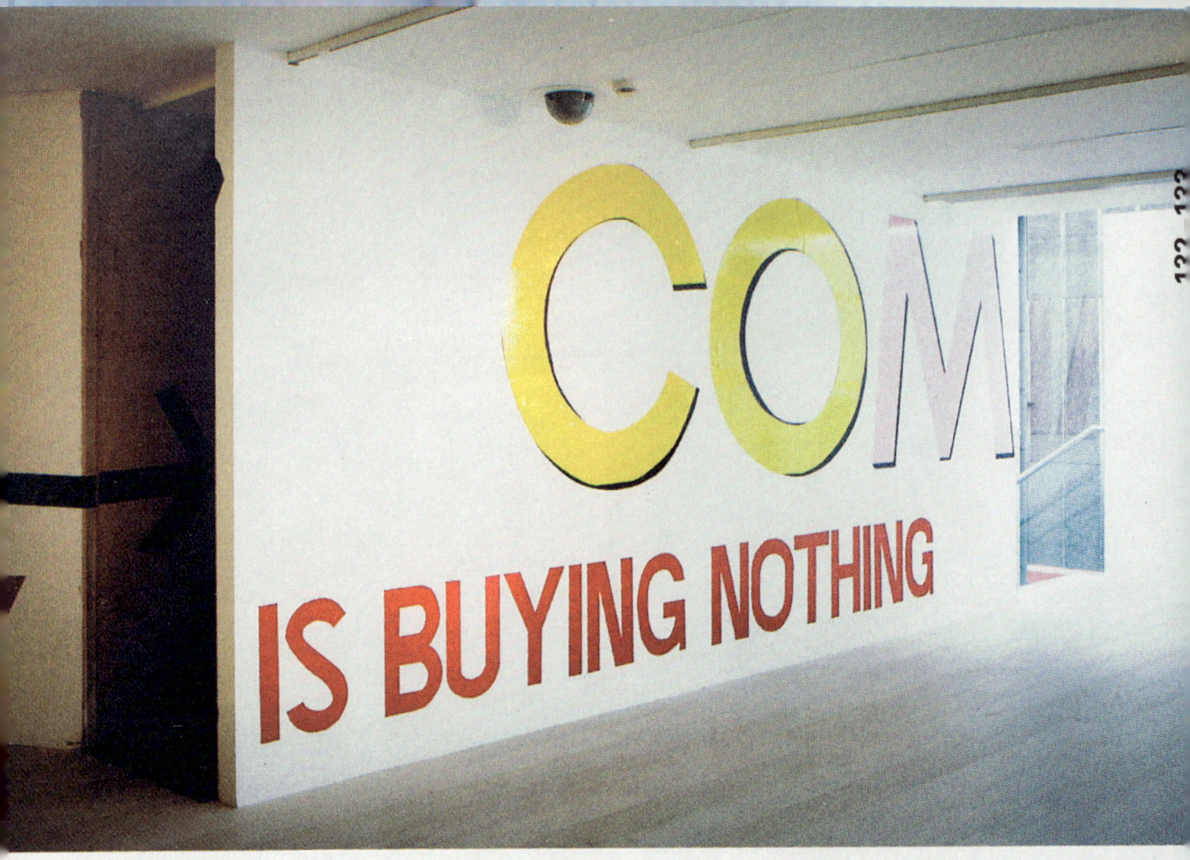

CO M
IS BUYING NOTHING

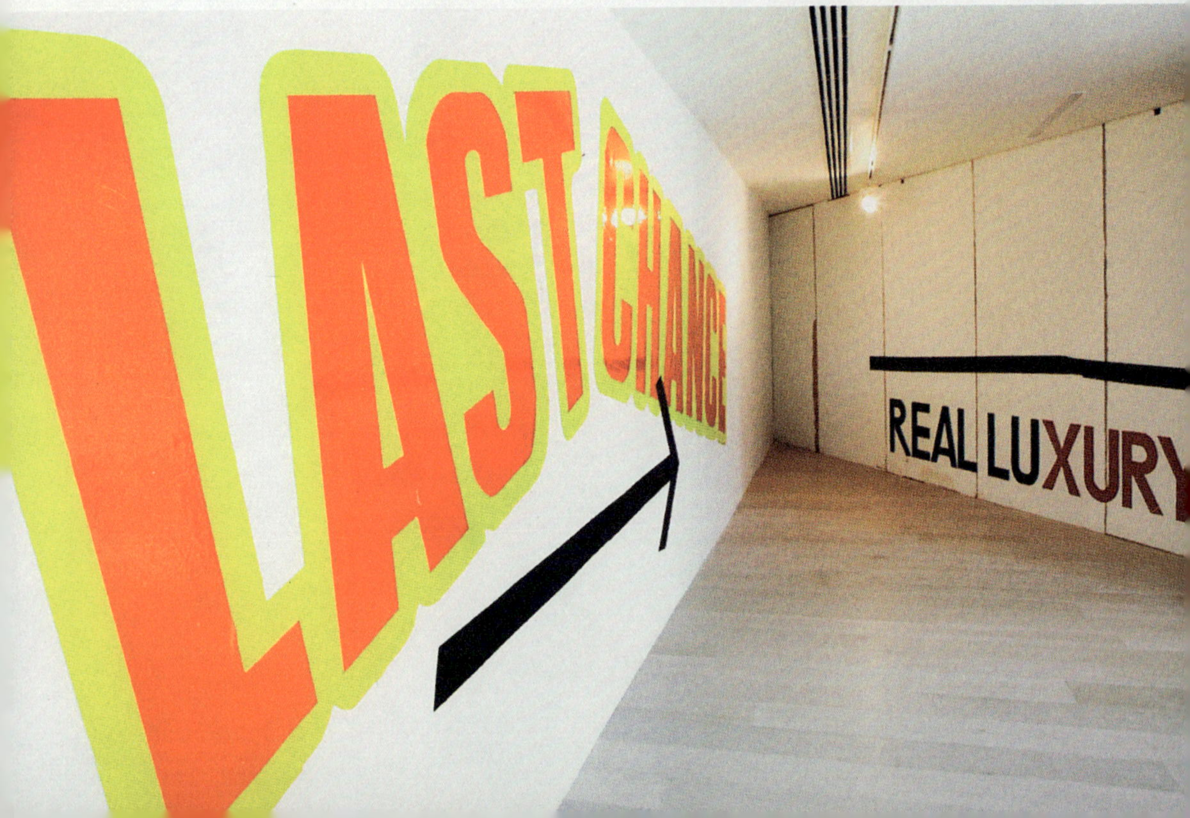

LAST CHANCE
REAL LUXURY

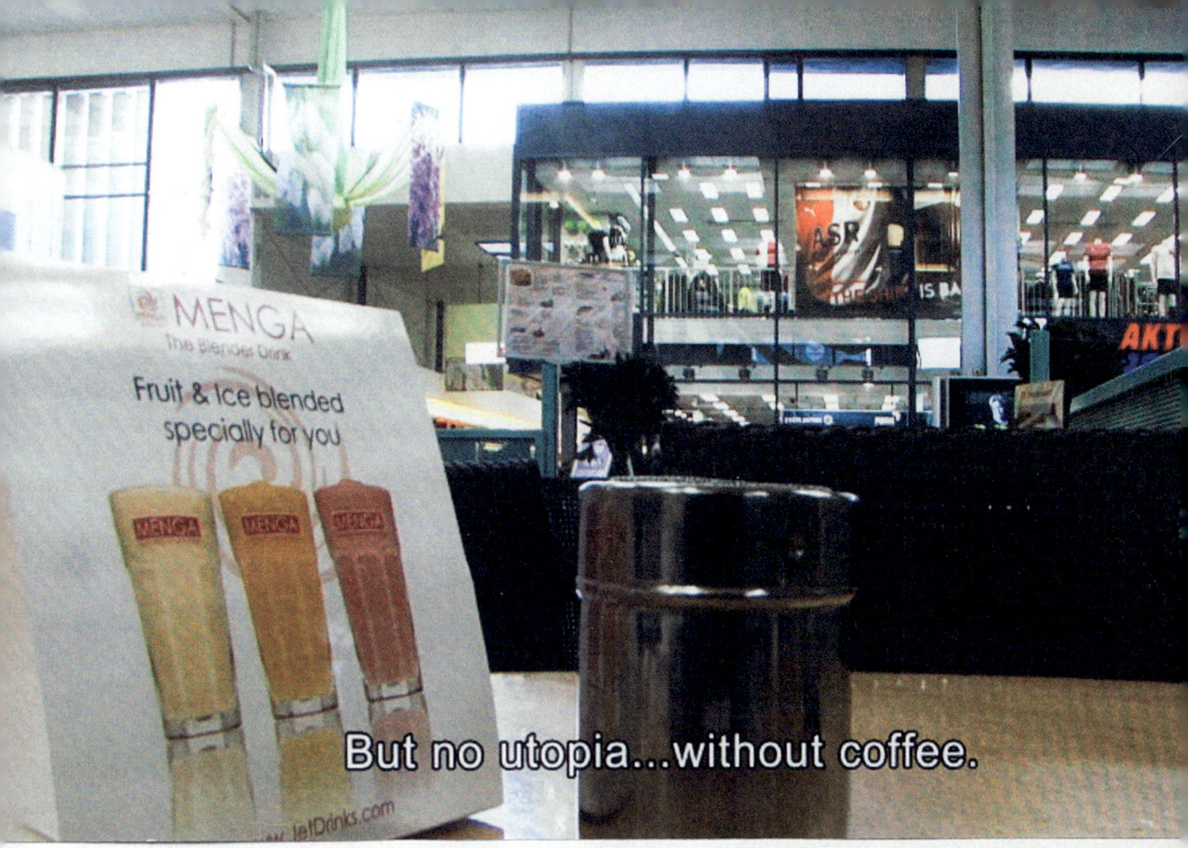

MENGA
the blended Drink
Fruit & Ice blended
specially for you
www.JetDrinks.com
ASR
AKTI
But no utopia...without coffee.
LIVE IS

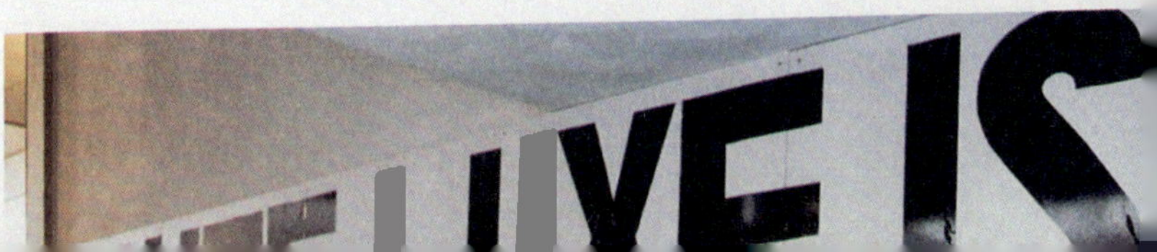

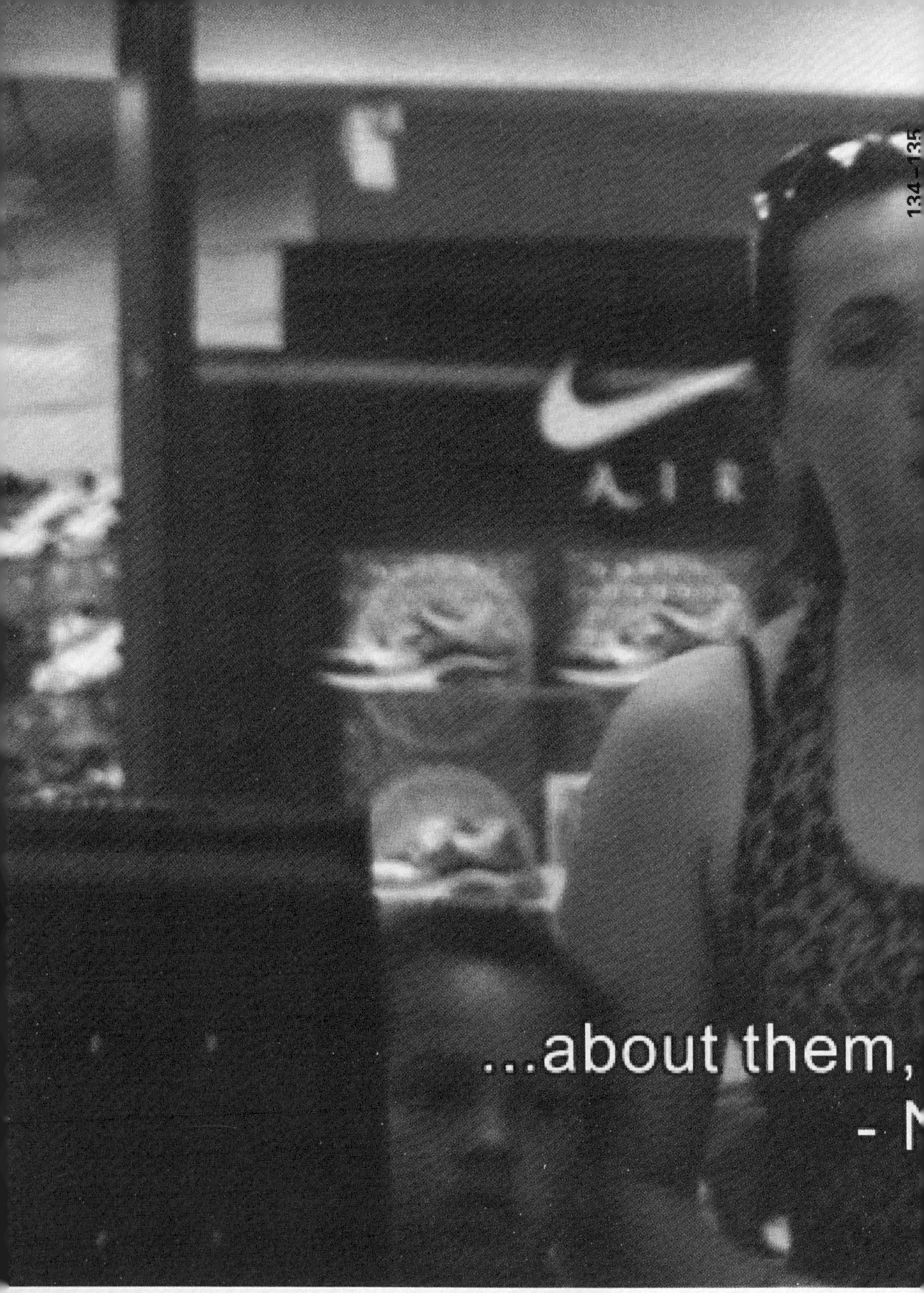

NIKE
AIR
...about them,
- N

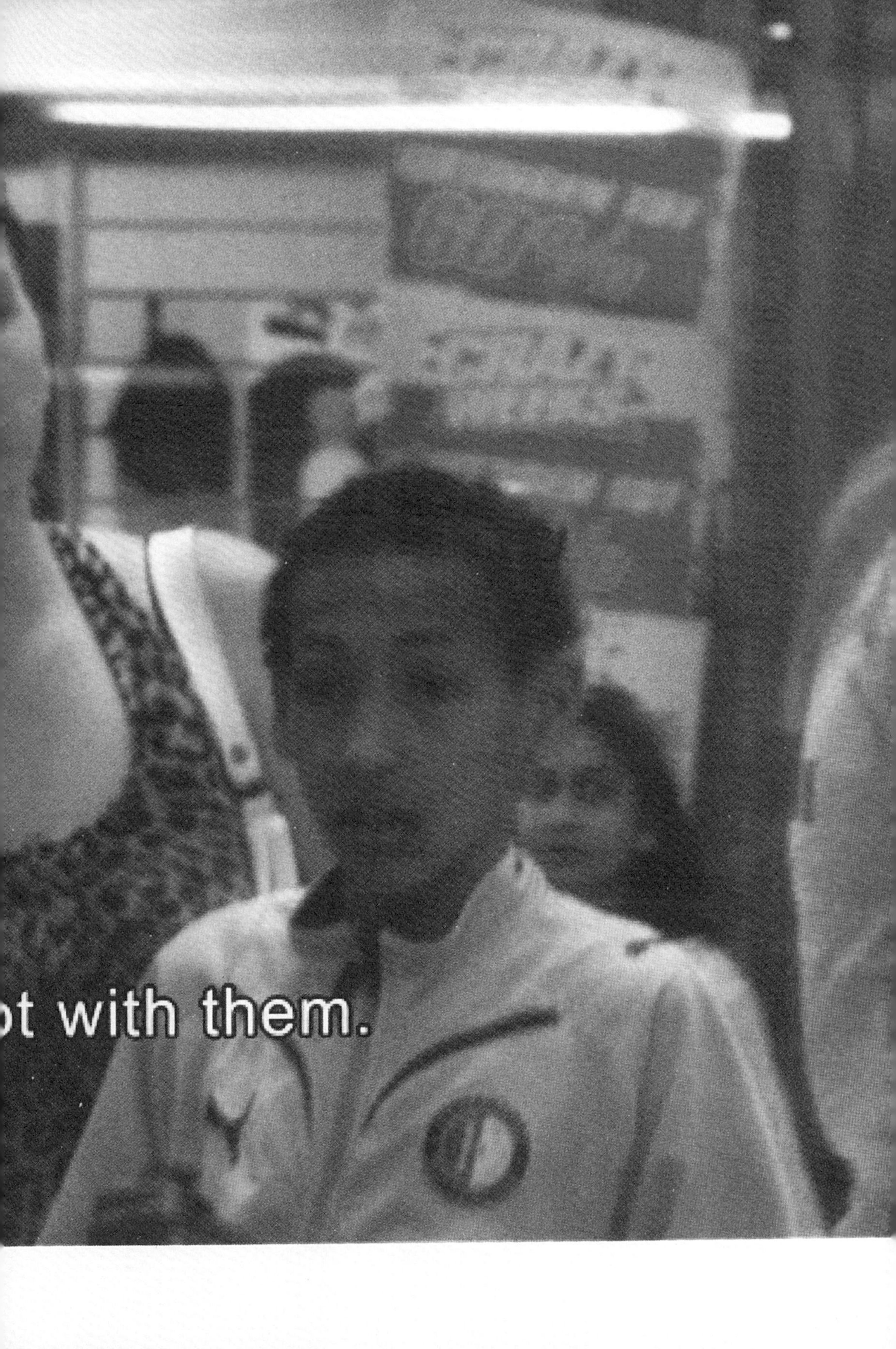
ot with them.

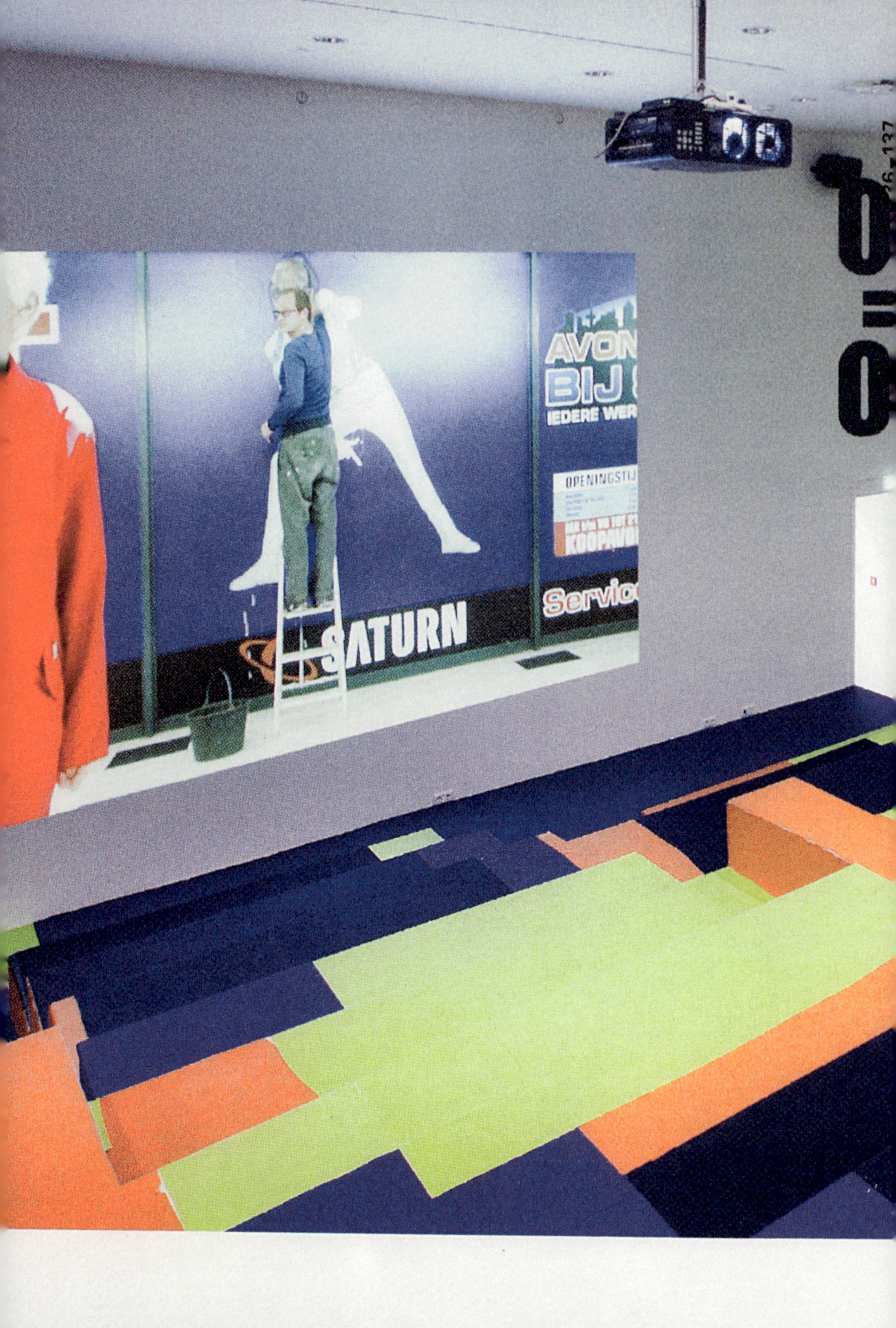
AVON
BIJ
IEDERE WER
OPENINGSTIJ
KOOPAVD
SATURN
Service

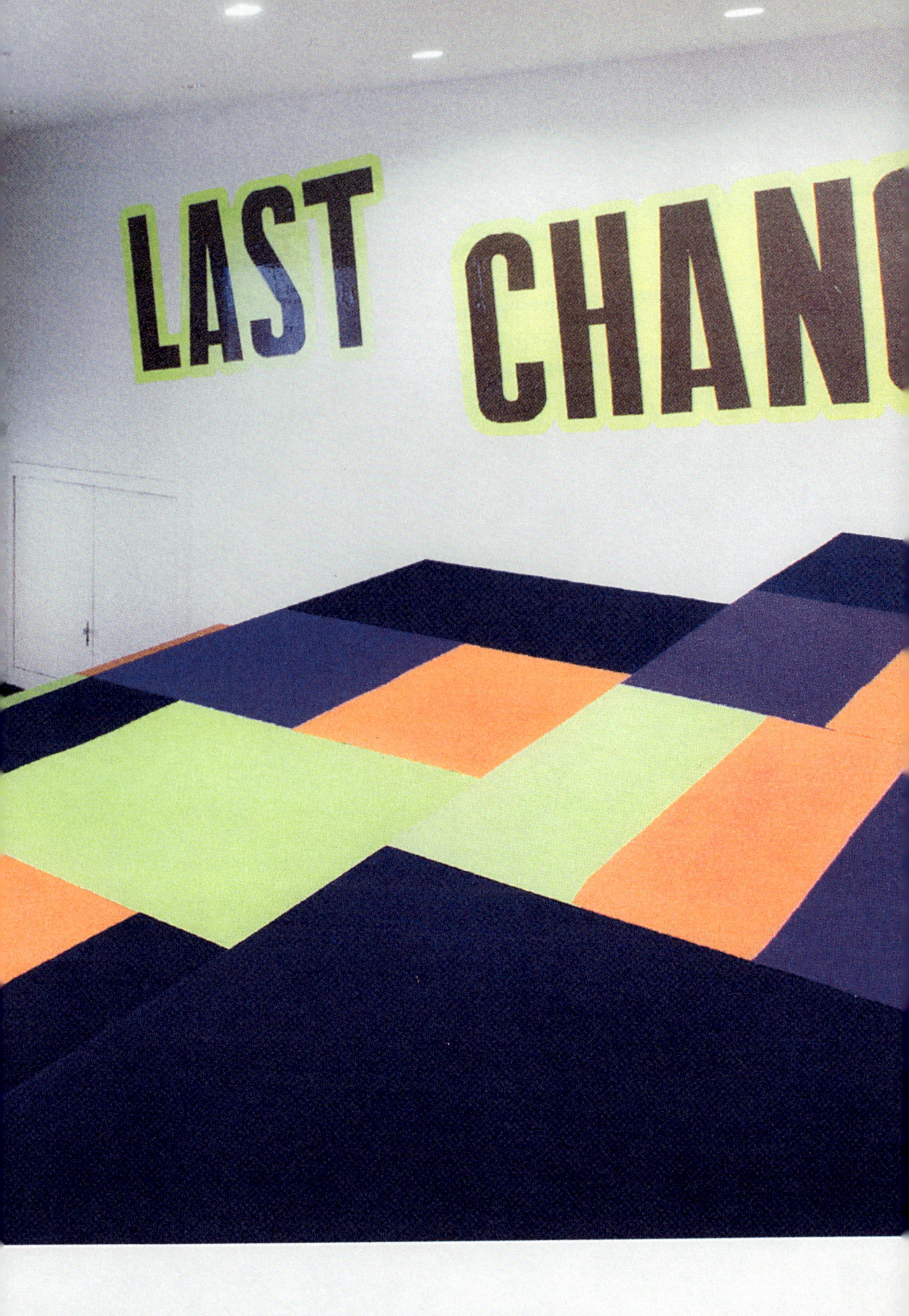
LAST CHANC

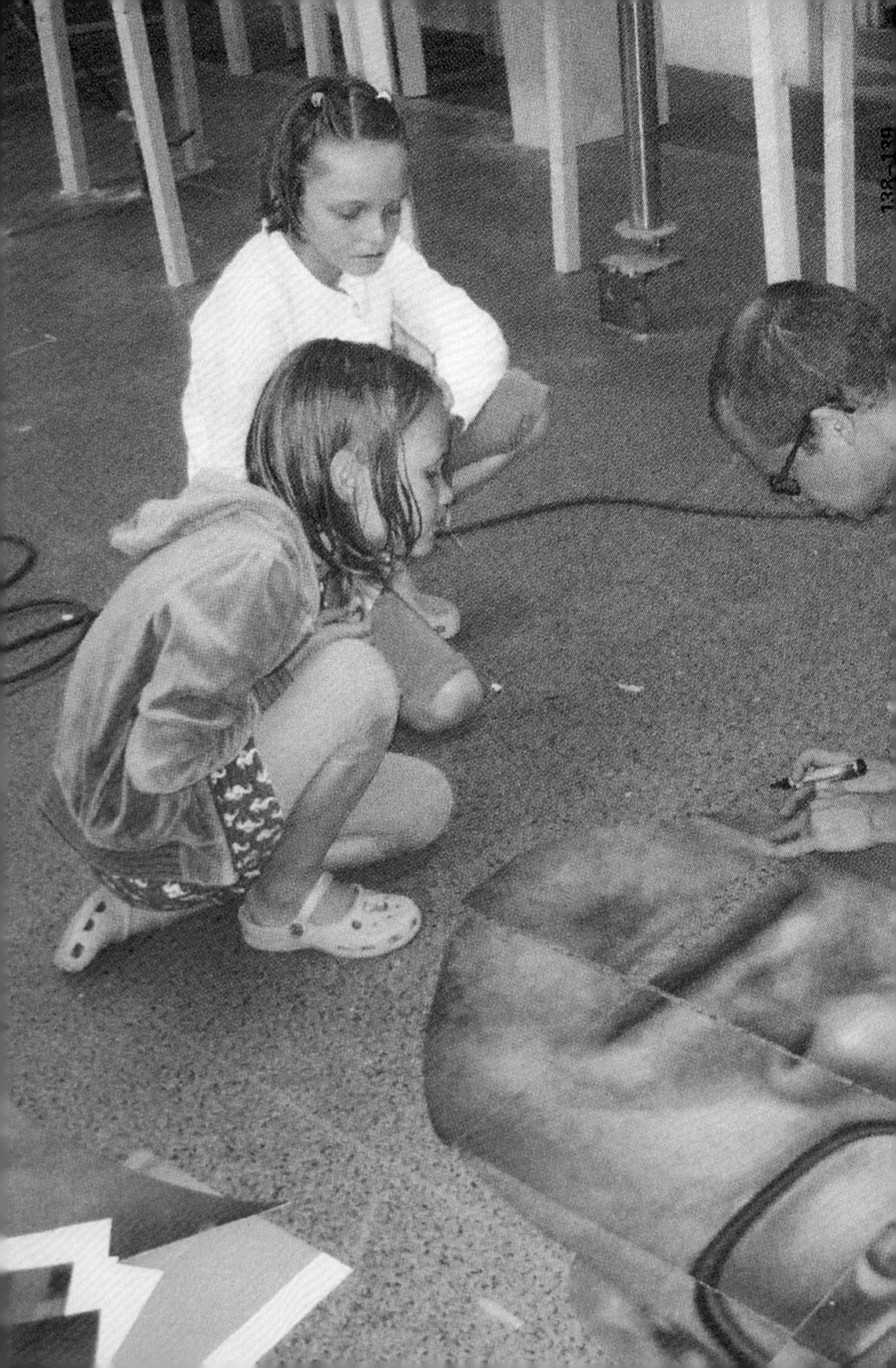

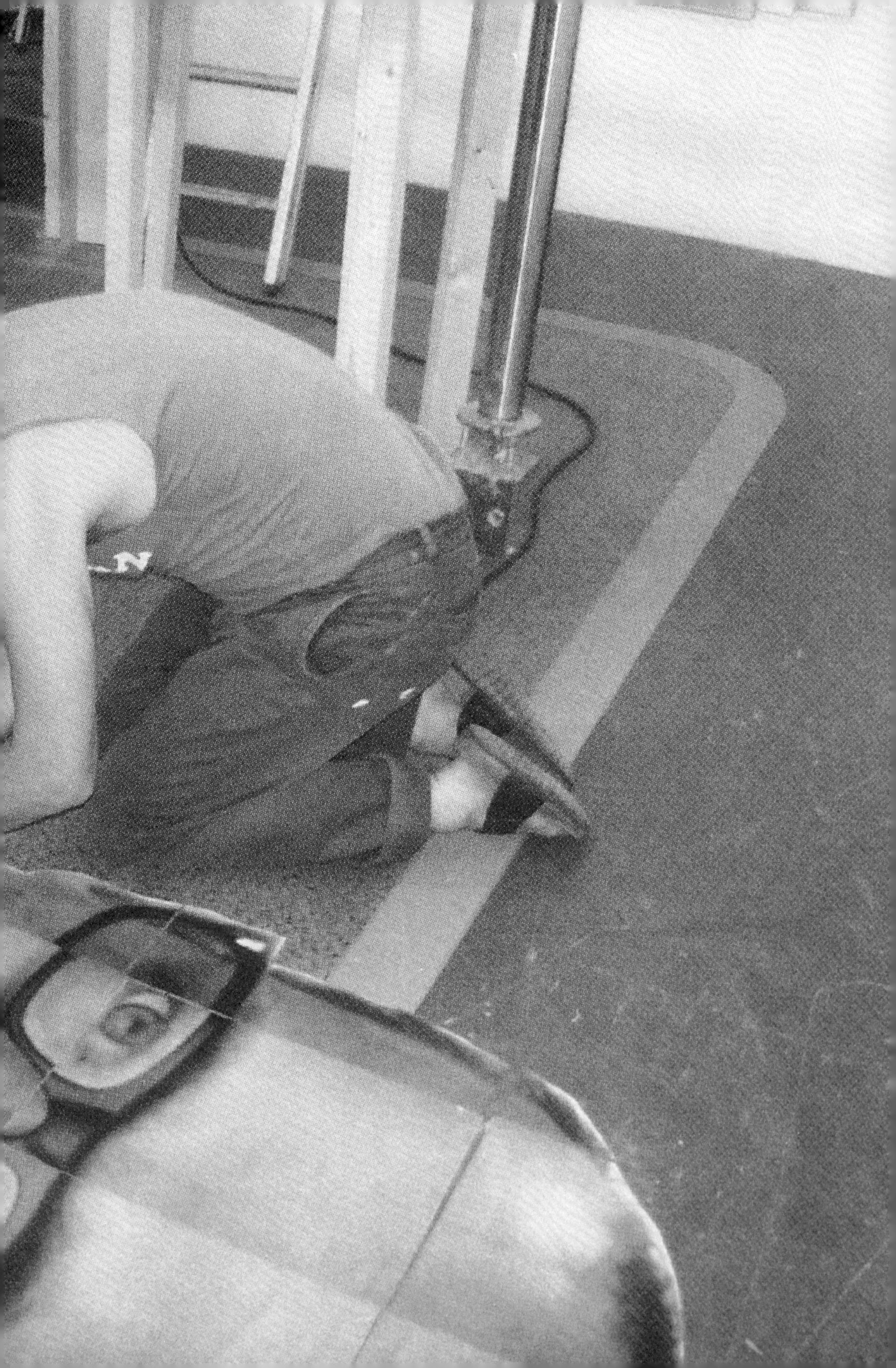

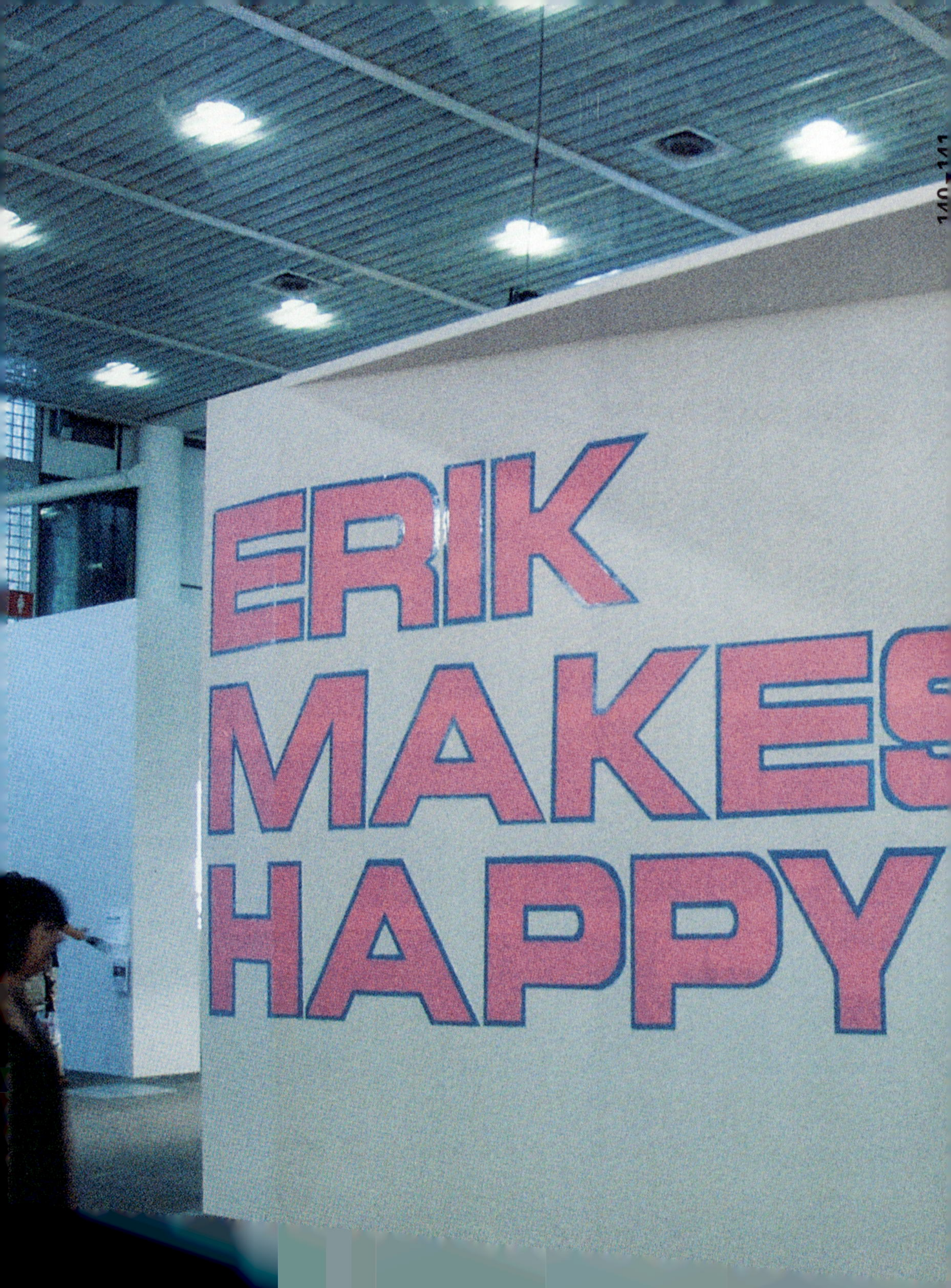
ERIK
MAKES
HAPPY

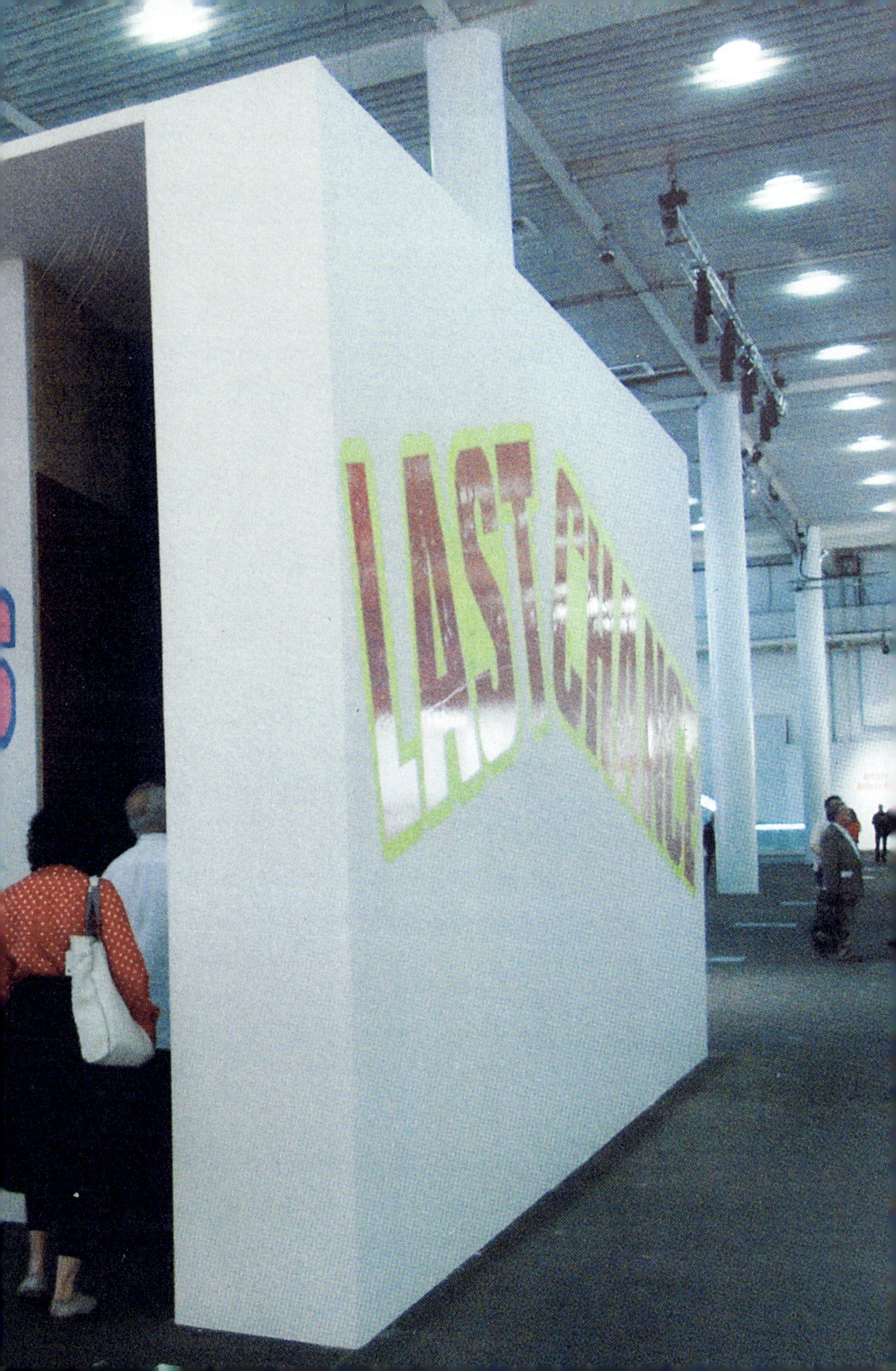

LAST CHANCE

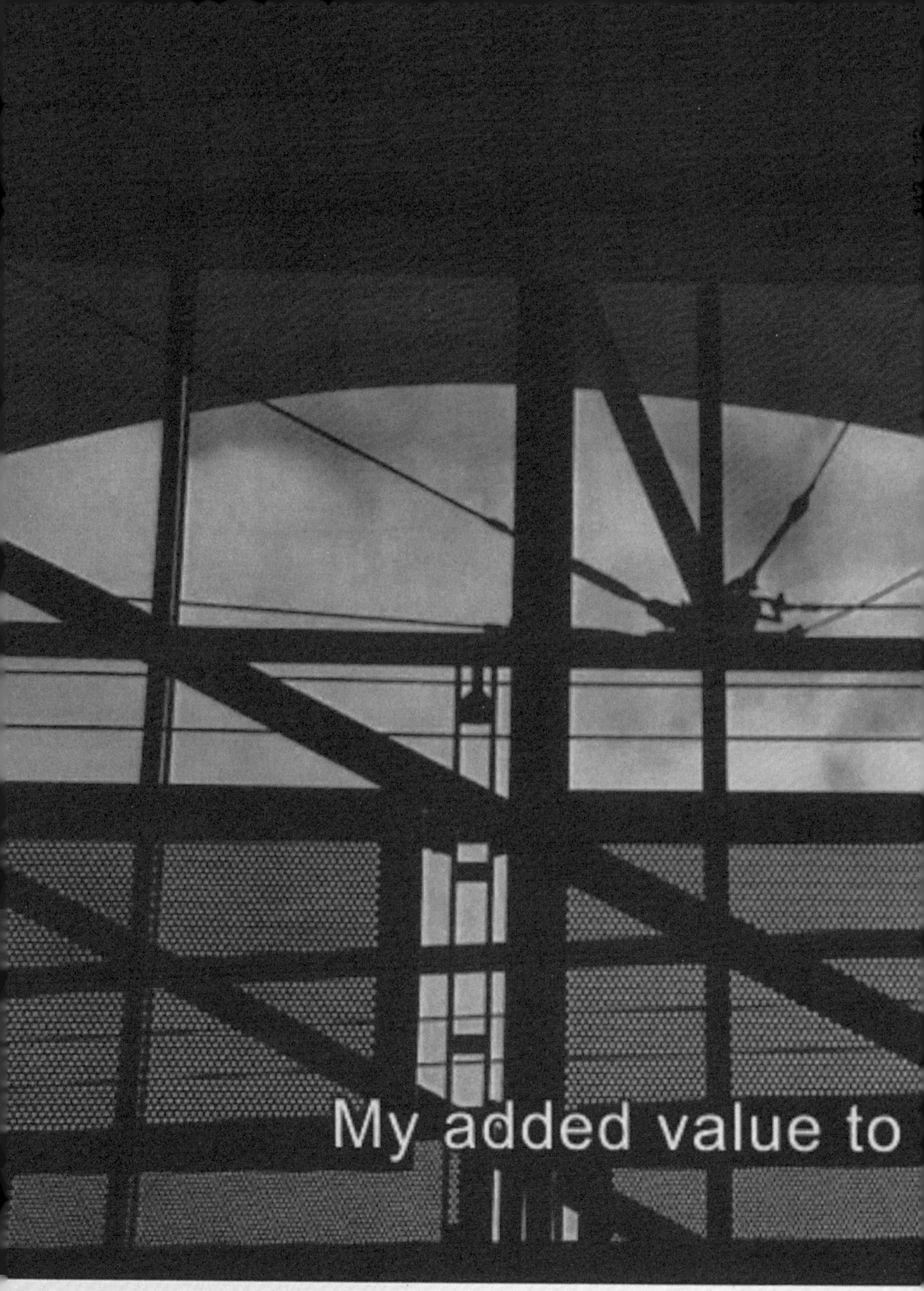

My added value to

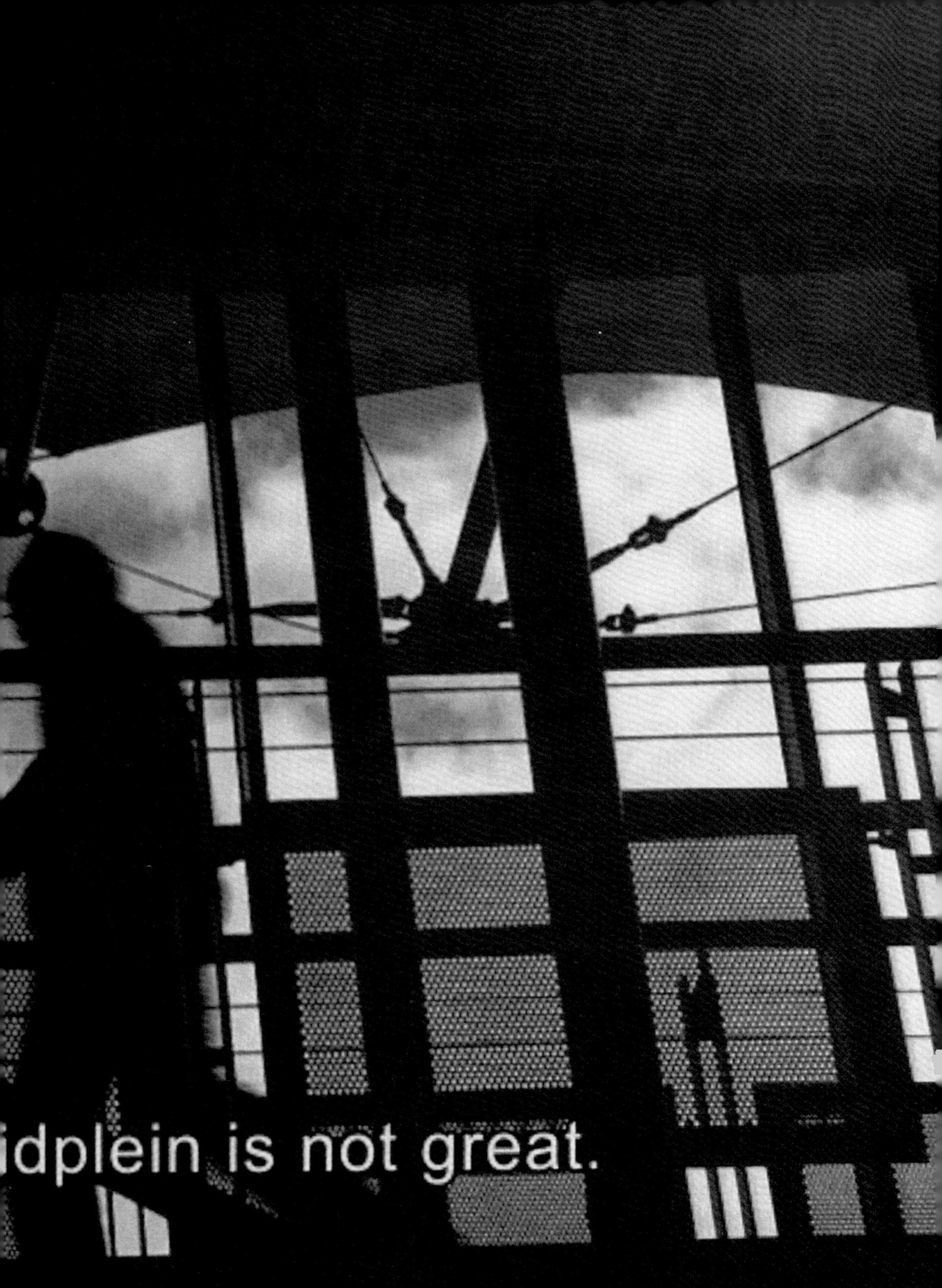

idplein is not great.

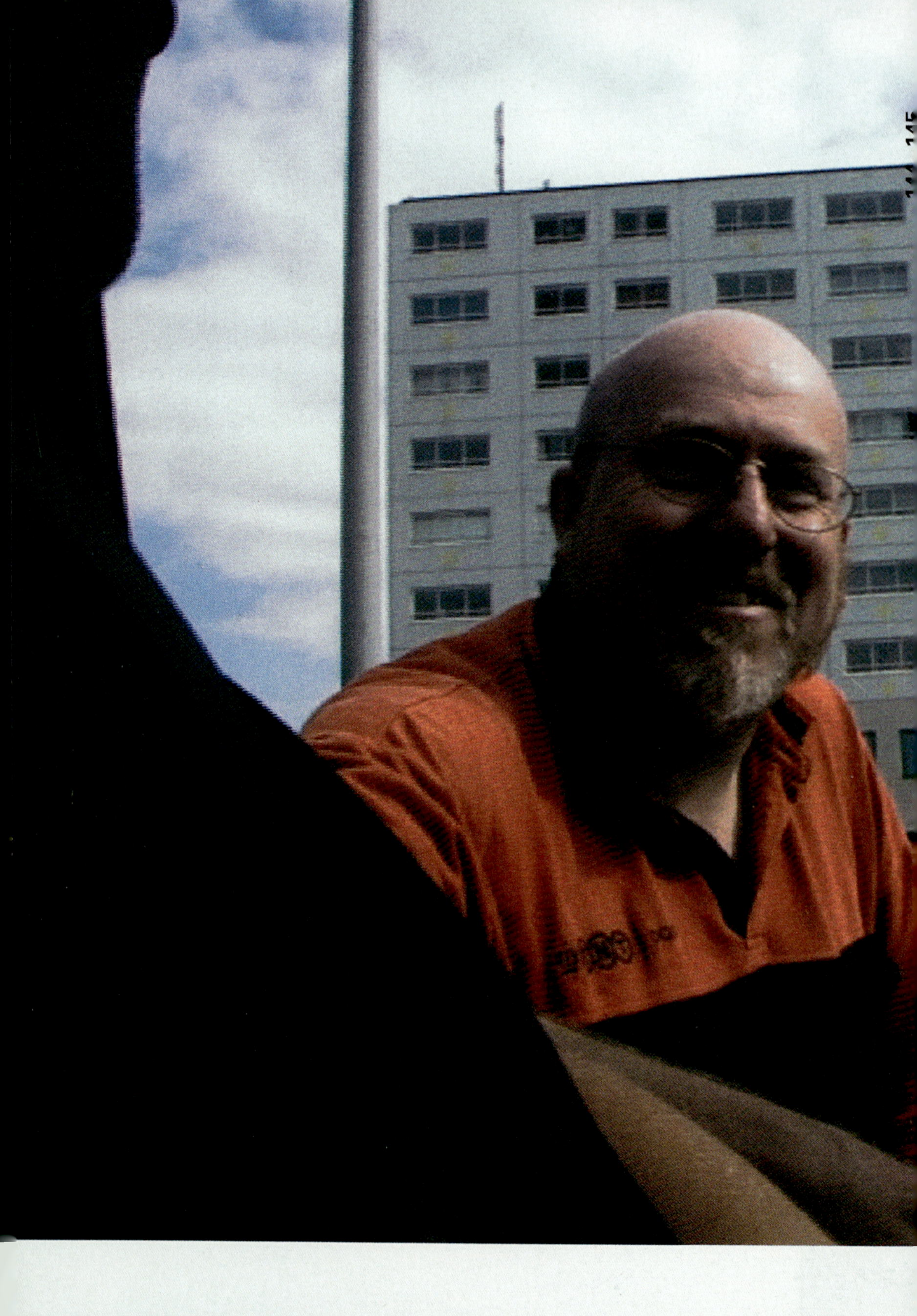

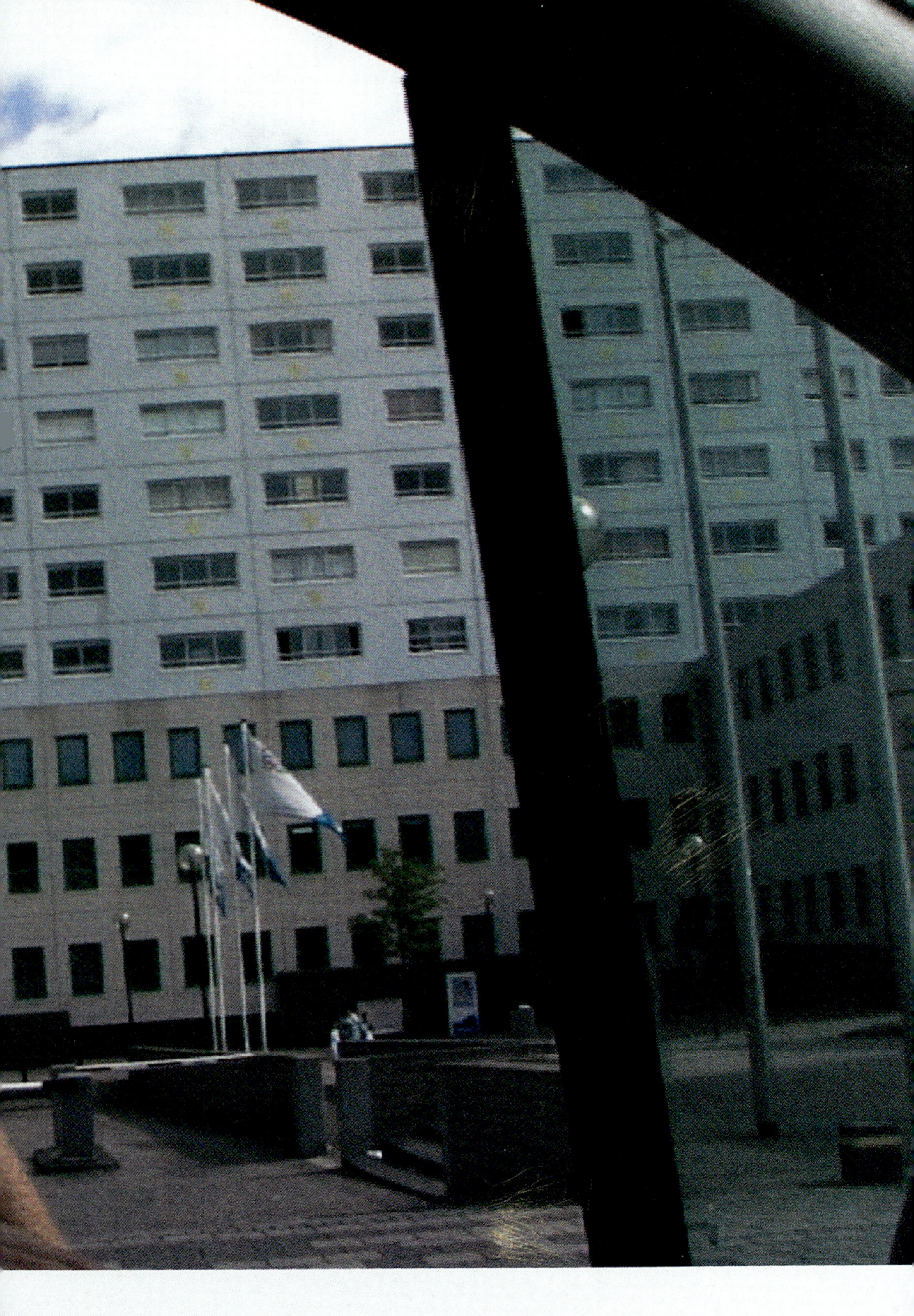

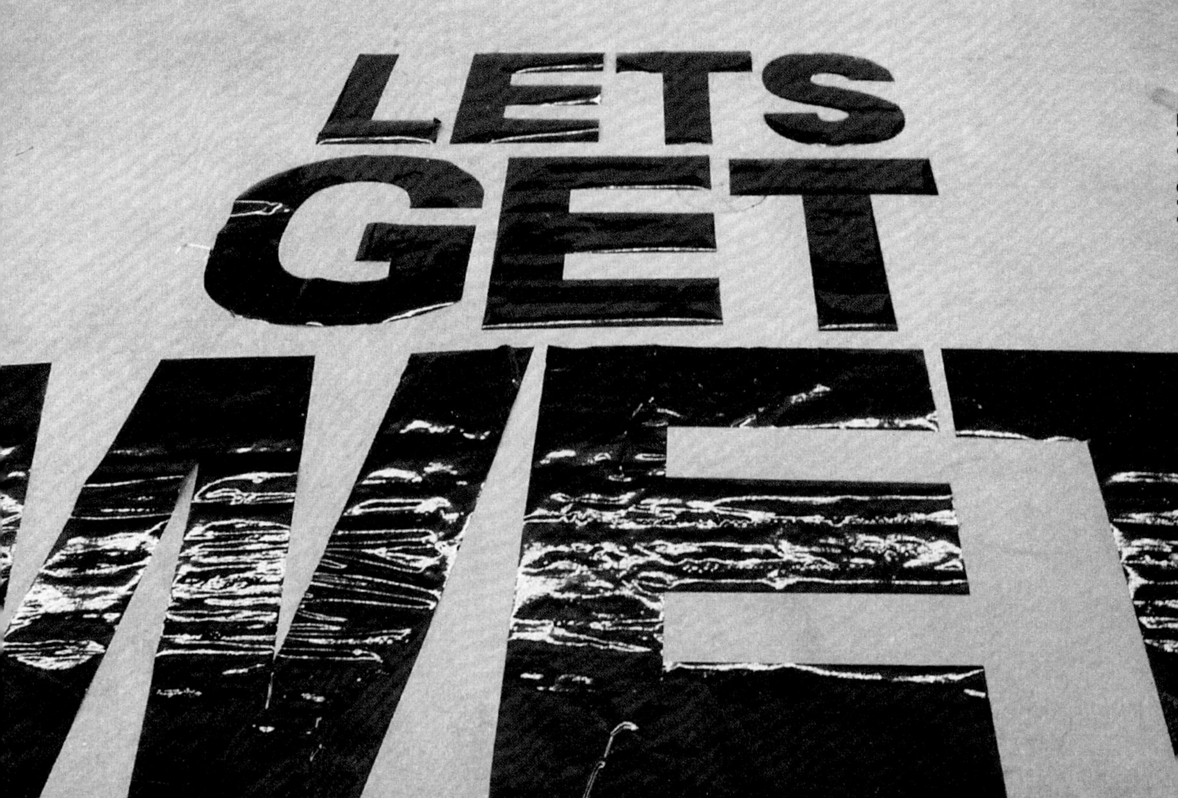
LETS
GET
WET

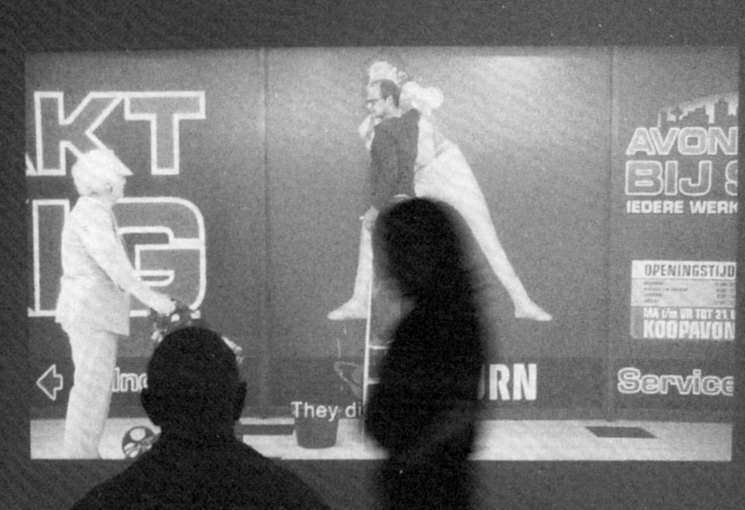
KT
IG
AVON
BIJ
IEDERE WERK
OPENINGSTIJD
MA t/m VR TOT 21
KOOPAVON
URN
Service
They di

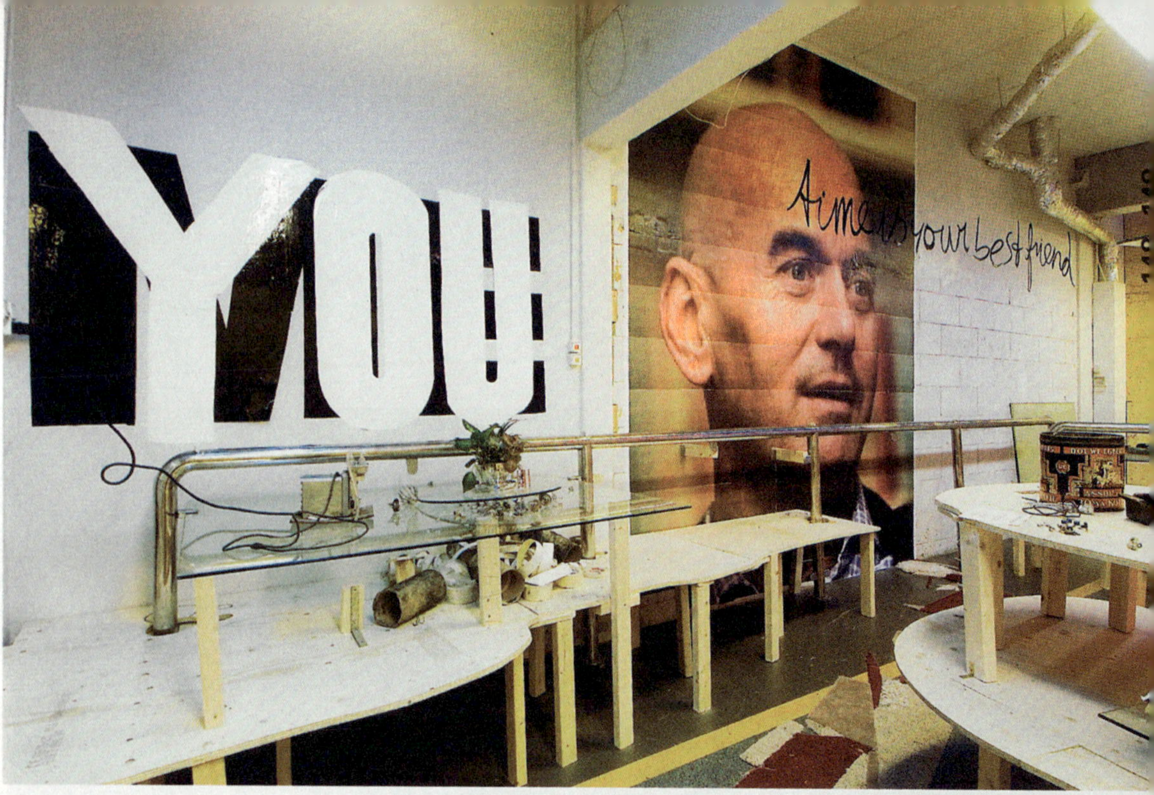

YOU!
Aime is your best friend

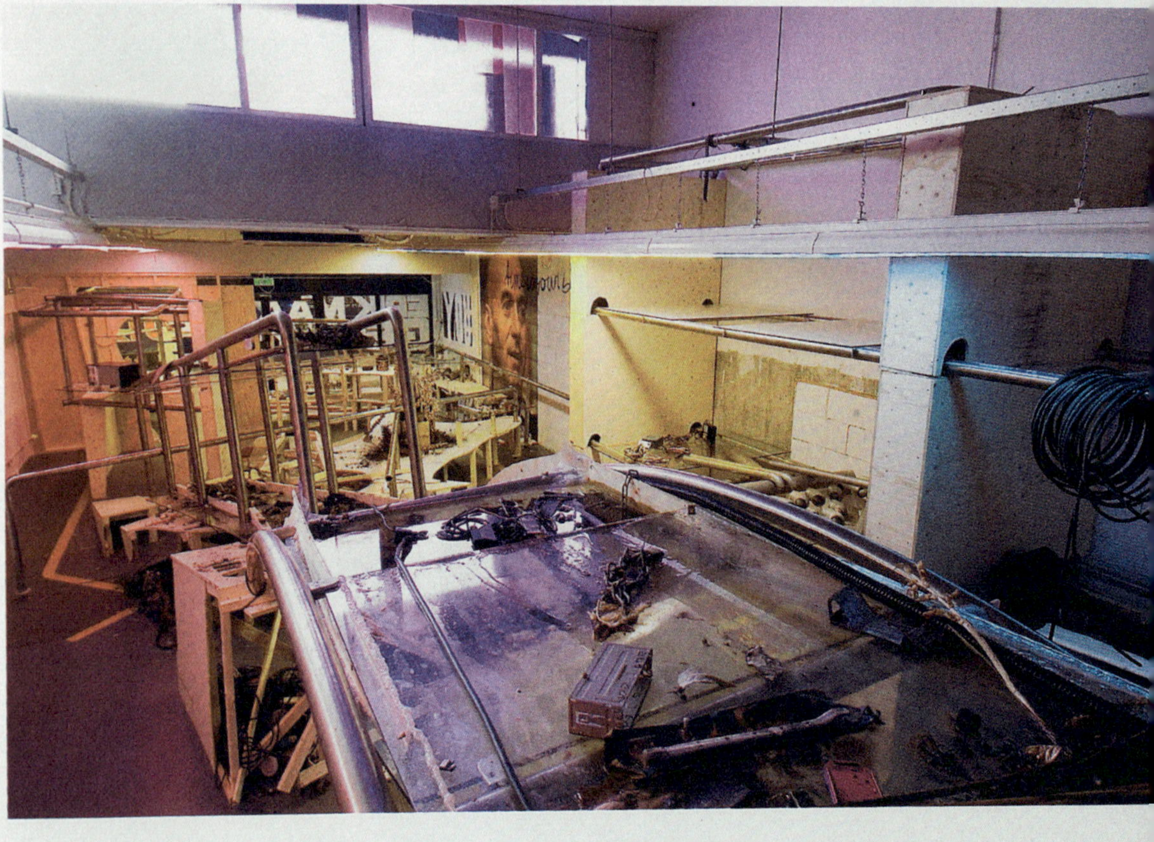

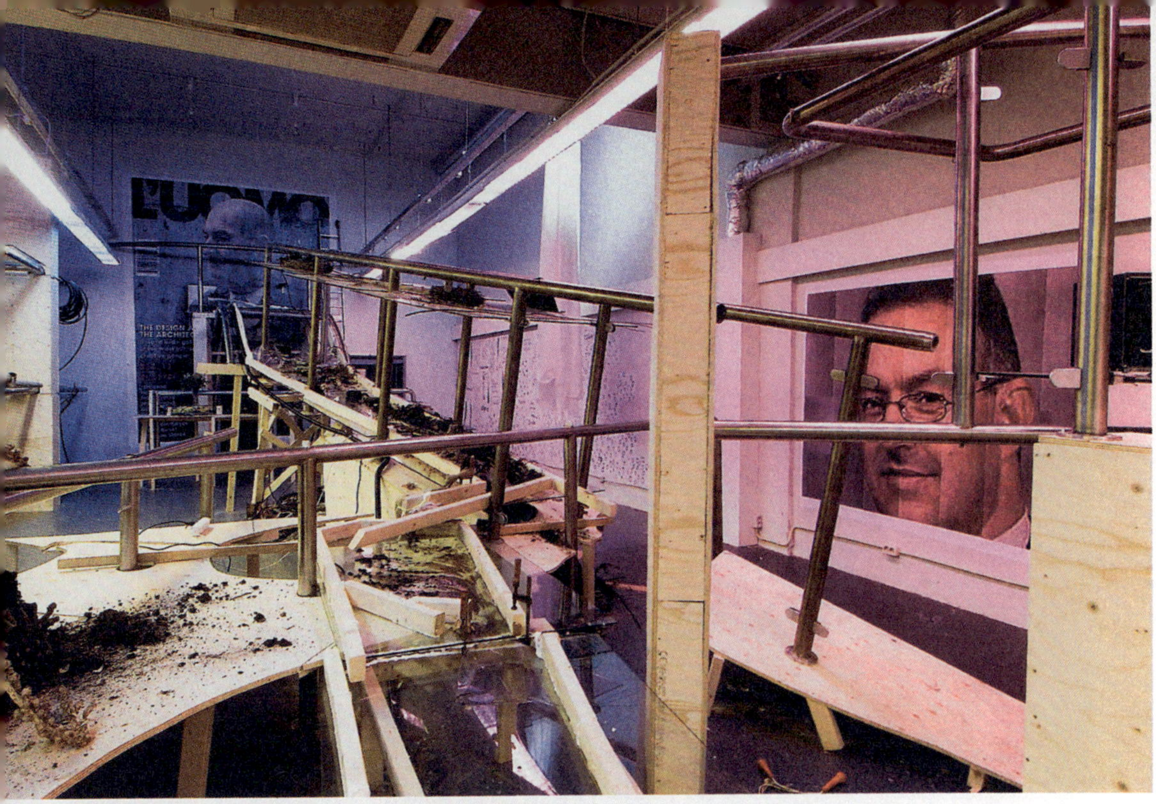

L'UOMO

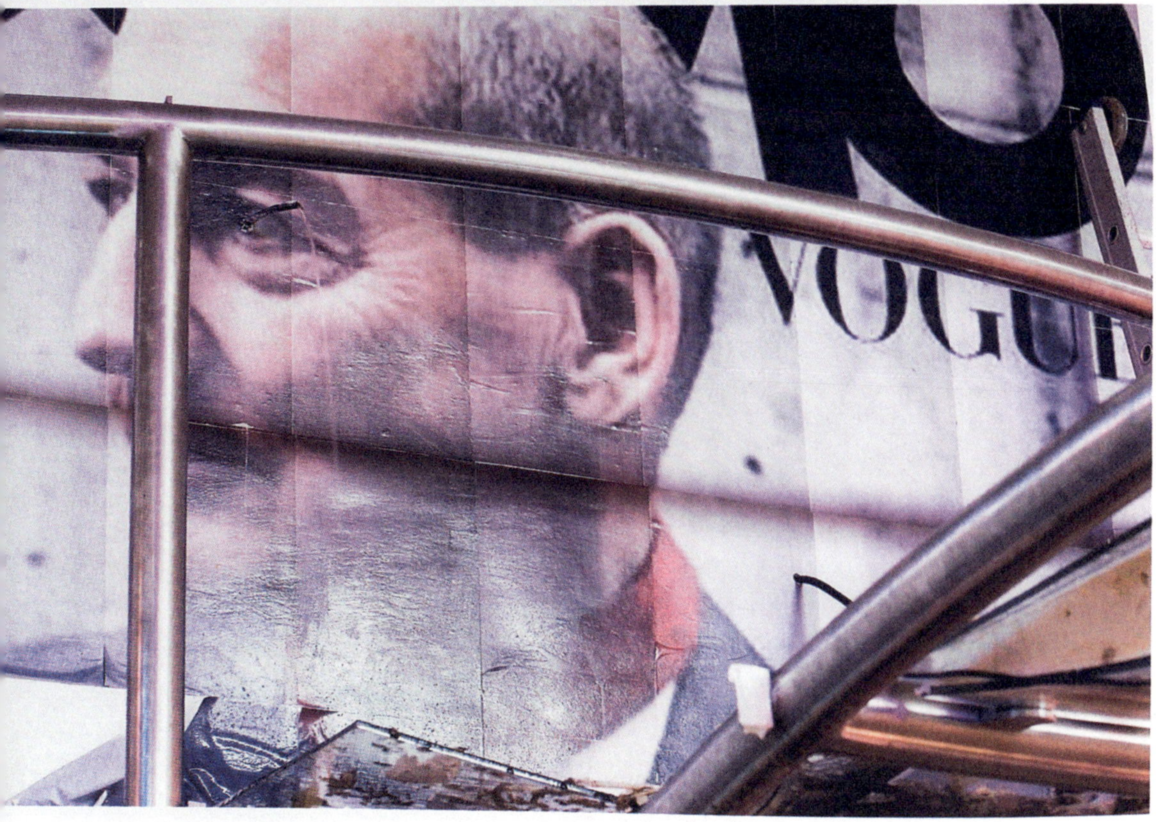

VOGUE

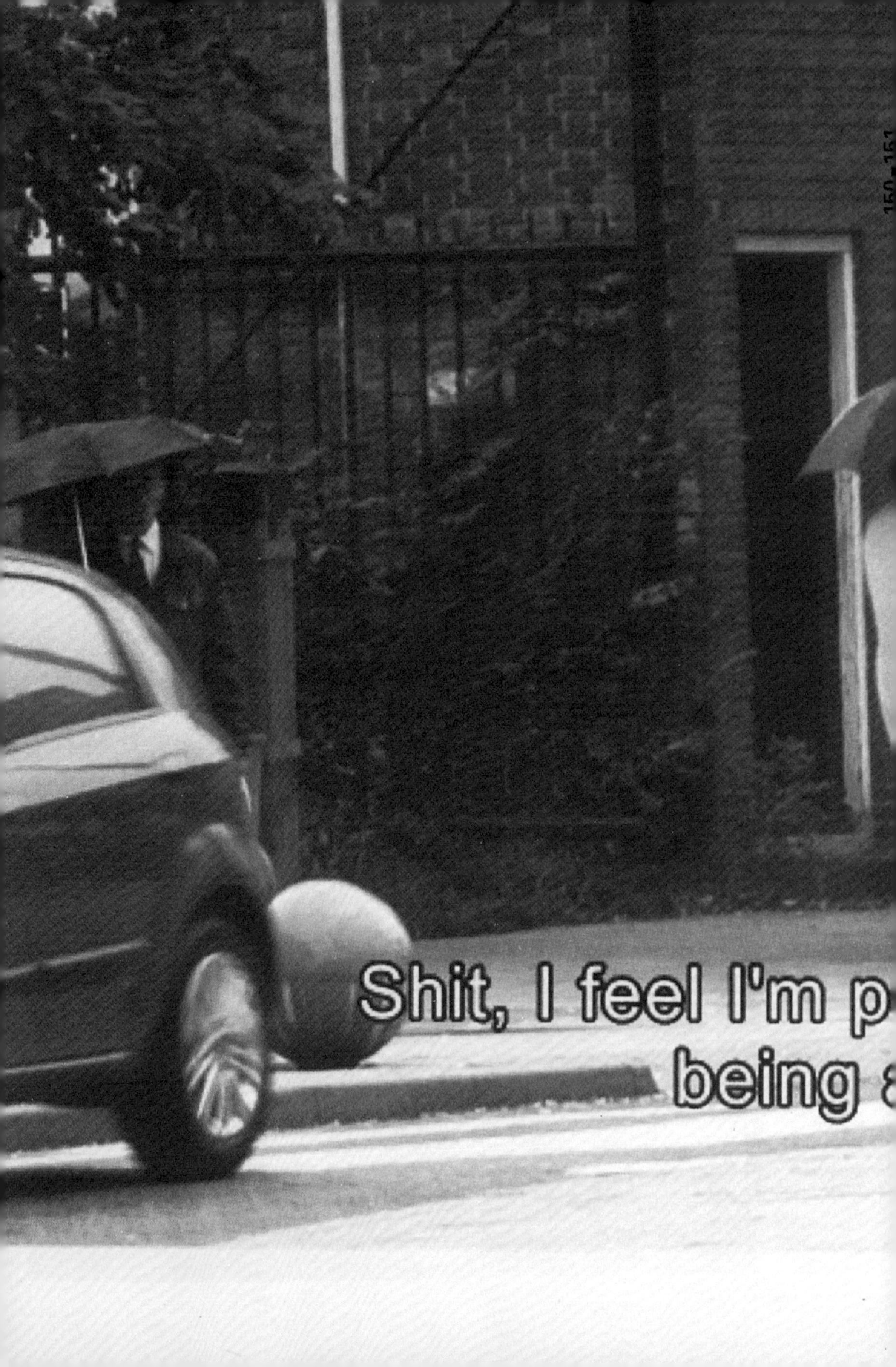

Shit, I feel I'm p
being

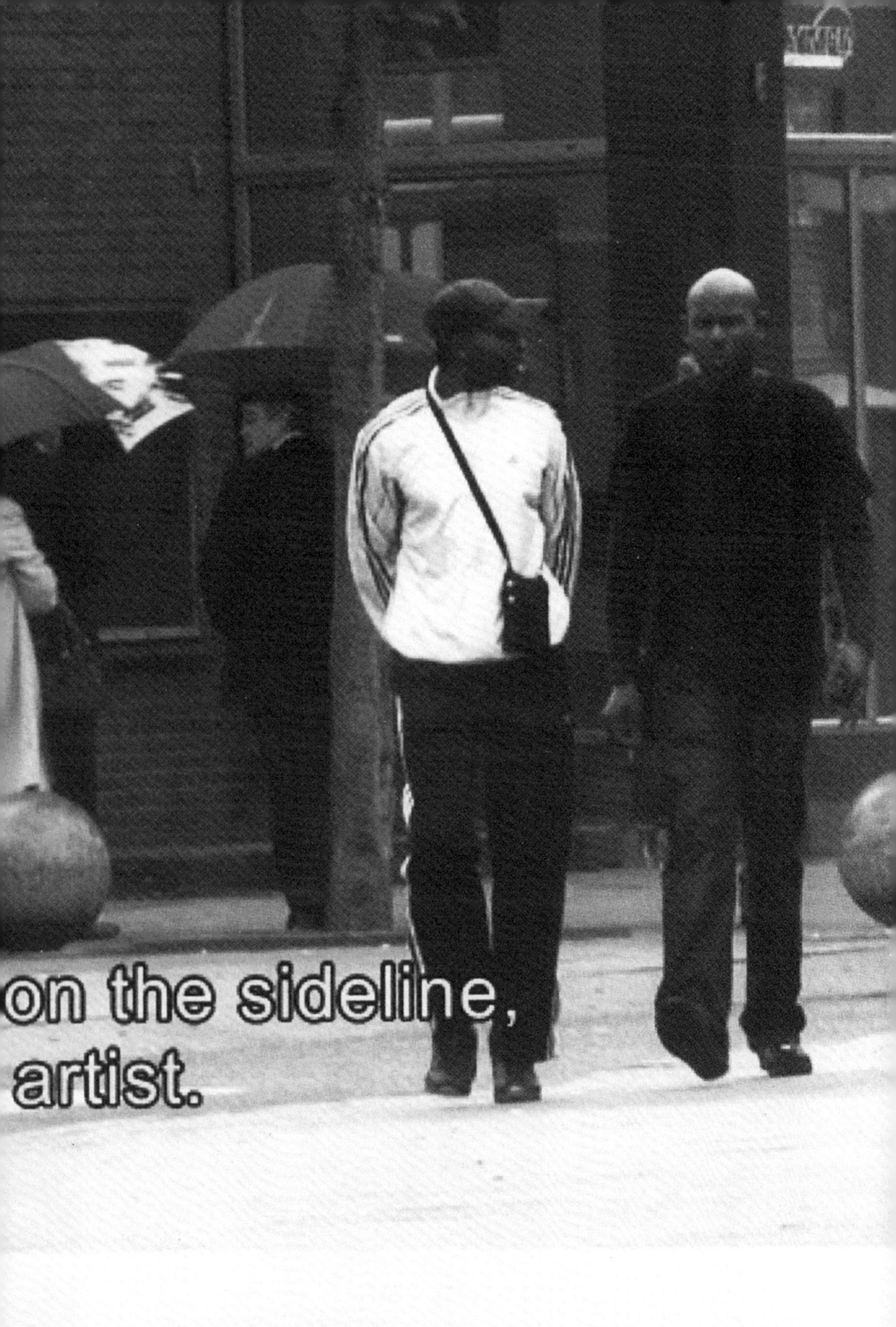
on the sideline,
artist.

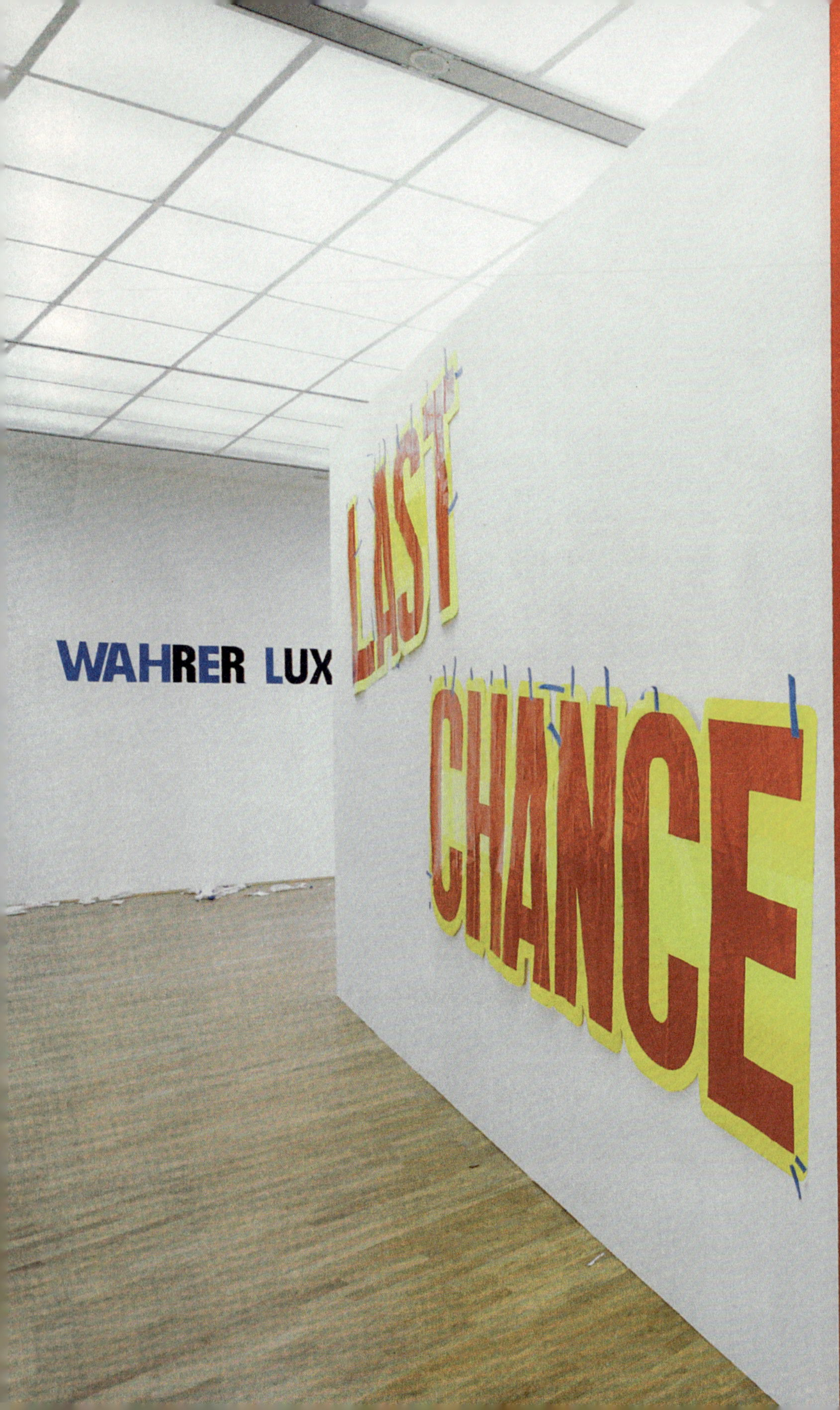

WAHRER LUX
LAST
CHANCE

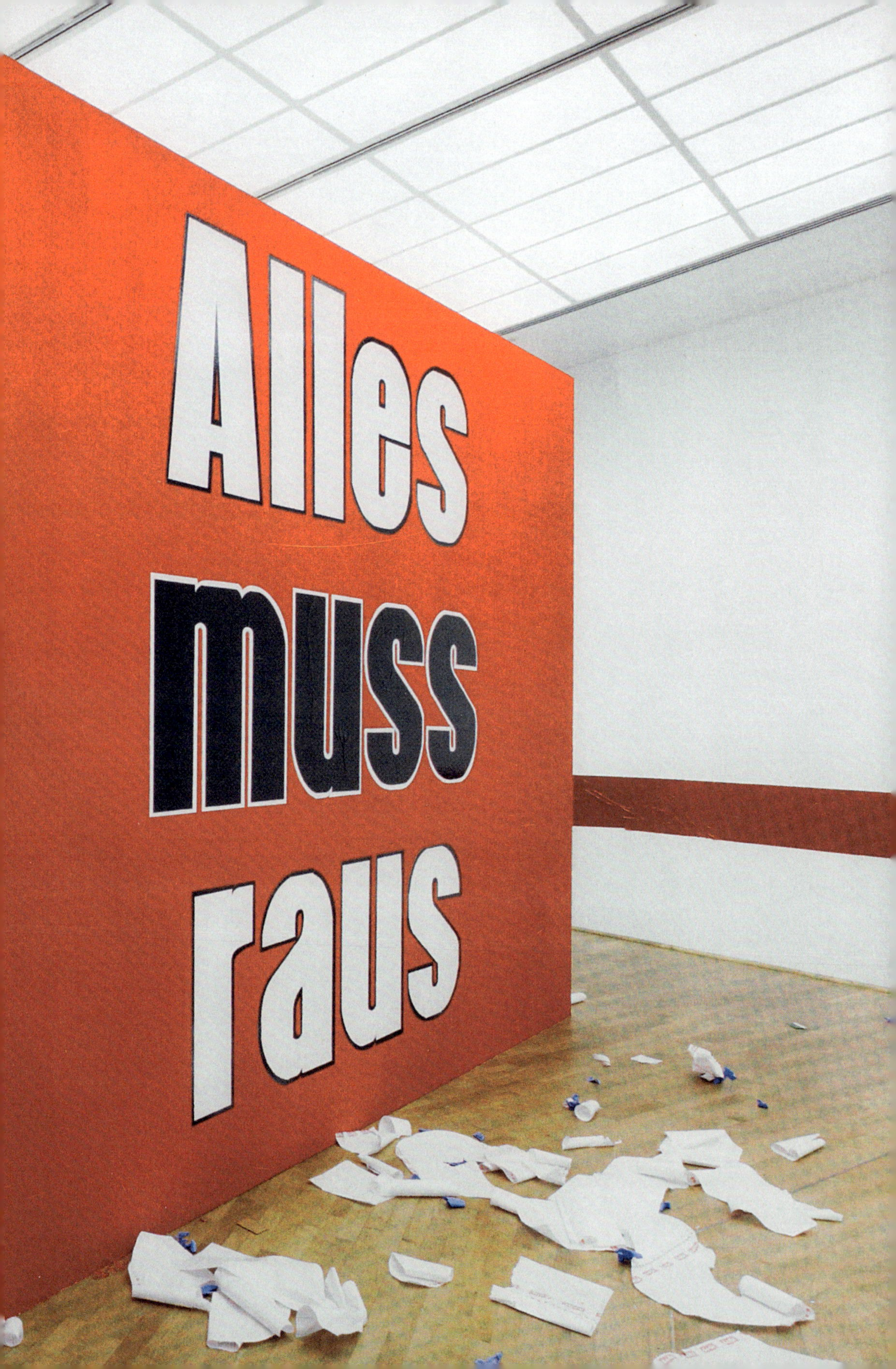

Alles
muss
raus

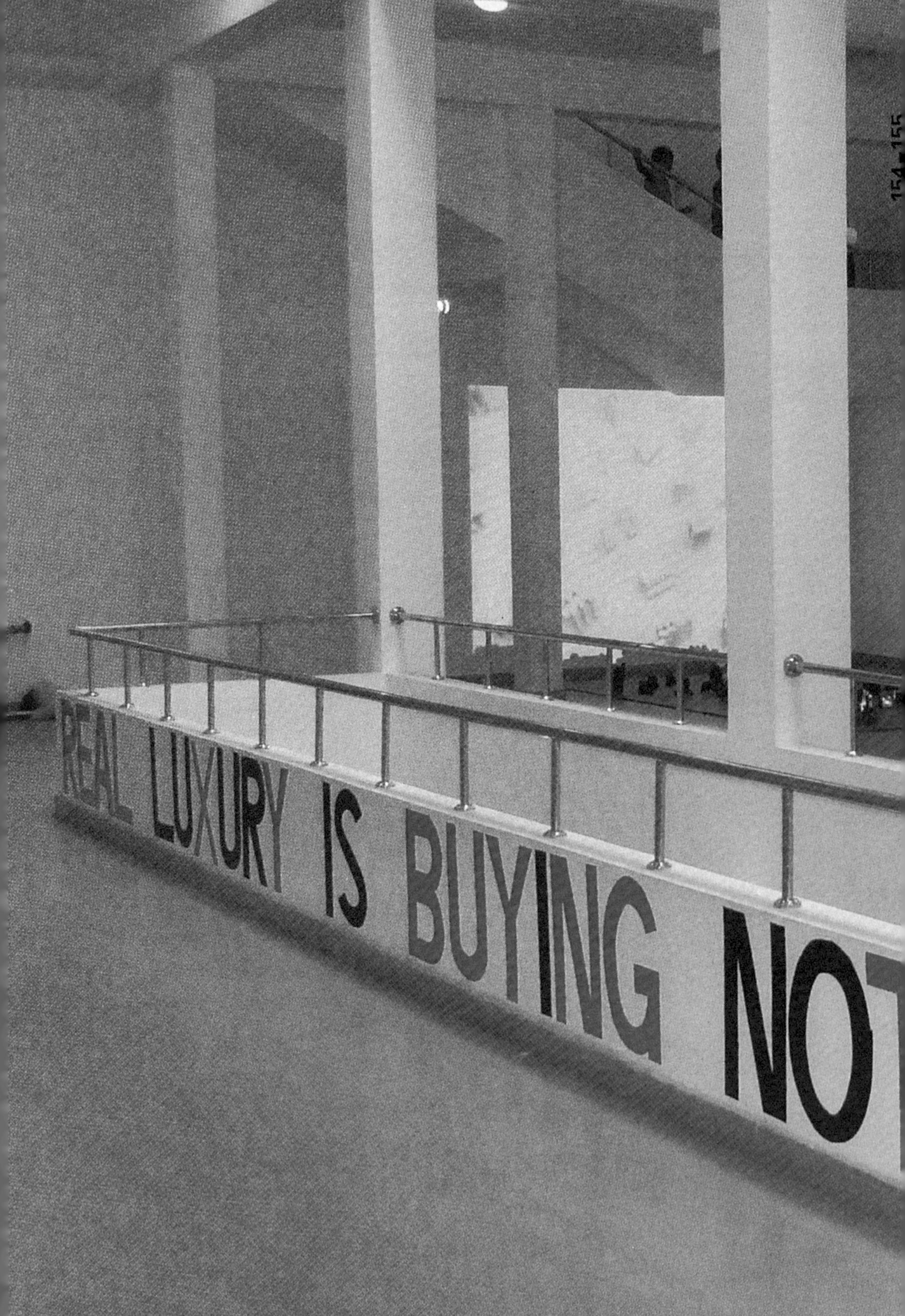
REAL LUXURY IS BUYING NOT

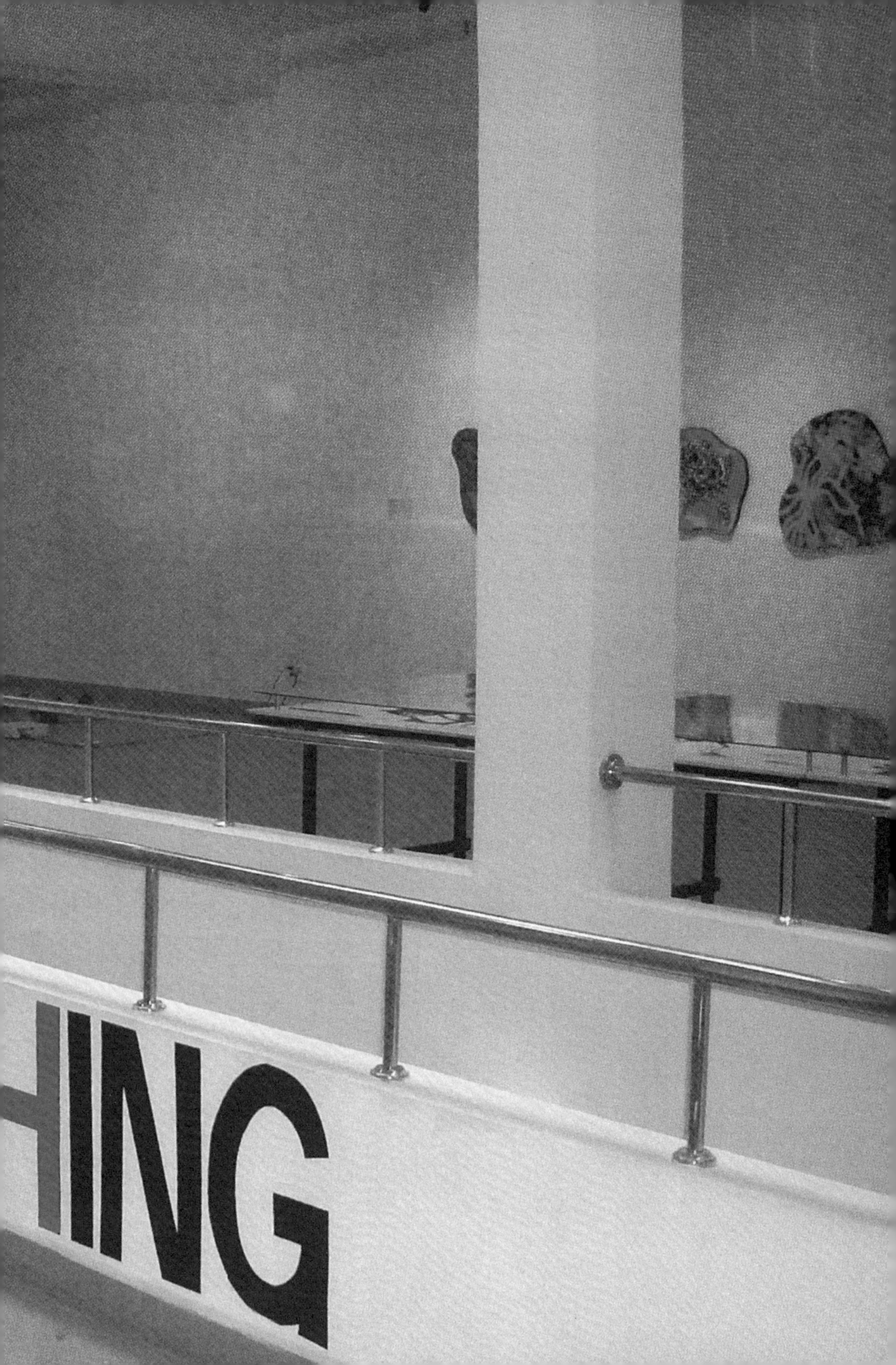
HING

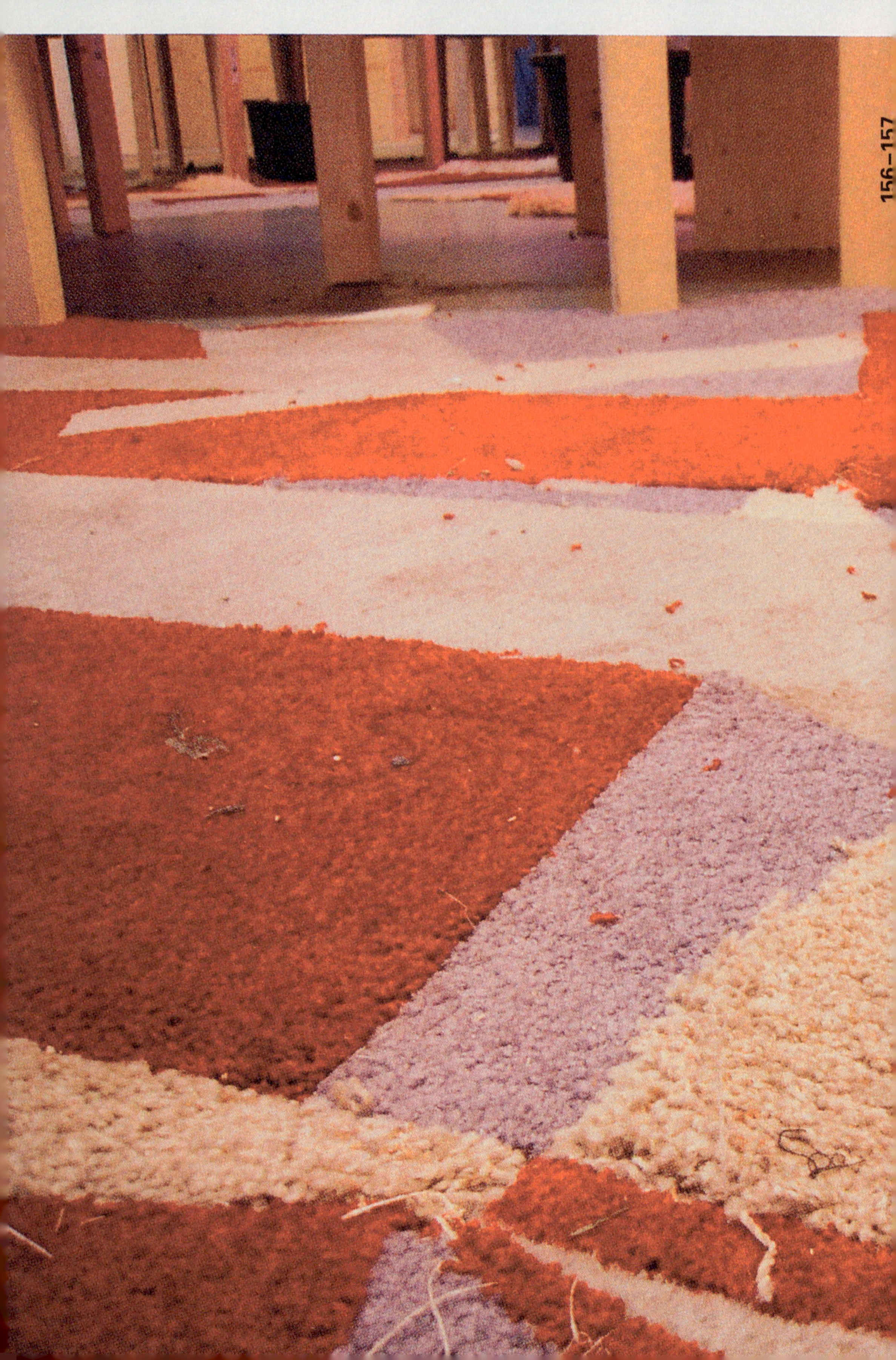

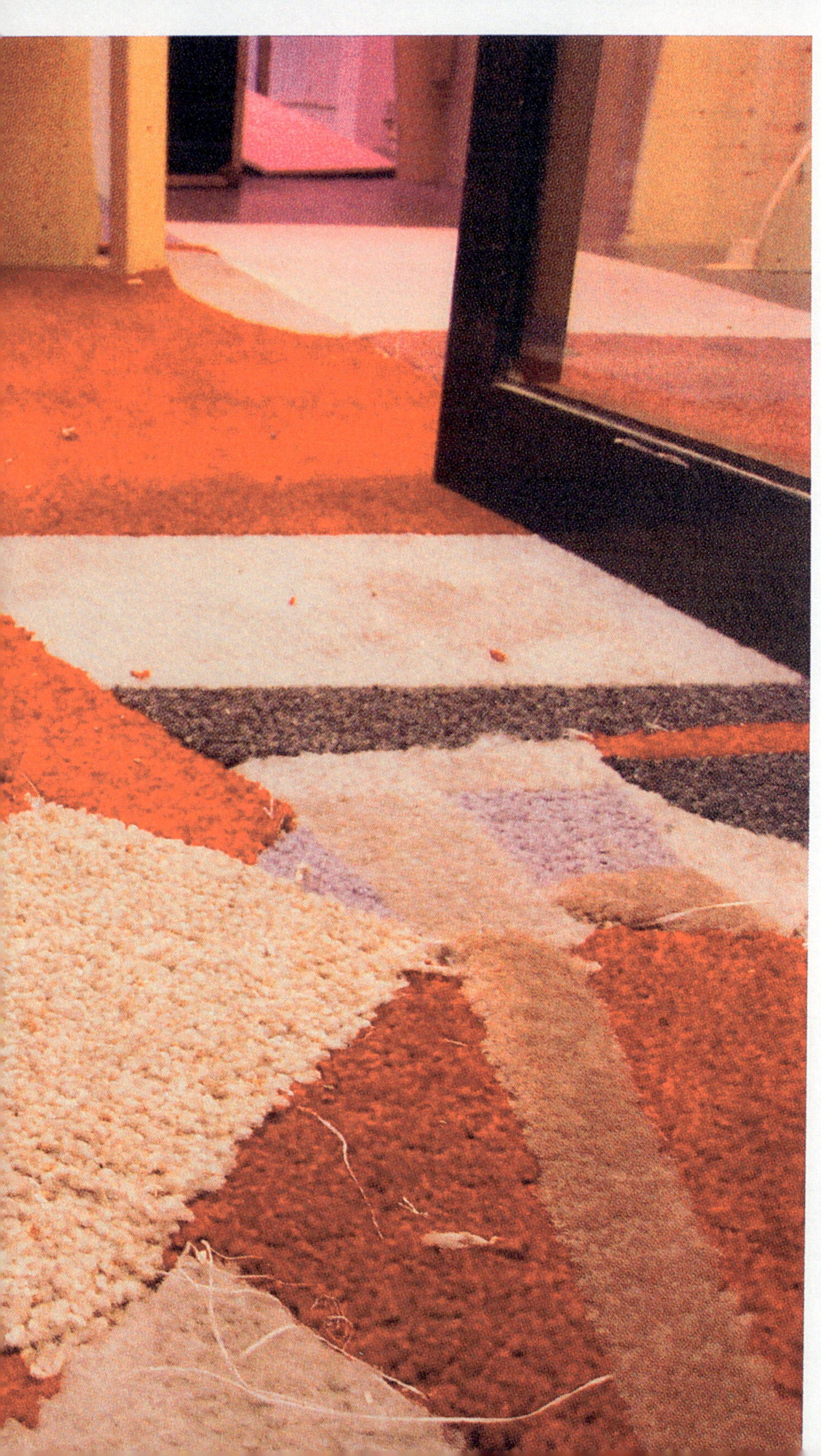

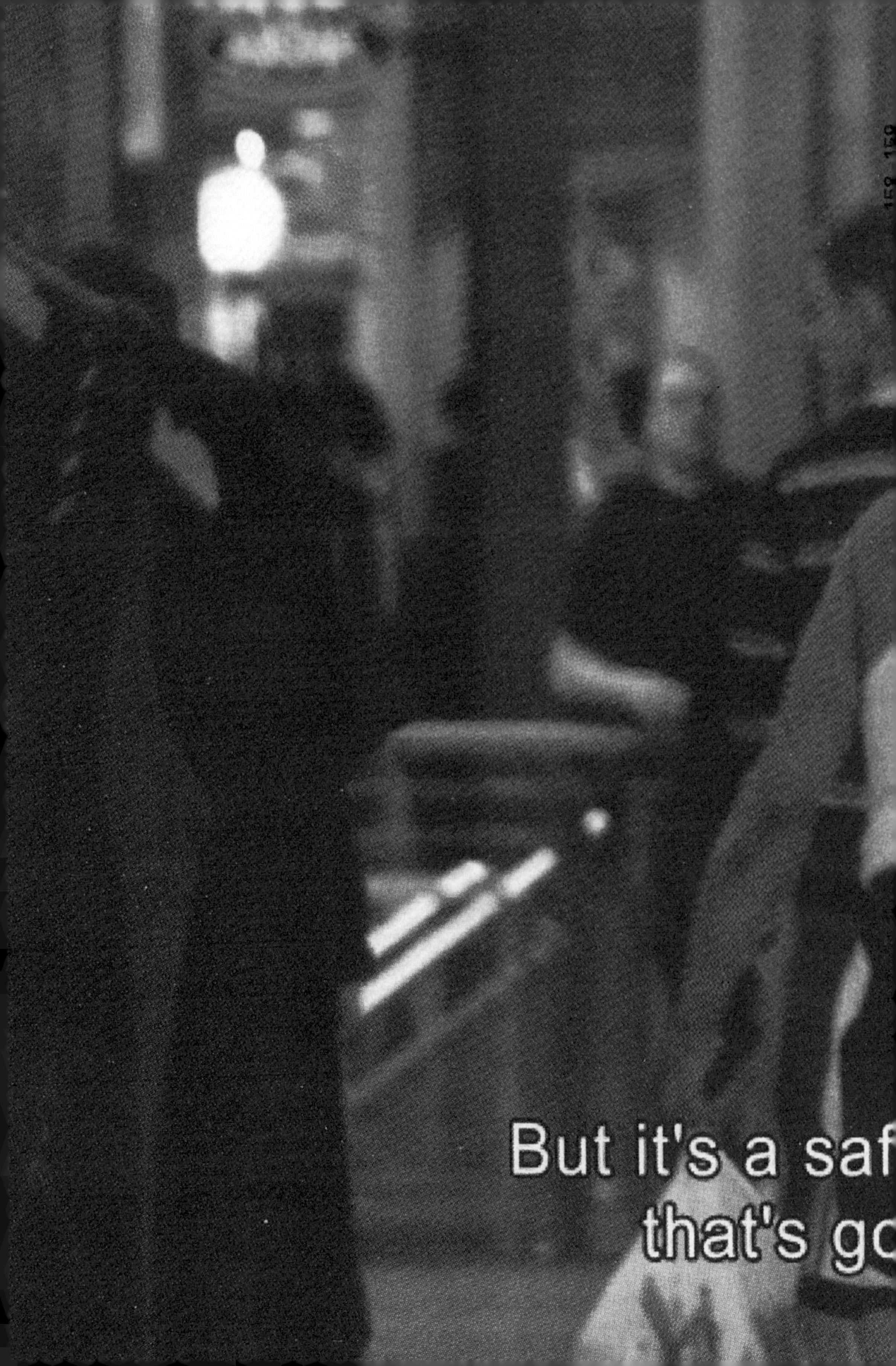

But it's a saf
that's go

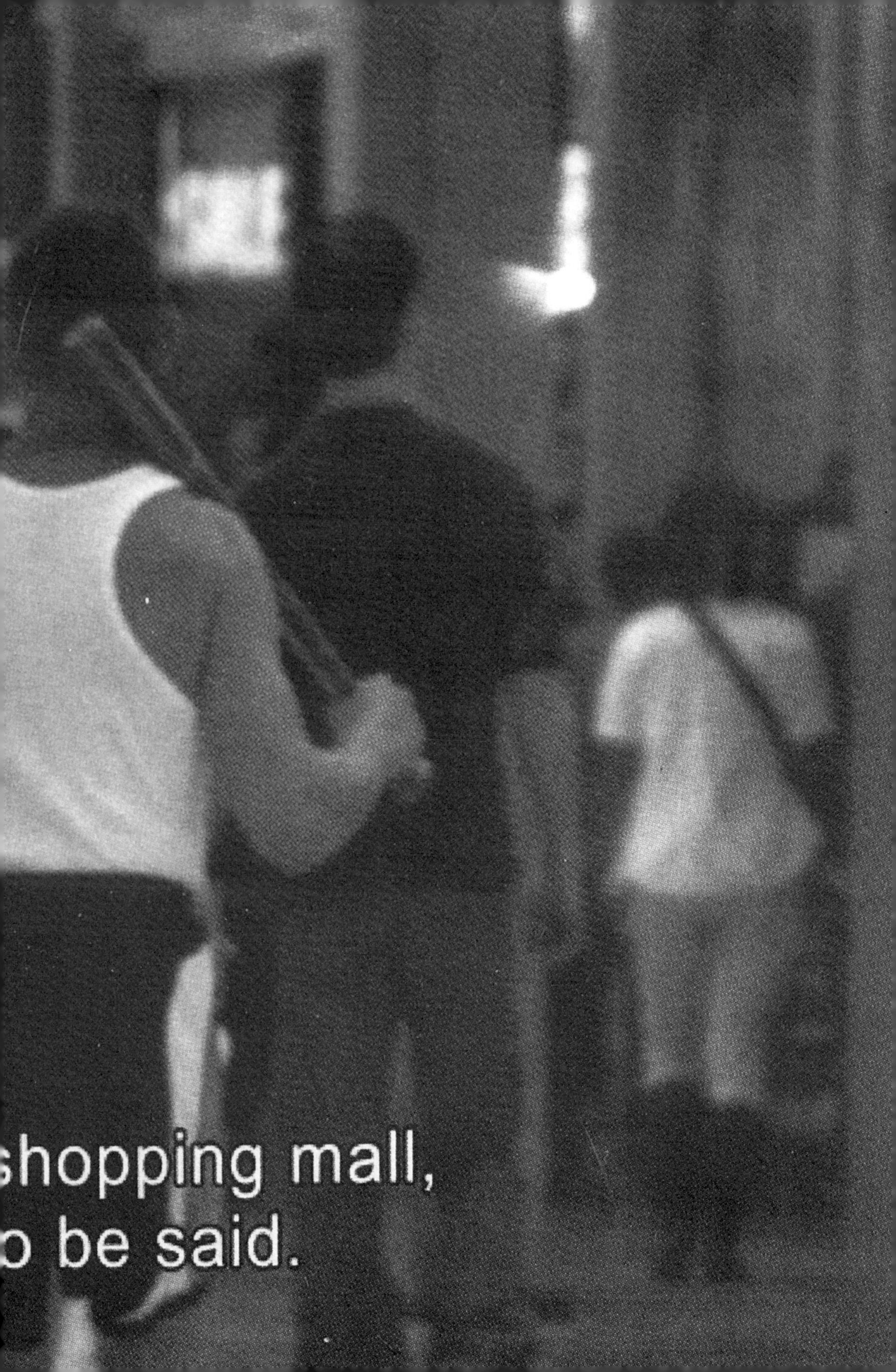

shopping mall,
o be said.

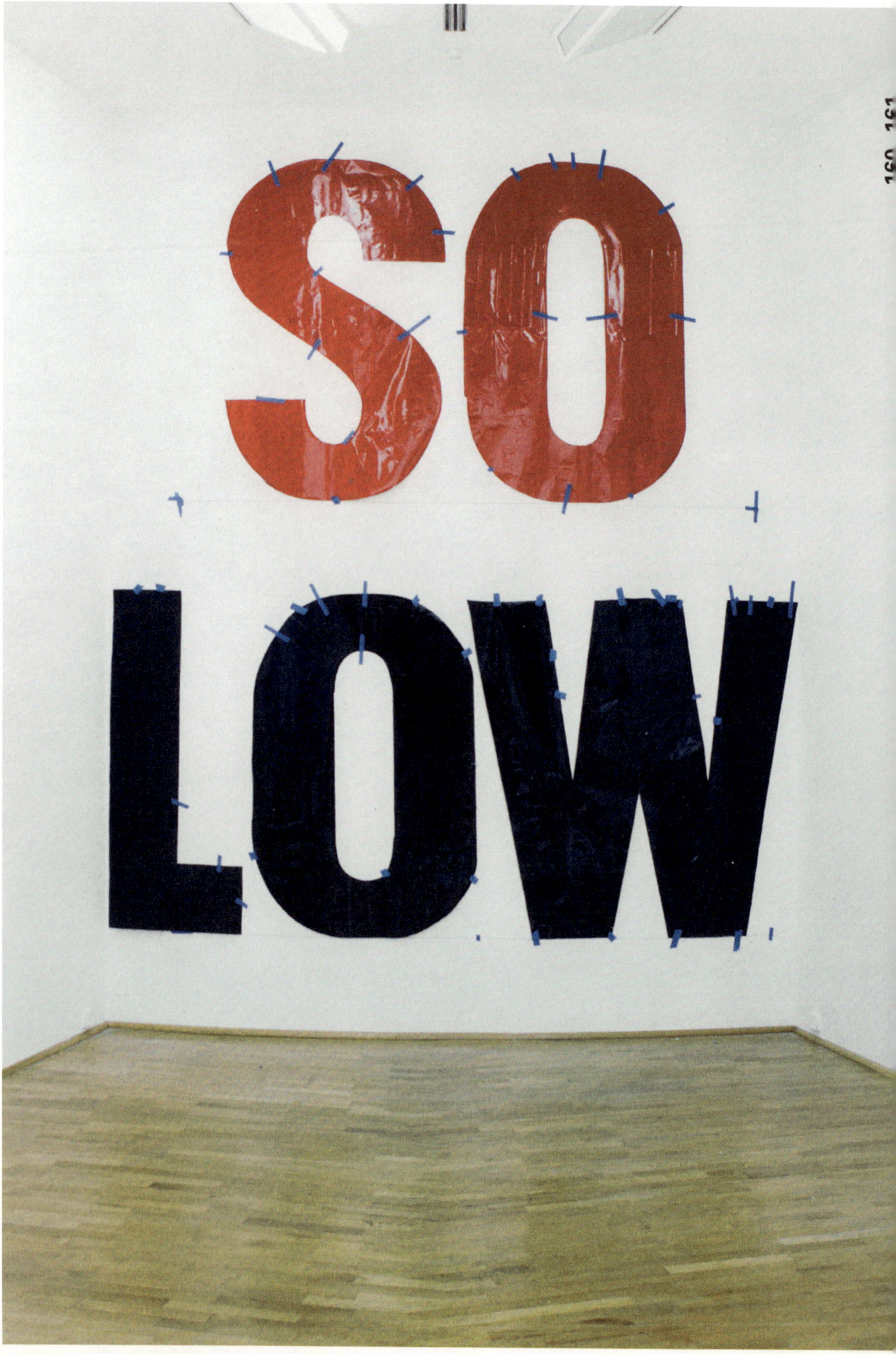

SO
LOW

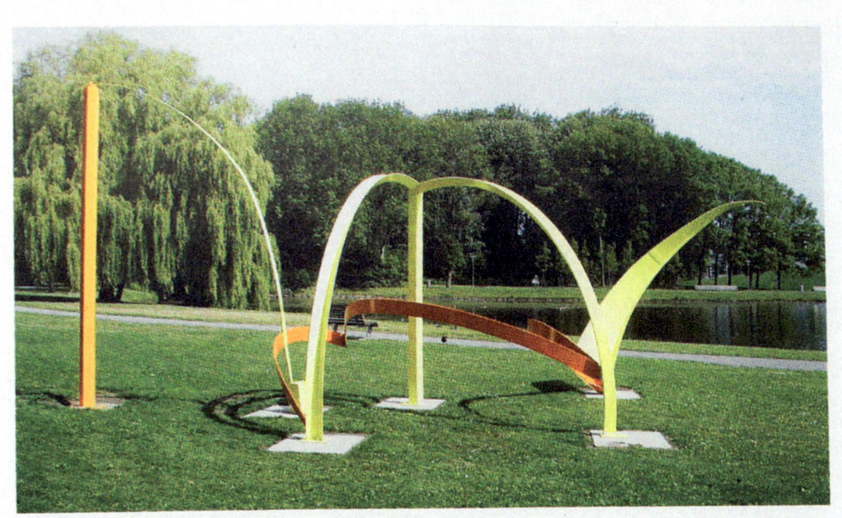

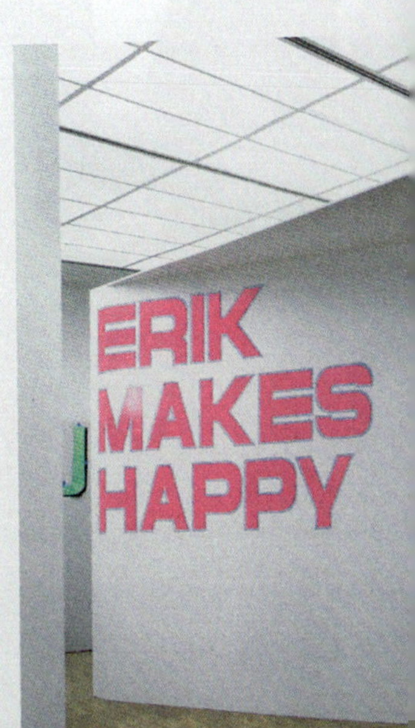
ERIK
MAKES
HAPPY

Ik moet een opdracht doen voor het geld.

heimwee in keulen

- hoofd in winkel.
- ik ben uit
- TV show gaat niet door.
- prijzen moeten omhoog (gui...
- in opstand komen.

- na denken over Rotterdam

- lambert
- animaties.
- atelier shots.
- zuidplein onder winkel
  - bewaking is onaardig
  - het mag niet
  - bloemetjes in de ingang
  - gaas met stofzuigen
  - Shots (losse shots)
  - nagelstudio.
  - man met kaphos
  - yoga op podium
  - paspoppen

20

"That doesn't work in Zuid.
You can't have a picture of
Pim Fortuyn here."

"Daar win je het nooit
mee op Zuid. Je ken nooit
met die foto van Pim
Fortuyn ophangen."

The Shop, June–September 2010
Temporary mixed-media
installation at Zuidplein Mall,
Rotterdam
Destroyed
Courtesy Sculpture International
Rotterdam and Hart van Zuid,
Rotterdam

Commission, 2011
HD, color, sound, 50 minutes
Wood, carpet, hand-cut vinyl
Dimensions variable
Collection Sculpture International
Rotterdam
Work commissioned by Sculpture
International Rotterdam and Hart
van Zuid as part of a long-term art
project at Zuidplein, Rotterdam

p. 127
Commission, 2011
Installation view (detail):
Commission, 2012, MMK Museum
für Moderne Kunst, Frankfurt am
Main
Collection MMK Museum für
Moderne Kunst, Frankfurt am Main
Courtesy Galerie Guido W.
Baudach, Berlin

pp. 128–129
Commission, 2011
Video still

pp. 130–131
Commission, 2011
Installation view (exterior):
Melanchotopia, 2011, VVV/Tourist
Office Rotterdam, Witte de With
Center for Contemporary Art,
Rotterdam

p. 132
Commission, 2011
Installation views (detail): *How
Can I Help You?*, 2011, Hayward
Gallery Project Space, London

p. 133 (top)
Commission, 2011
Video still

p. 133 (bottom)
Commission, 2011
Installation (detail):
Permanent installation
Collection Rabo Vastgoedgroep,
Hoevelaken
Courtesy Galerie Krinzinger,
Vienna

pp. 134–135
Commission, 2011
Video still

pp. 136–137
Commission, 2011
Installation view: *Nieuwe
Aanwinsten* (Recent Acquisitions),
2013, Stedelijk Museum,
Amsterdam
Collection Stedelijk Museum,
Amsterdam
Courtesy Annet Gelink Gallery,
Amsterdam

pp. 138–139
The Shop, June–September 2010
Erik van Lieshout at work

pp. 140–141
Commission, 2011
Installation view (exterior): Art
Unlimited, 2011, Basel
Courtesy Galerie Guido W.
Baudach, Berlin, Galerie Krinzinger,
Vienna and Maccarone, New York

pp. 142–143
Commission, 2011
Video still

pp. 144–145
Commission, 2011
Video still
Theo
Strevelsweg

p. 146
Commission, 2011
During the installation of *Erik
makes happy*, 2011, Bawag
Contemporary, Vienna
Courtesy Galerie Krinzinger,
Vienna

p. 147
Commission, 2011
Installation view: *Erik
makes happy*, 2011, Bawag
Contemporary, Vienna
Courtesy Galerie Krinzinger,
Vienna

pp. 148–149
The Shop, June–September 2010
With images of Pim Fortuyn,
Rem Koolhaas, and Rotterdam
Mayor Ahmed Aboutaleb

pp. 150–151
Commission, 2011
Video still
Metroplein

pp. 152–153
Commission, 2011
During the installation of
Commission, 2012, MMK
Museum für Moderne Kunst,
Frankfurt am Main
Collection MMK Museum für
Moderne Kunst, Frankfurt am Main
Courtesy Galerie Guido W.
Baudach, Berlin

pp. 154–155
Untitled, 2012
Hand-cut vinyl
Installation view: JDA Perera
Gallery, Colombo Art Biennale,
2012
Courtesy the artist

pp. 156–157
The Shop, June–September 2010
Detail

pp. 158–159
Commission, 2011
Video still

p. 160
Commission, 2011
During the installation of
Erik makes happy, 2011,
Bawag Contemporary, Vienna
Courtesy Galerie Krinzinger,
Vienna

p. 161 (top)
Philip King
Quill, 1971
427 x 1000 x 610 cm
Steel
Zuiderpark, 2009
Collection Sculpture
International Rotterdam

p. 161 (bottom)
Commission, 2011
Installation view (detail):
Commission, 2012, MMK Museum
für Moderne Kunst, Frankfurt am
Main
Collection MMK Museum für
Moderne Kunst, Frankfurt am Main
Courtesy Galerie Guido W.
Baudach, Berlin

p. 162
Commission, 2011
Note on the edit process, 2010
29,6 x 21 cm

Dordtselaan
Ploegstraat
Kiefhoek
Dortsmondstraat
Sandelingstraat
Groene Hilledijk
Heer Daniëlstraat
Bloemhof

"Subsidies lead to
mediocrity."

"Subsidies brengen
middelmatigheid voort."

kaartje / kaartje 6

4 mei

:00   Over cultuursubsidies en Un
      actuele

2:30 hedendaatig: Politiek; bezuinigen
      Ik maak films over merelf.
      kunst bezuinigt.

1:00 Politiek Het Rijk

:30   op zoek naar intellectuelen
      op zoek naar kunstenaars.

:30   is hij niet intellectueel bitibi
5:00 kunstenaar ?
0:30 Vroeger was het veel gezelliger.
21:20 "Ik ham merelf zie in de auto": en o
      eigenaar komt en aan; als kunsten
      kunstenaar is suikel mooie reflex
      in de auto.

24:00 Over anderen! spiegeleird
      de auto

7:00 Over beeld (met het werk
2:30 Met Jurk over j.j.p. oud en ou
      de heilijes, hij gaat naar moskee
5:00 je moet er eigenlijk wat van zeggen maa
      ja je bent kunstenaar/ bemoeial.

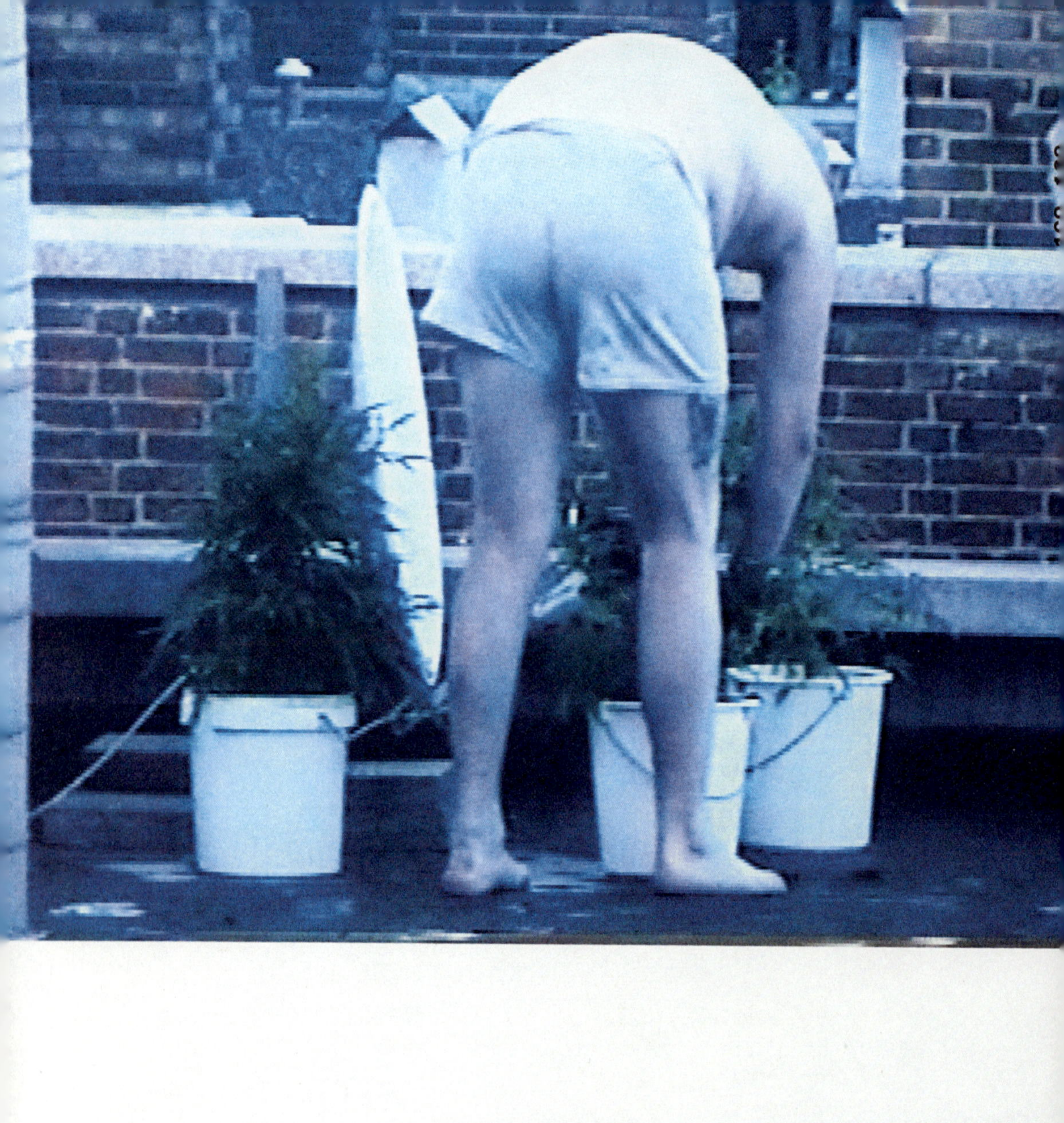

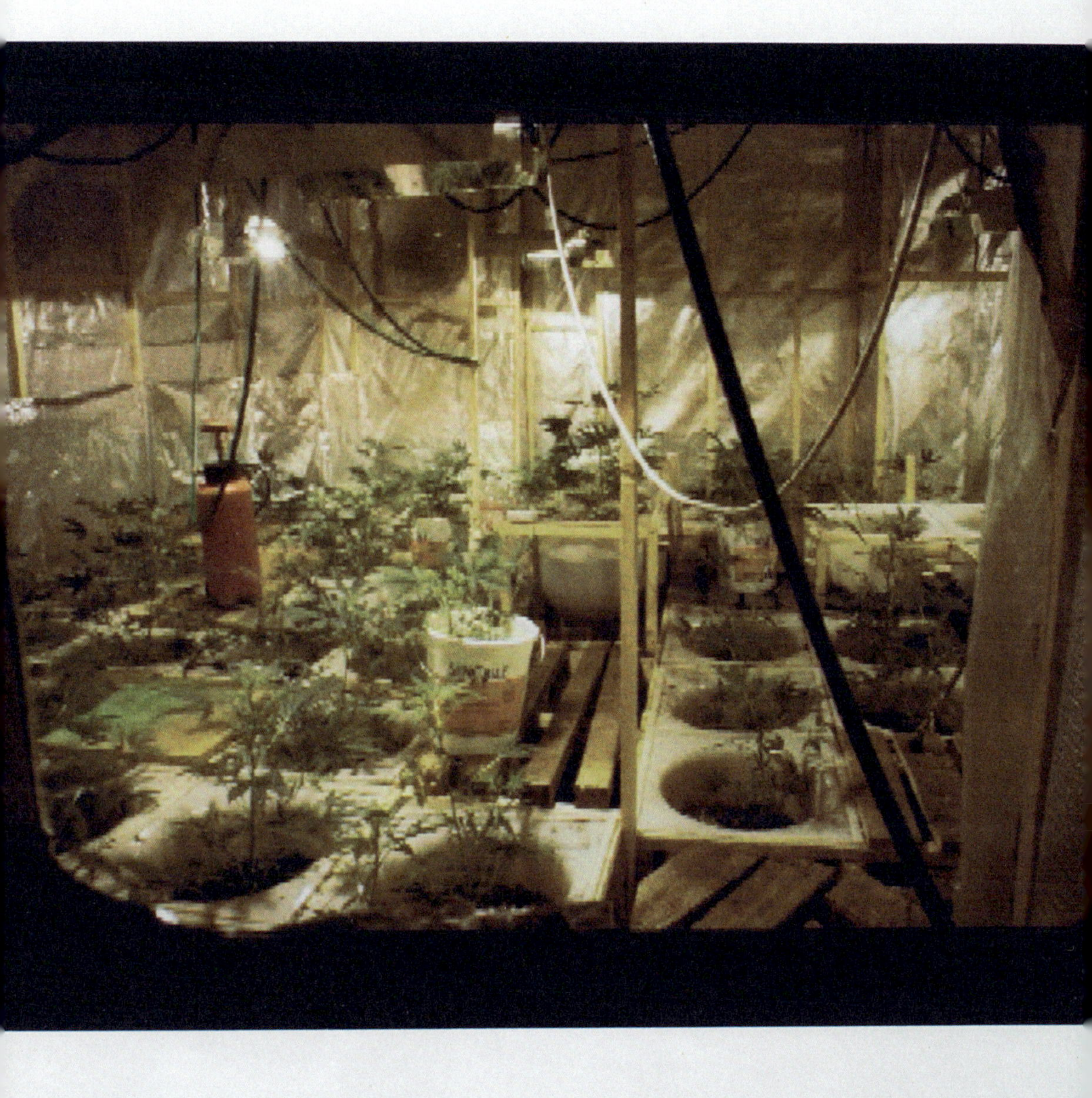

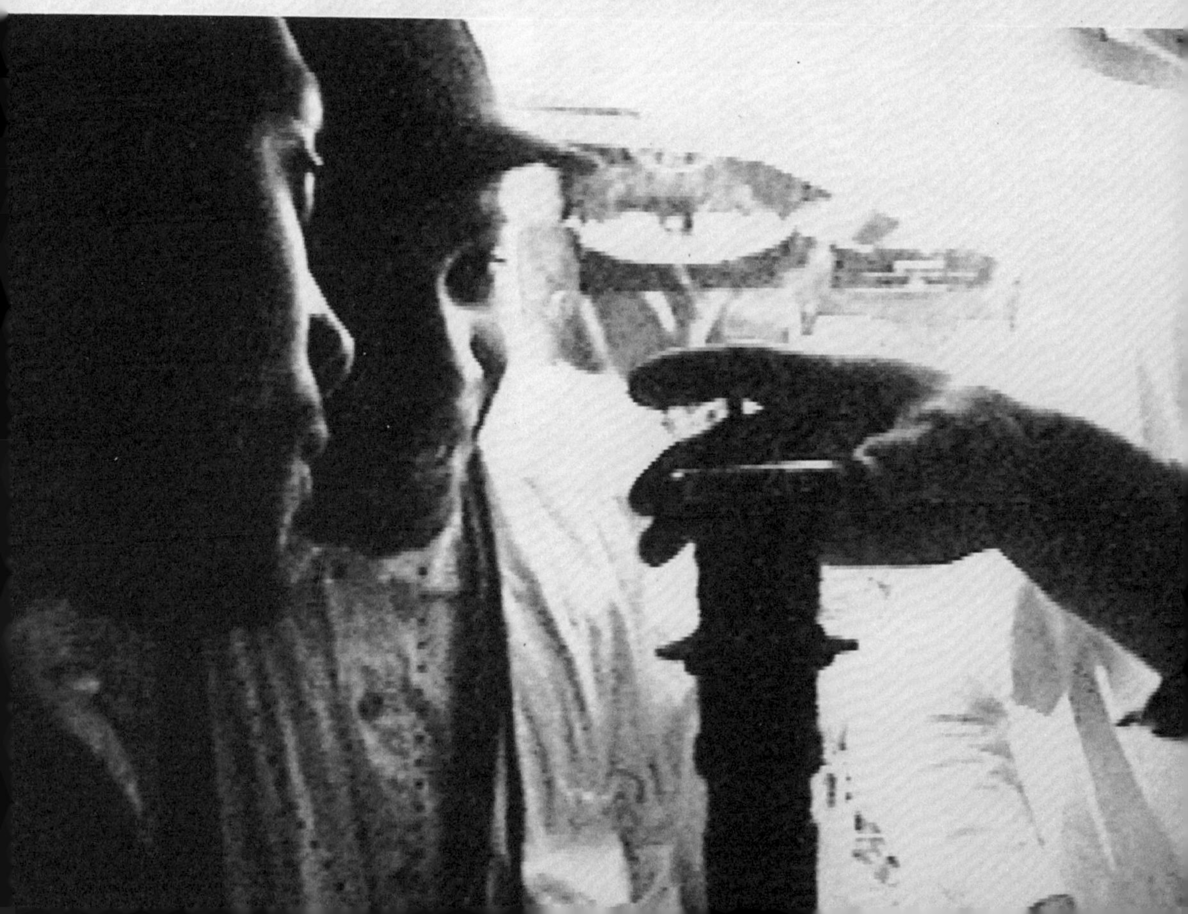

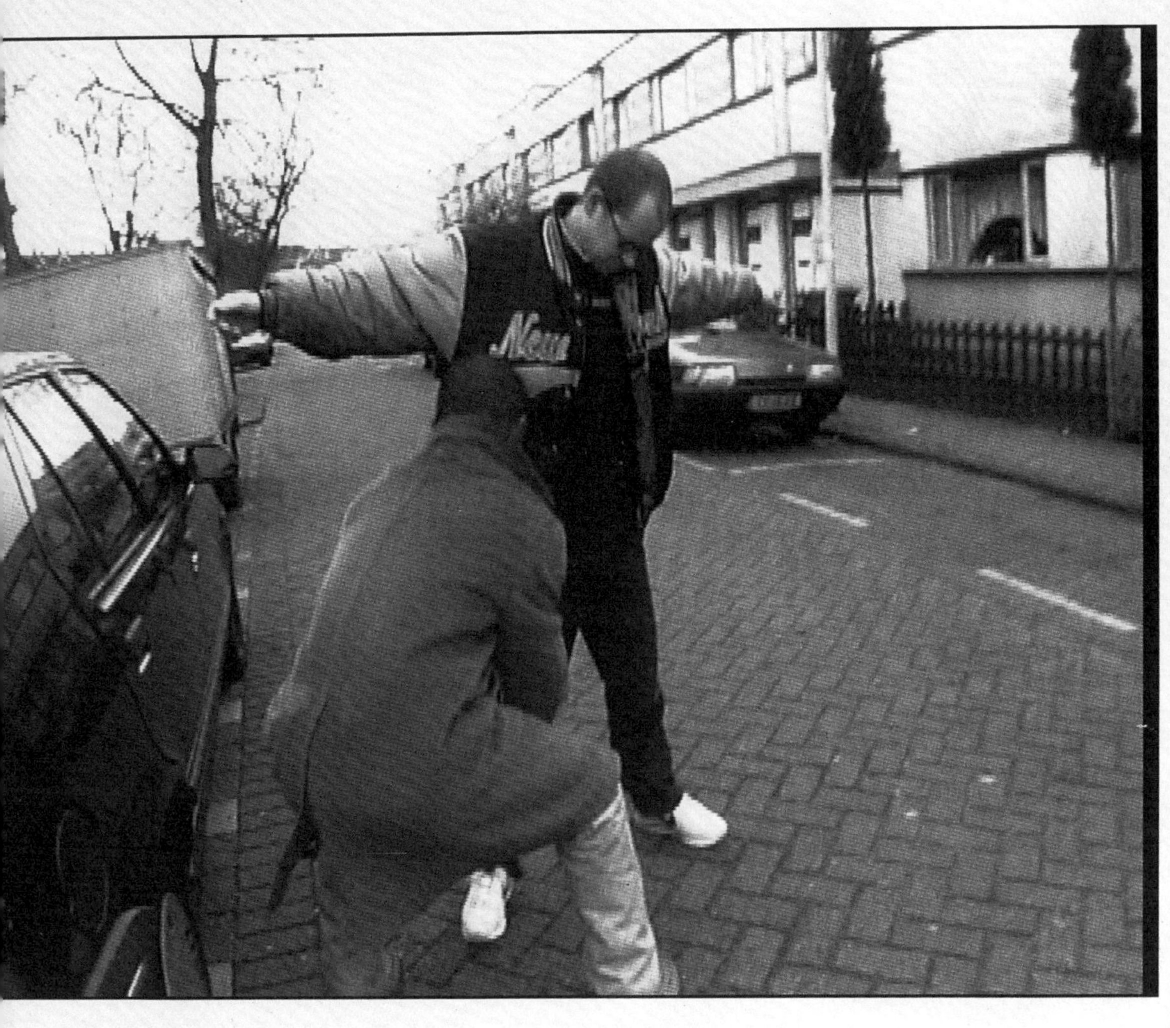

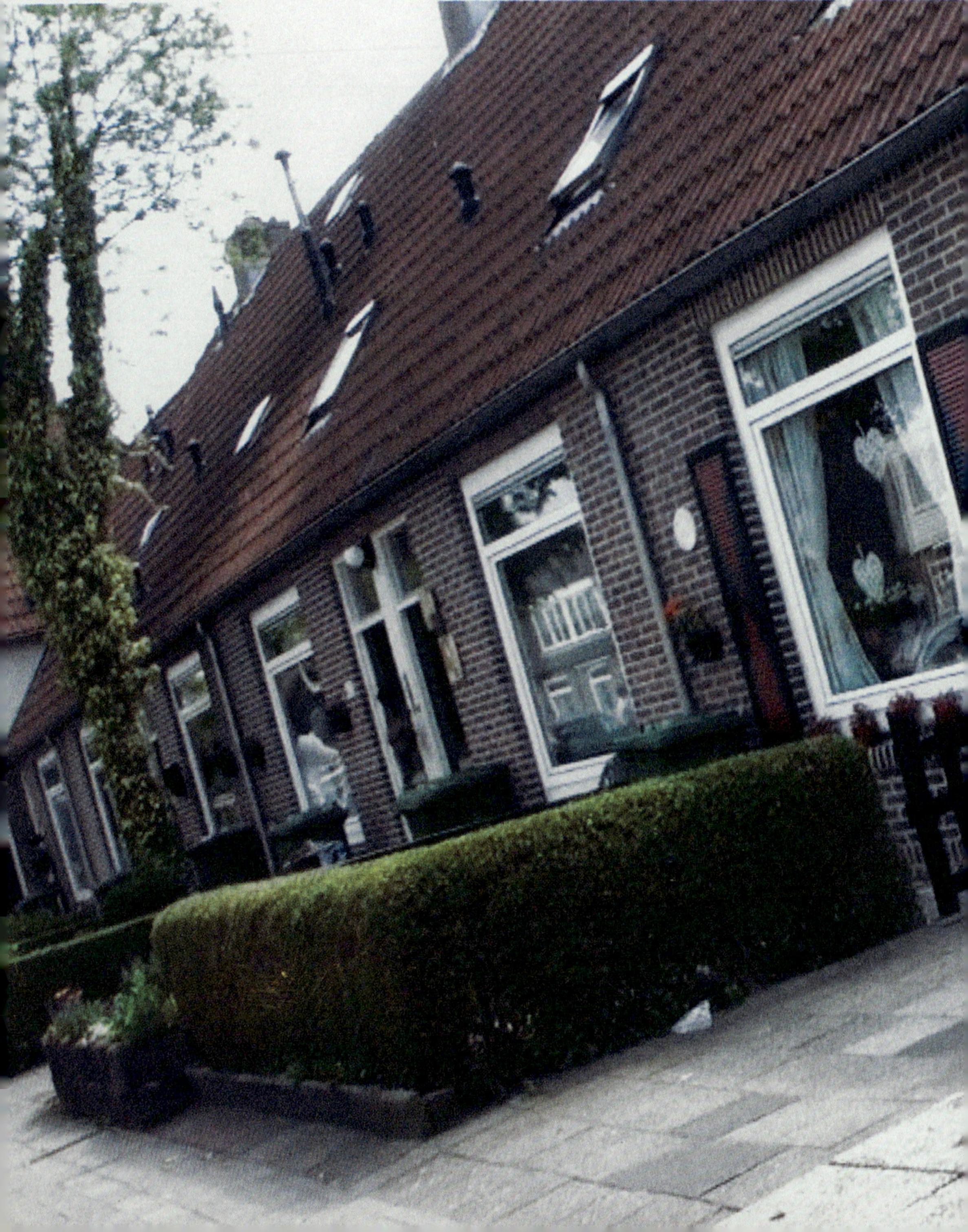

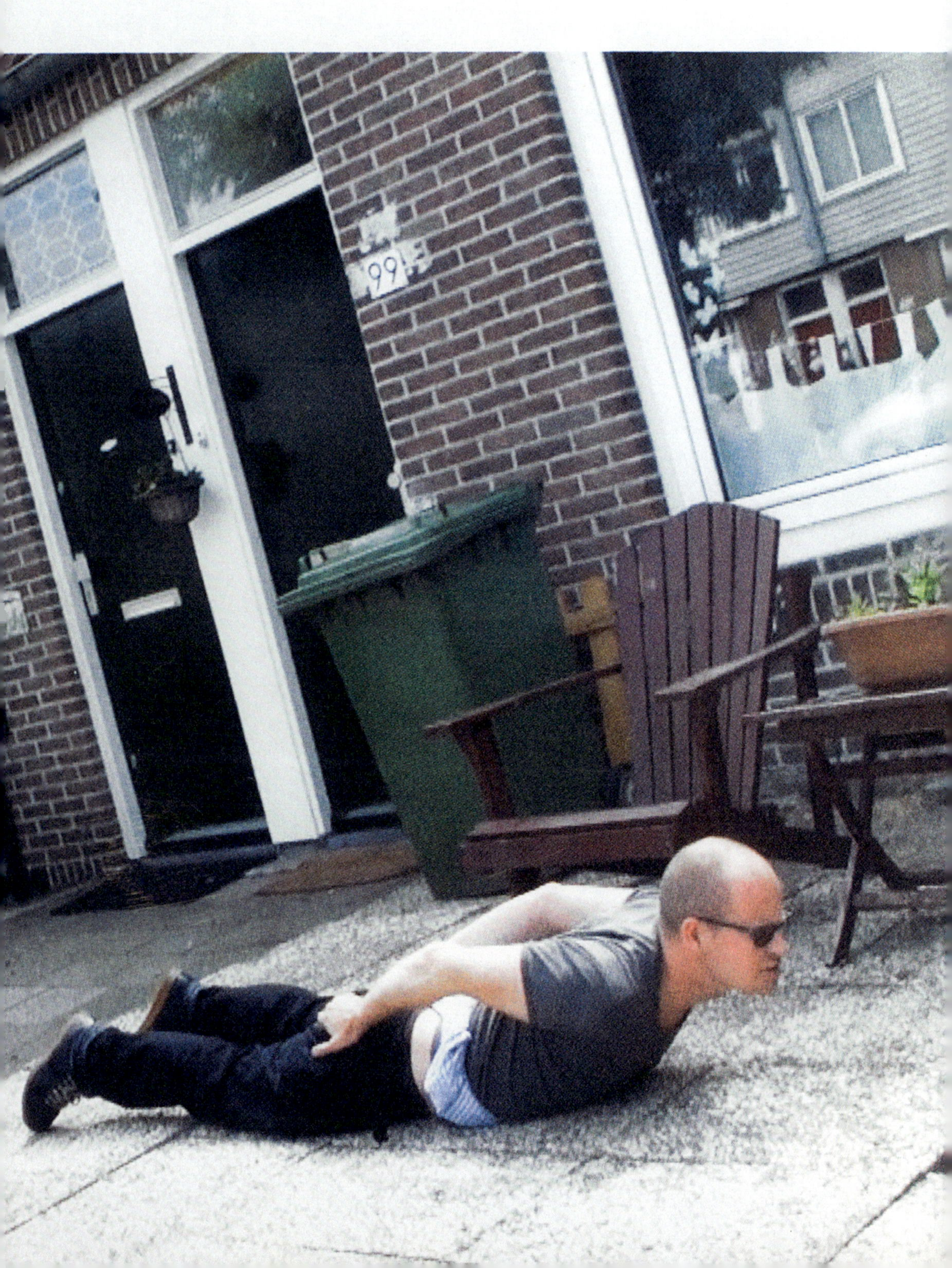

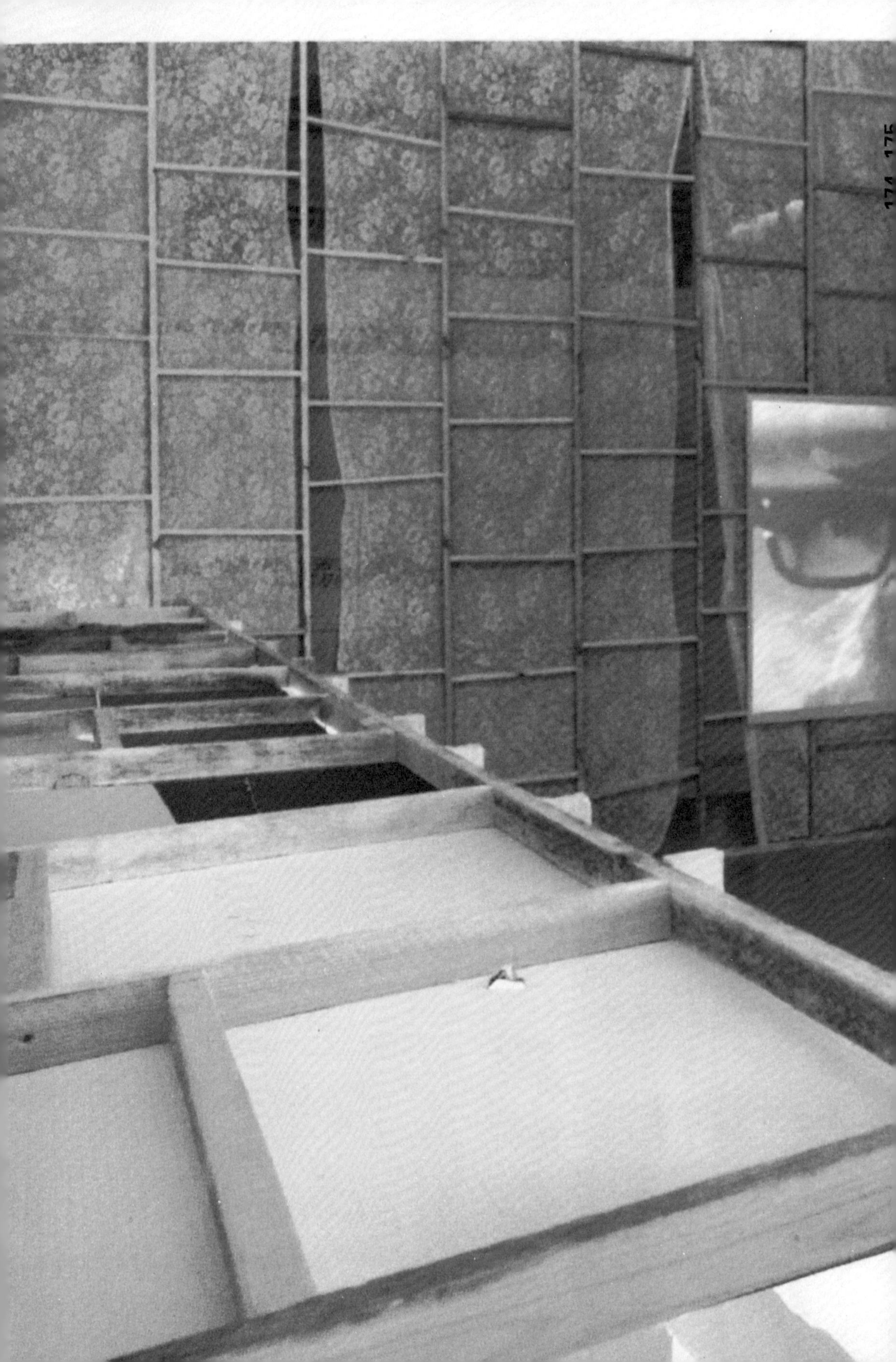

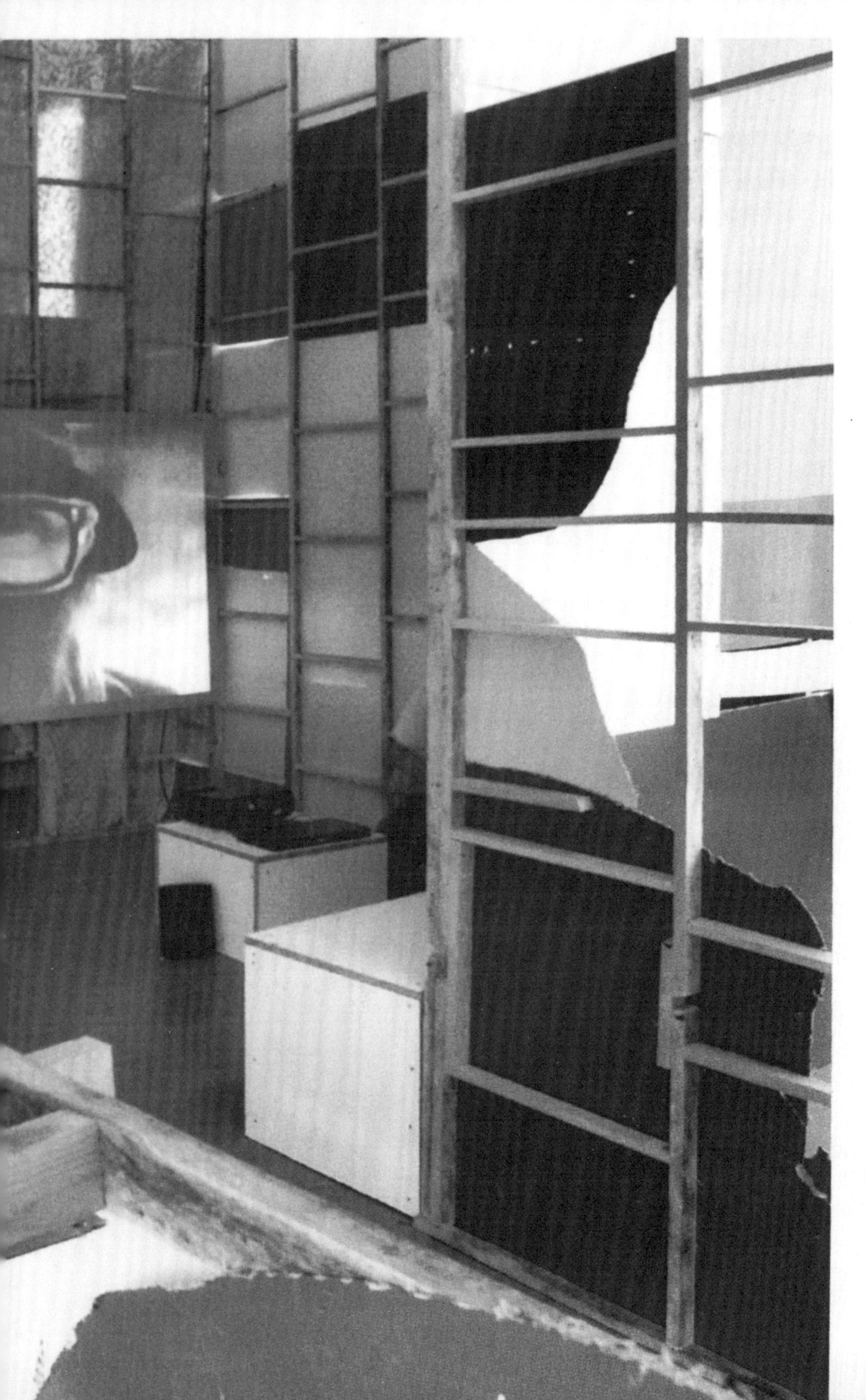

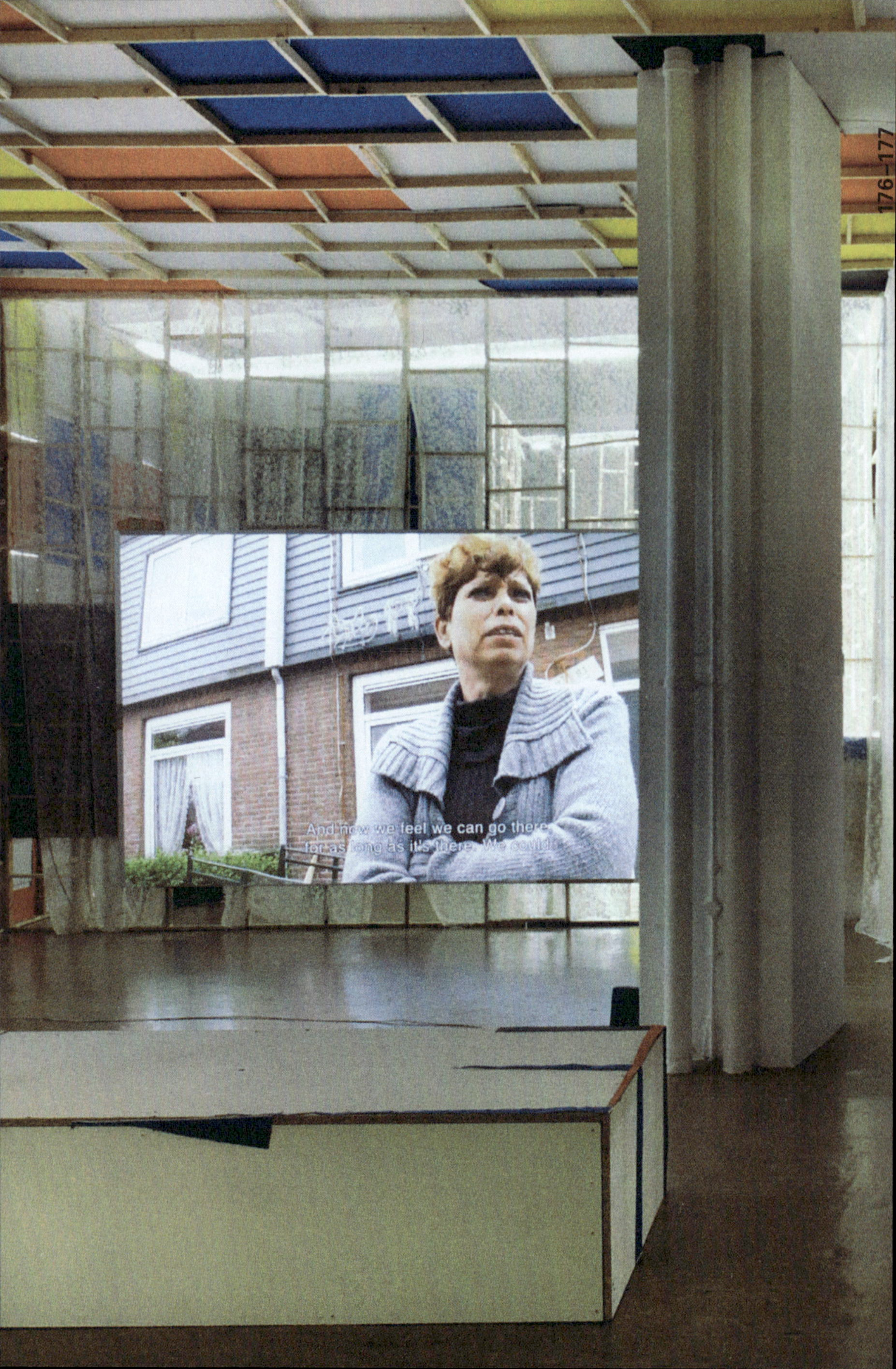

And now we feel we can go there
for as long as it's there. We could

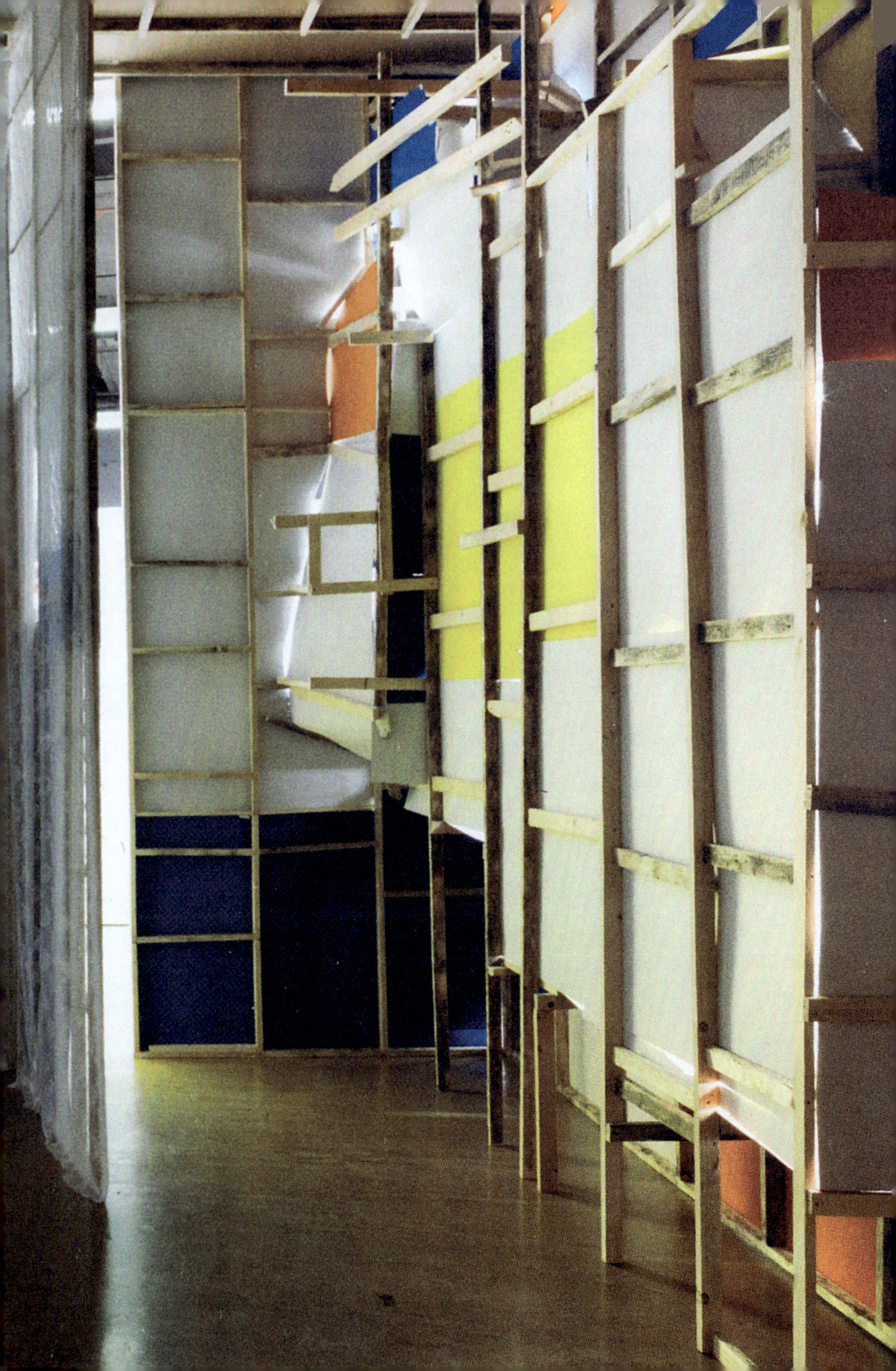

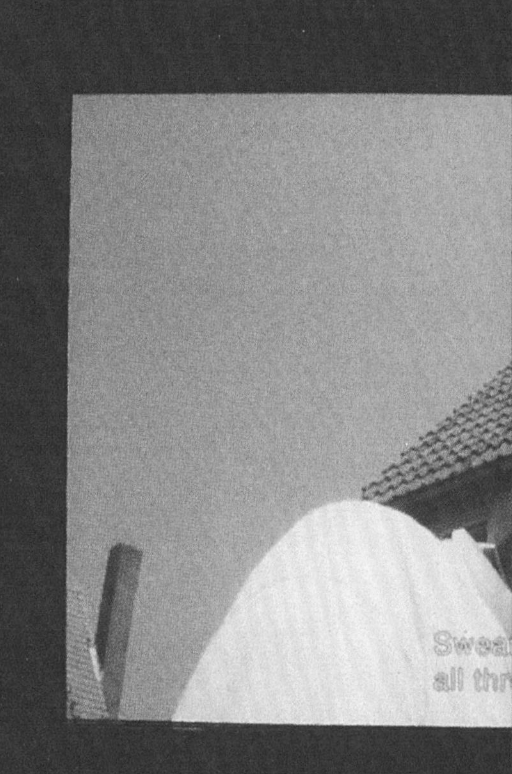

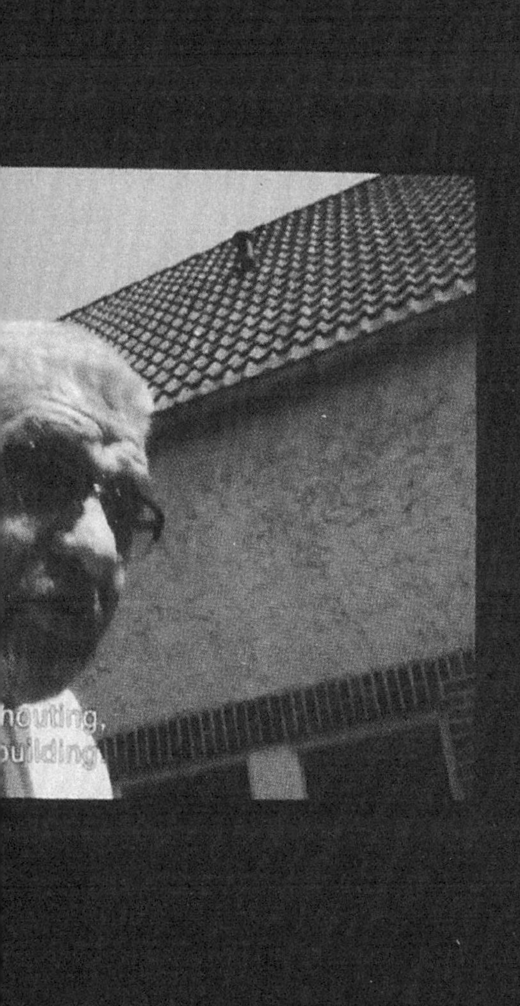
houting,
building

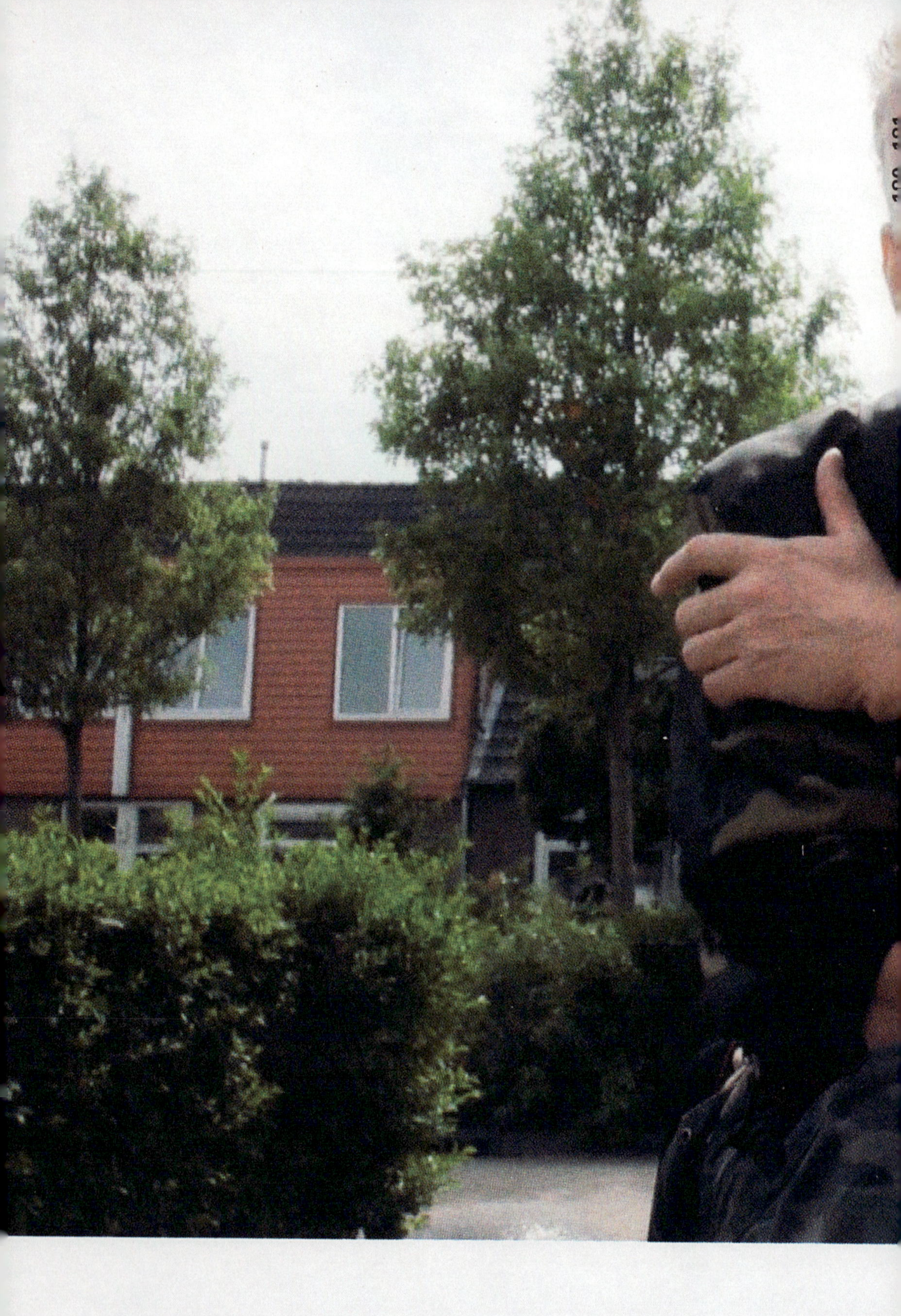

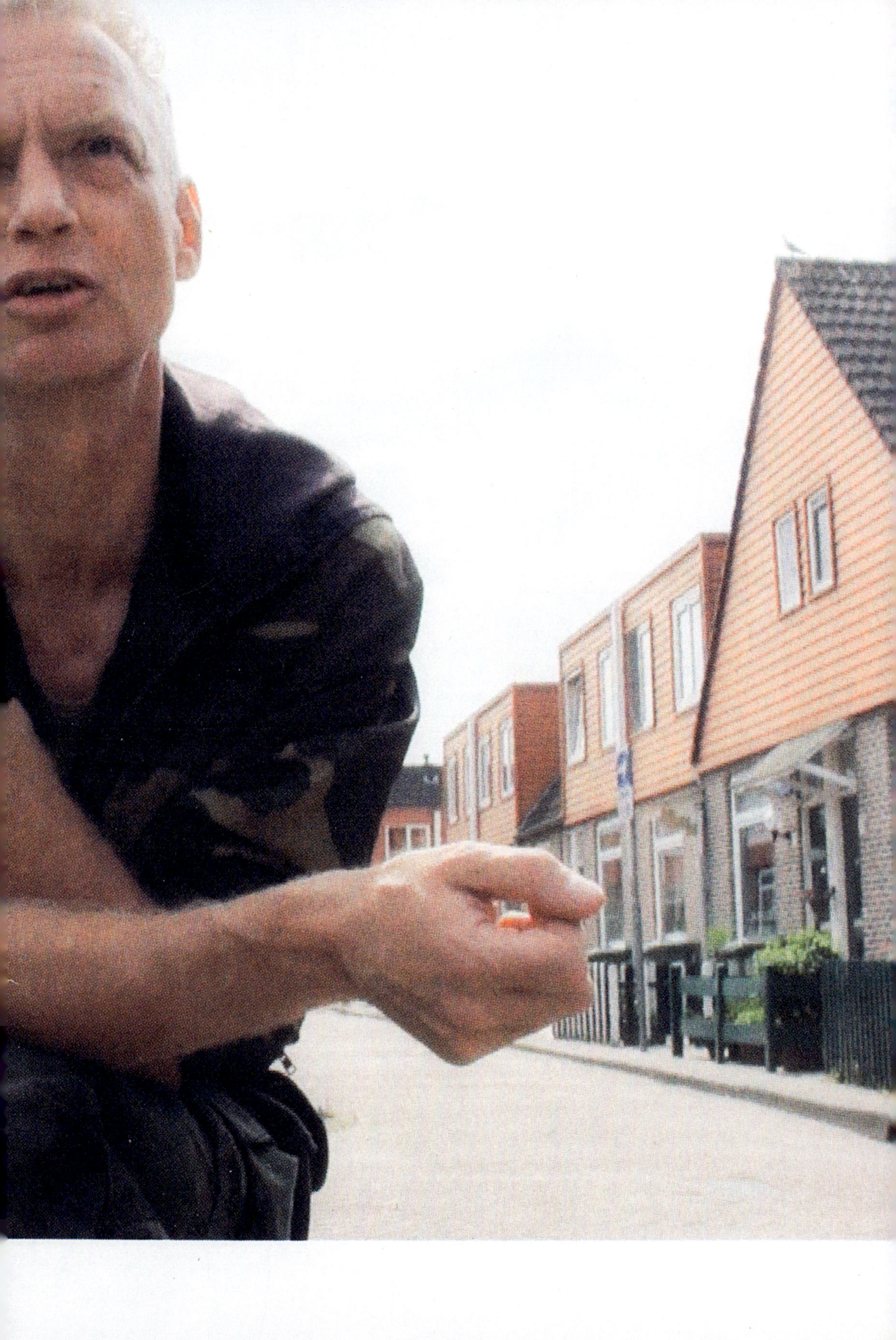

Jü

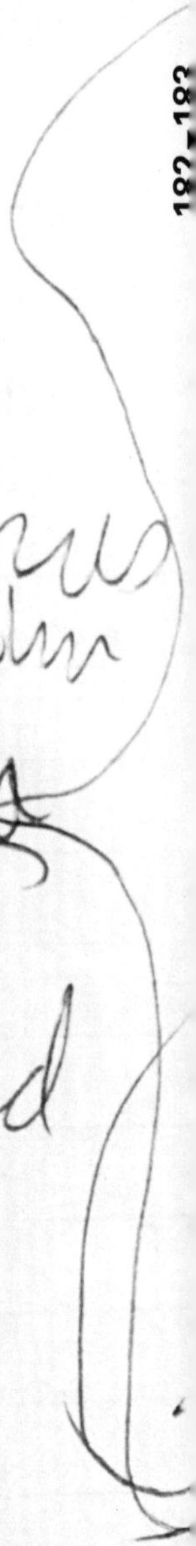

janus
film

miranda

goed

Regie

-boste

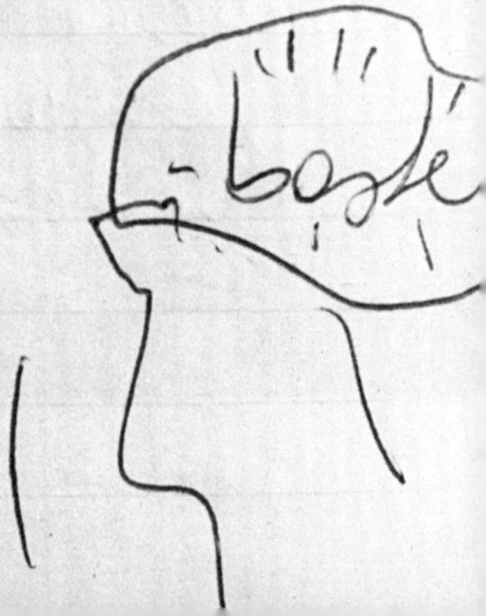

bandje (7) kaartje (7)

0:00   ik heb de hele inboedel gekocht
       iemand uit deze huisjes
       Ze (museum) wil het echte b
       — Portret van het leven op R'dam
2:30   welke poppen? Miranda e
5:40   uitleg van Annemarie en
       Miranda

       Zij ze verkopen jaruurs ze
       geld verdienen.
7:37   Janus was geen intellectueel.
12:27 Guik is een naam.
17:49 yes we hebben een intellectu

16:00 om het andere huis woonden
18:30 hij is gestild in een stukje ba
25:50 mooie C.U. van Klokken m
26:50 Het is kwart over 3

       Klokken man.

32:30 kinde punt film

38:00 mooi.
39:00

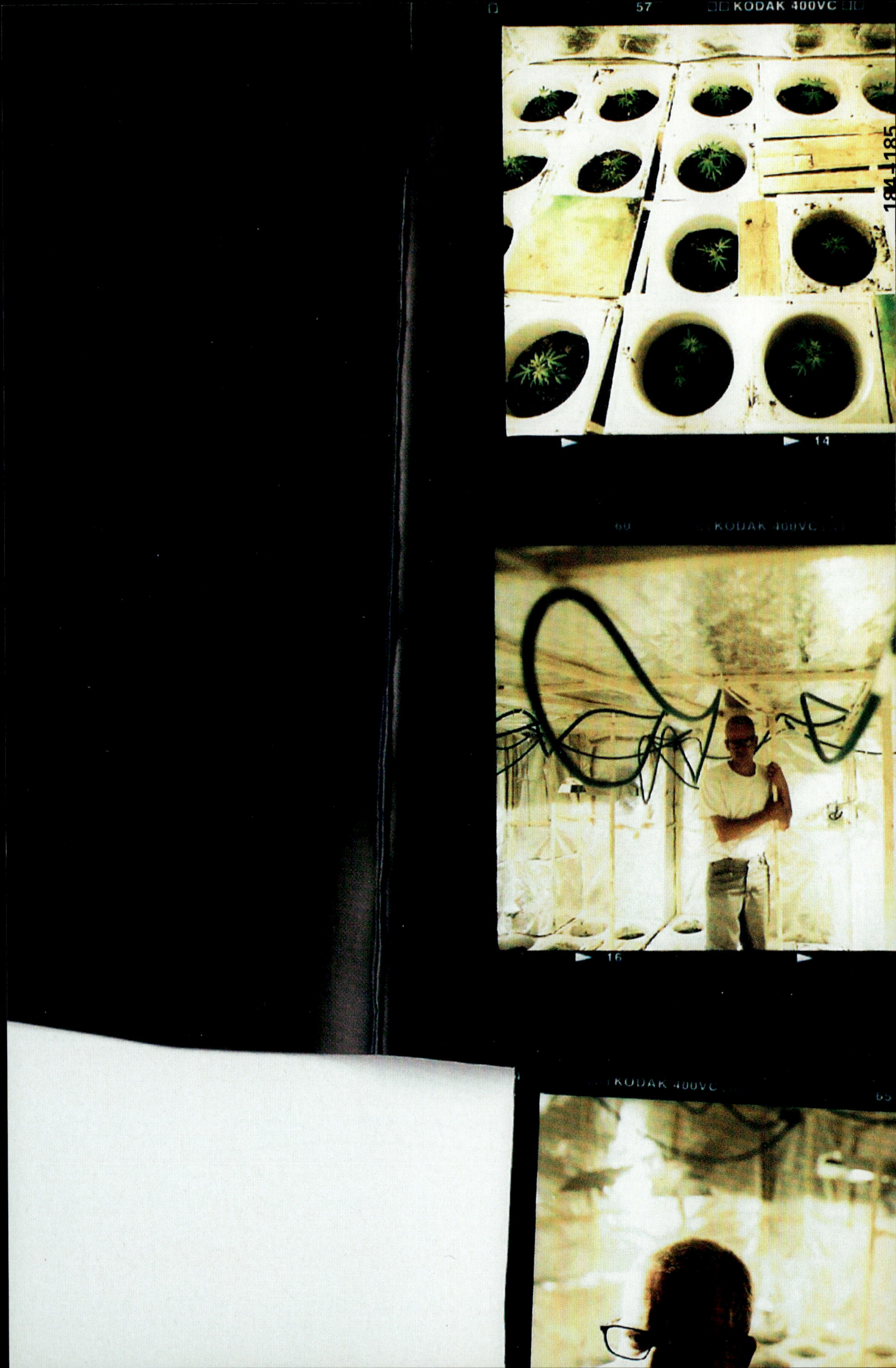

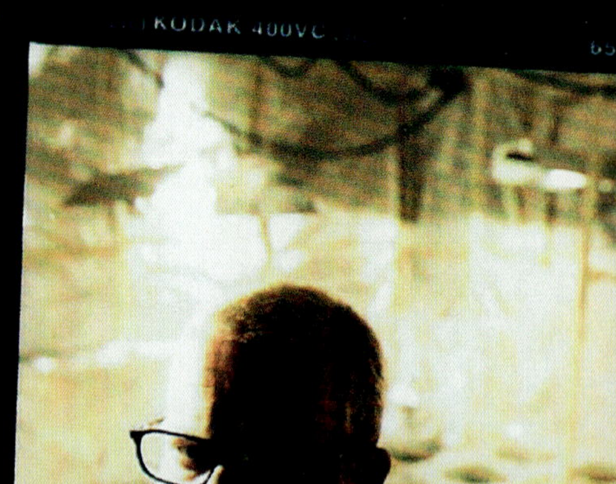

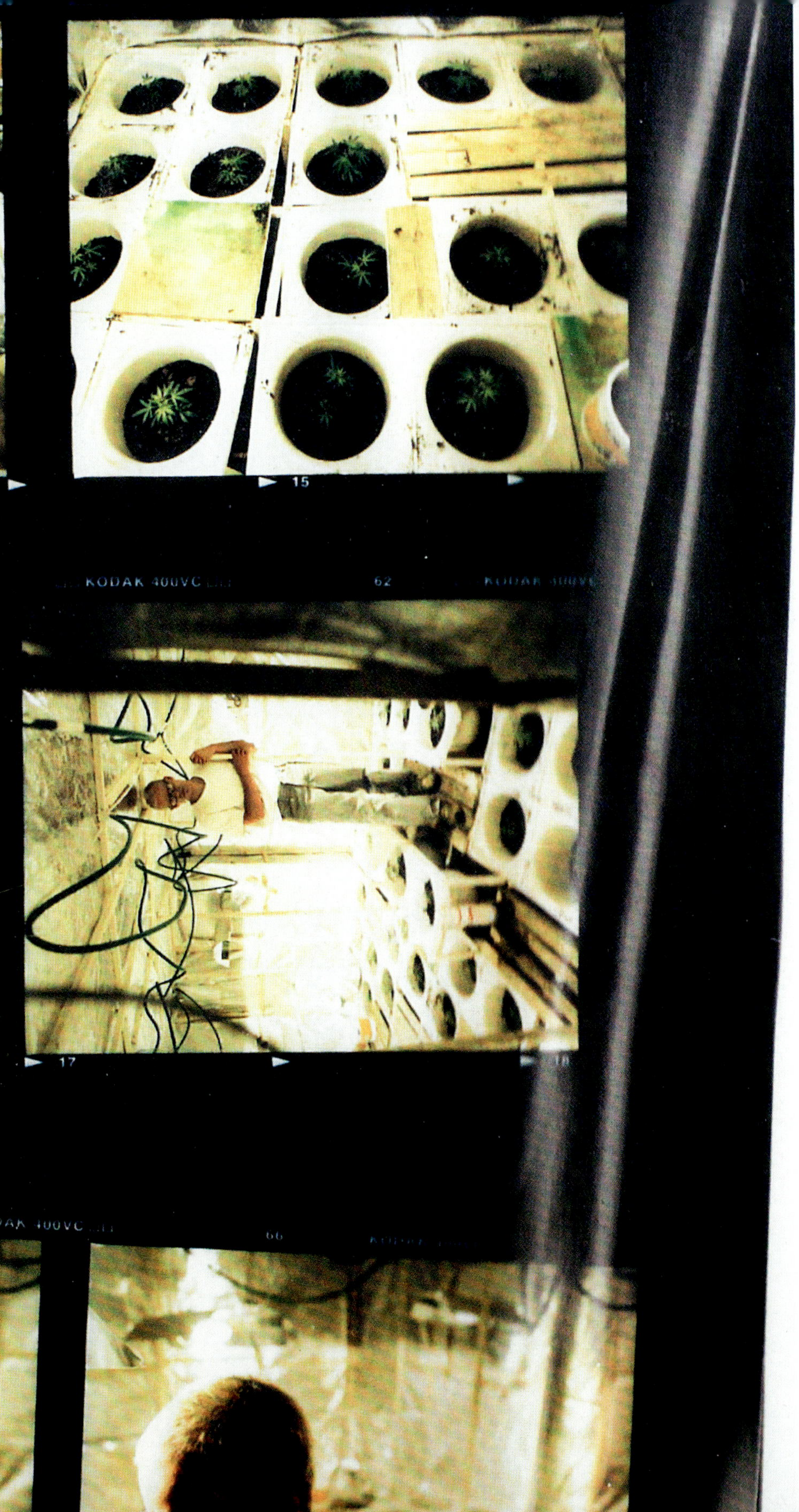
KODAK 400VC
62
KODAK 400VC
15
17
KODAK 400VC
66

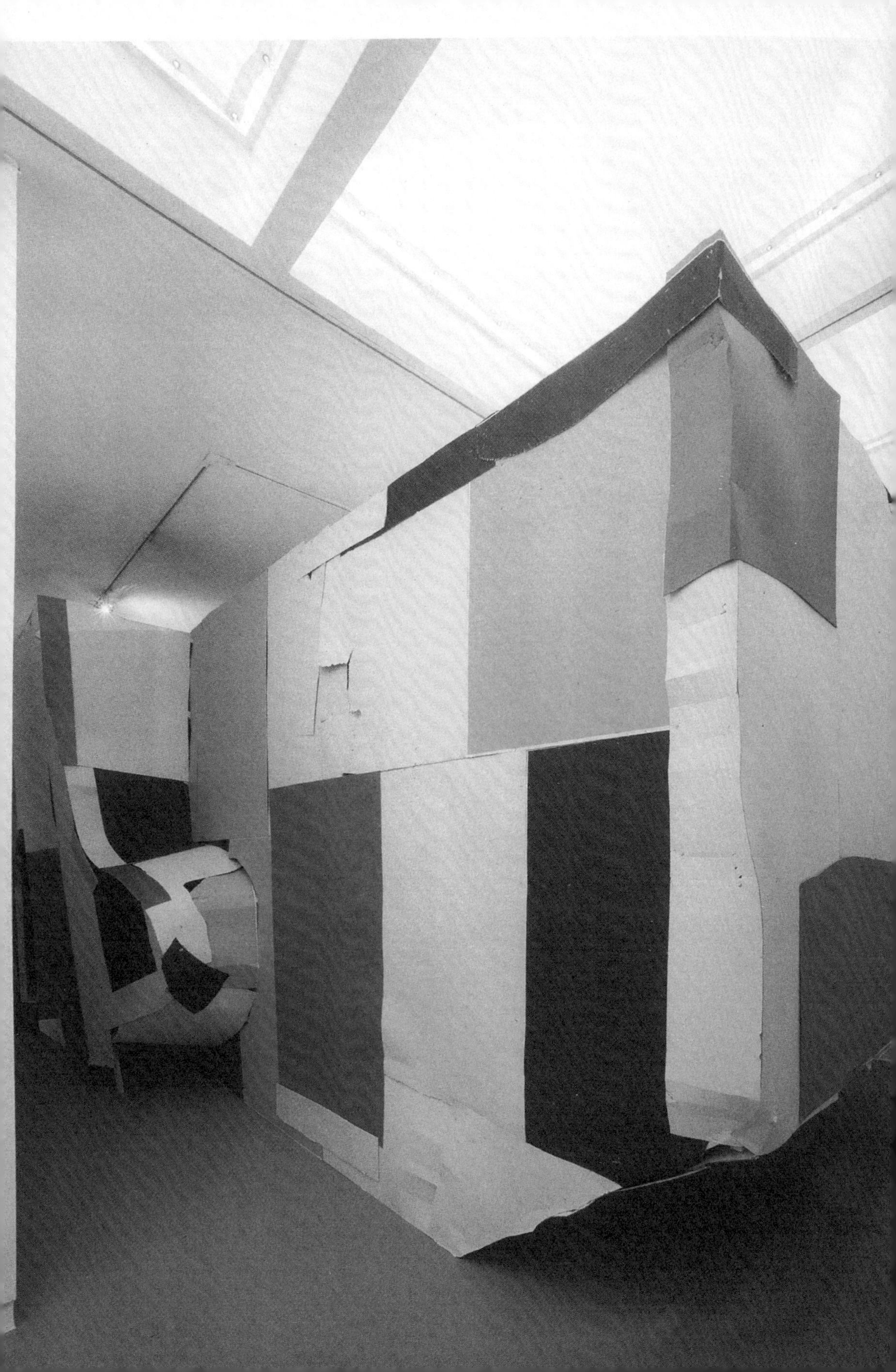

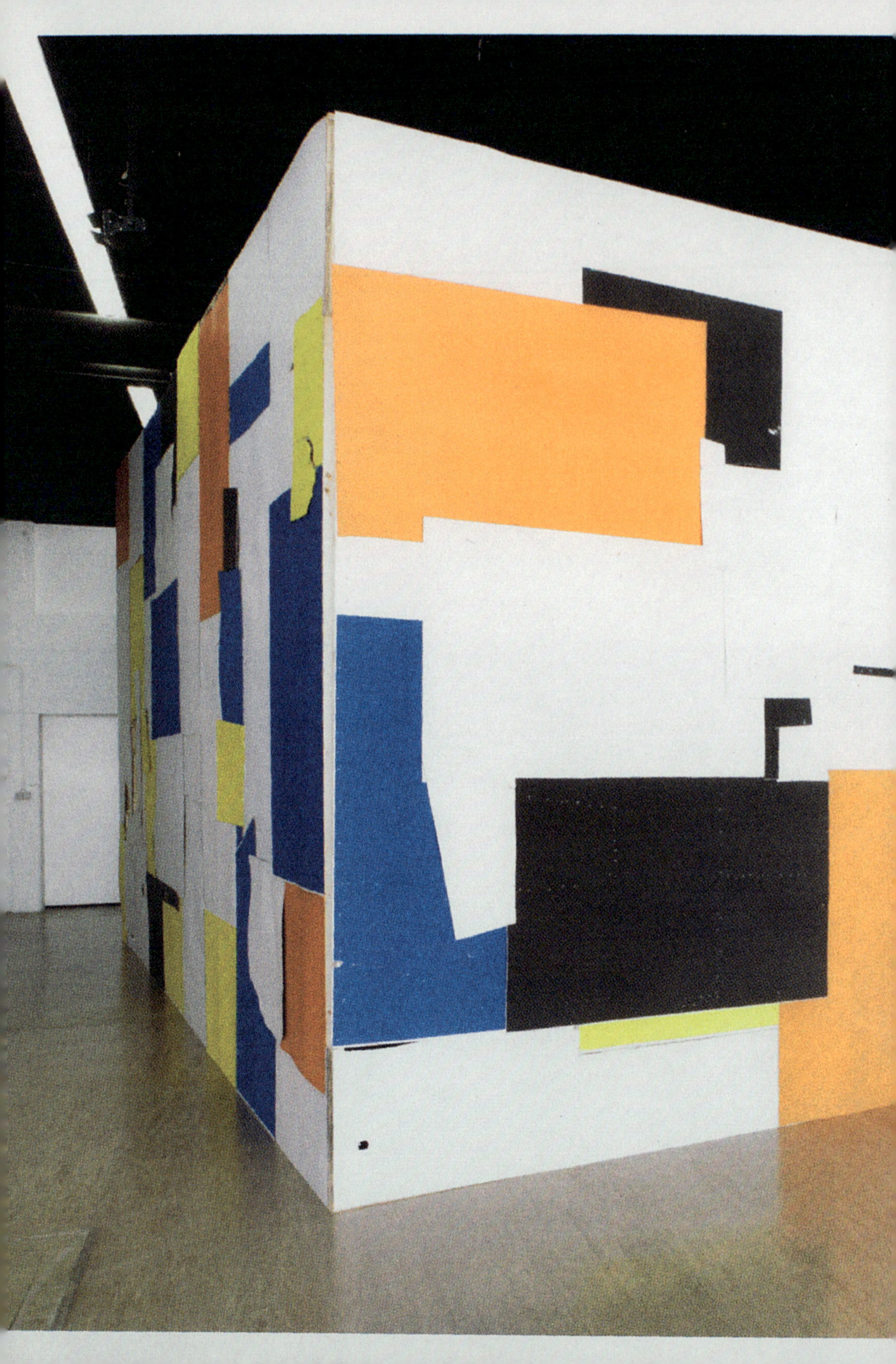

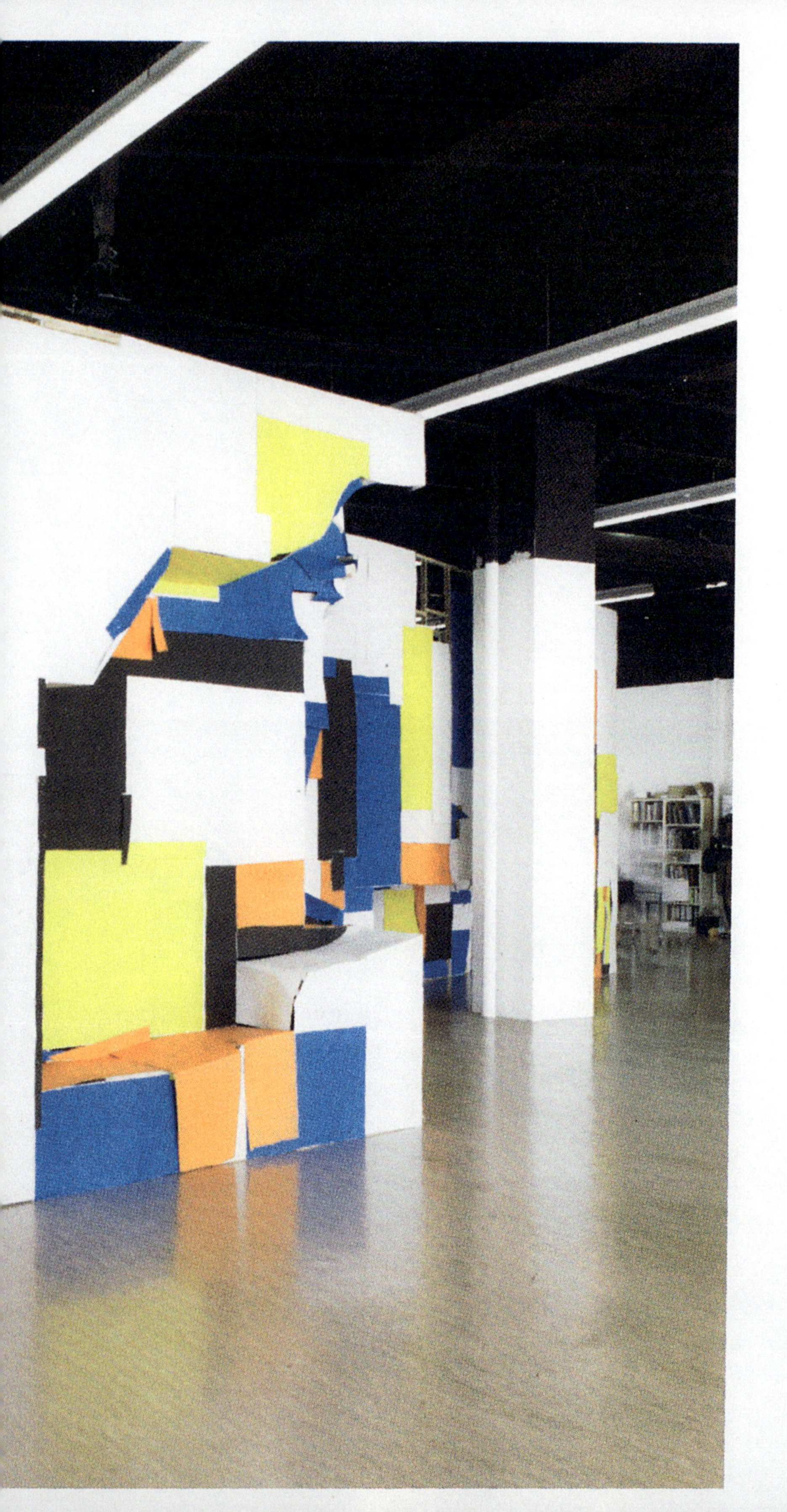

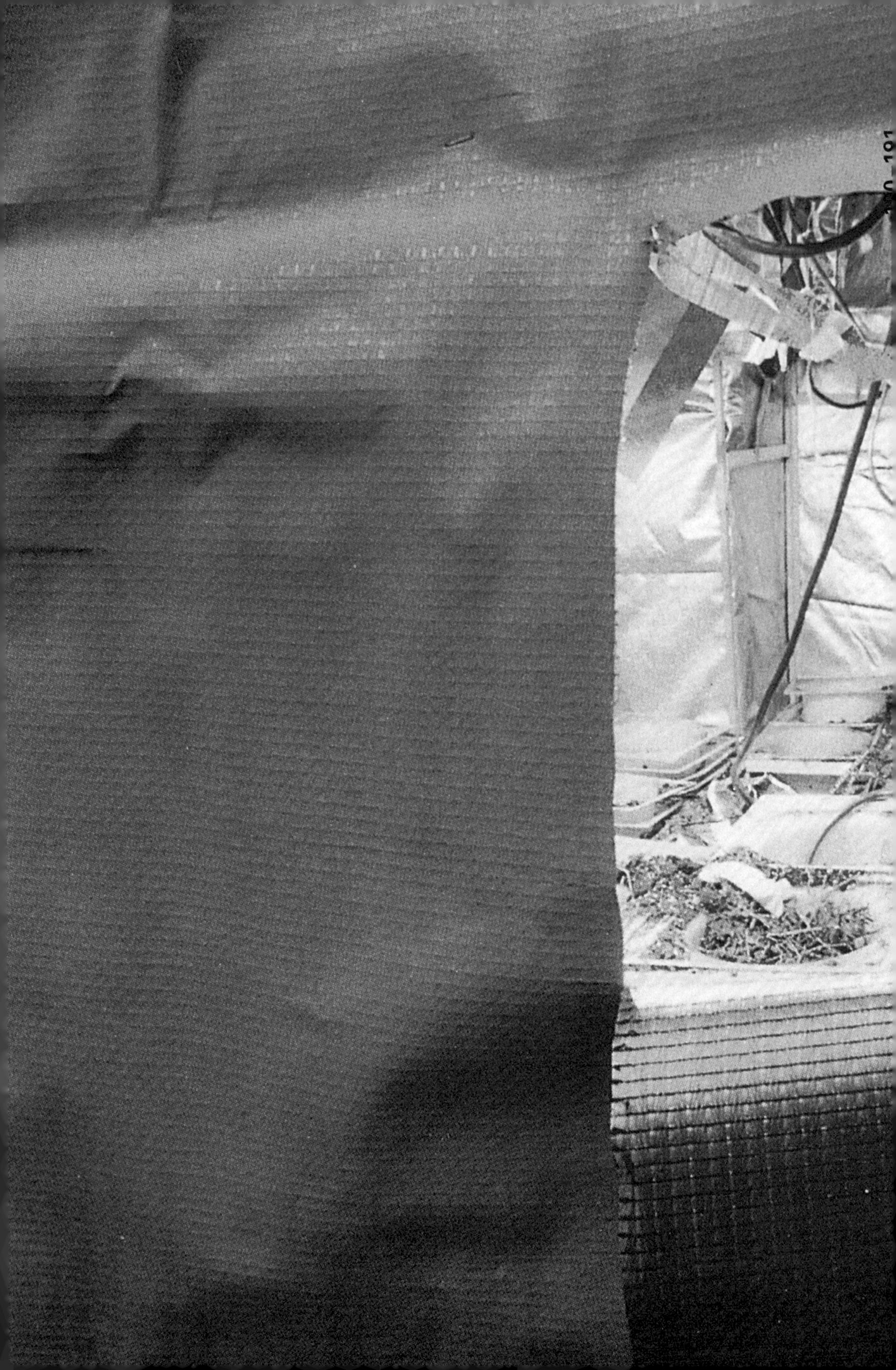

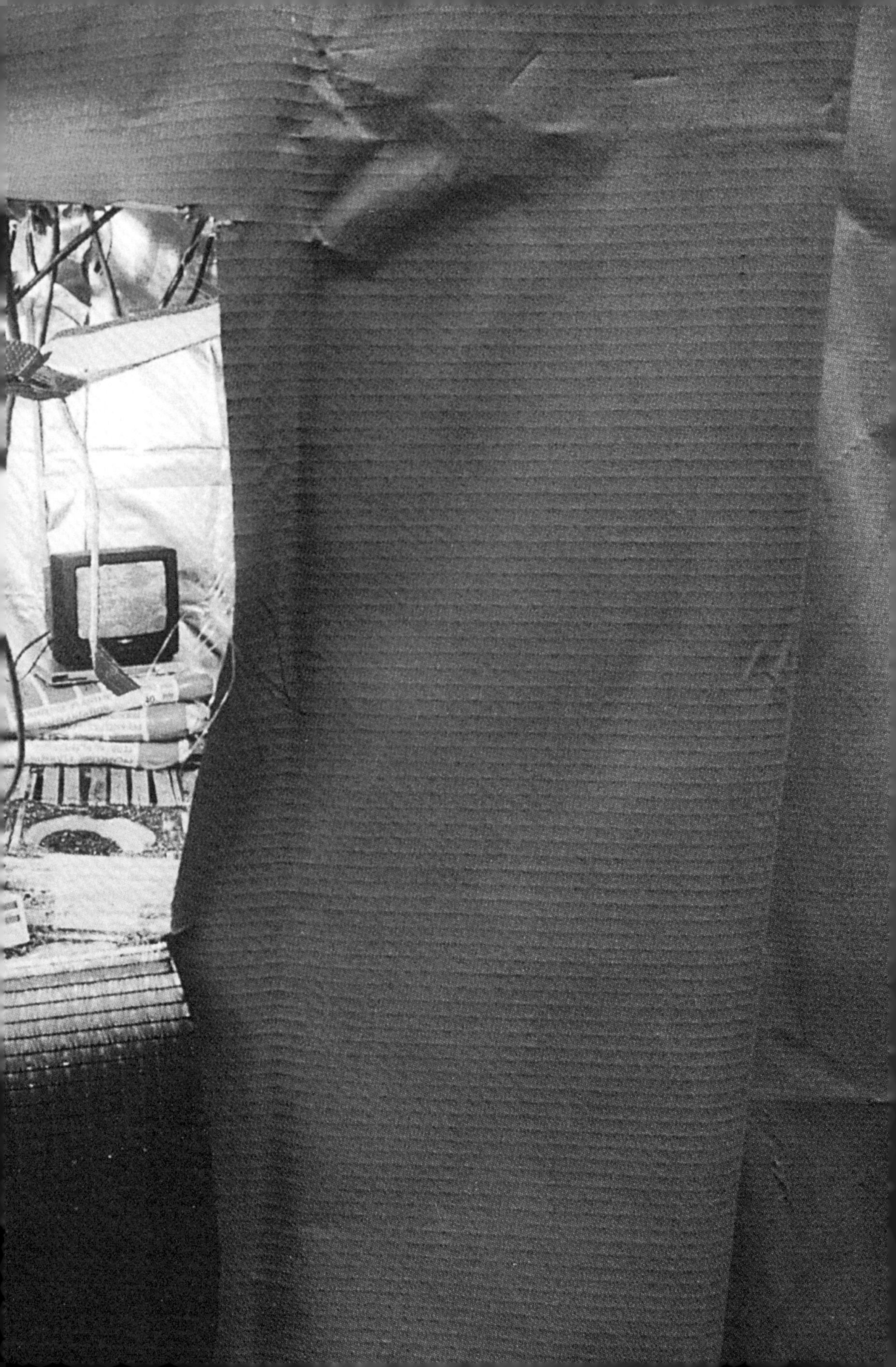

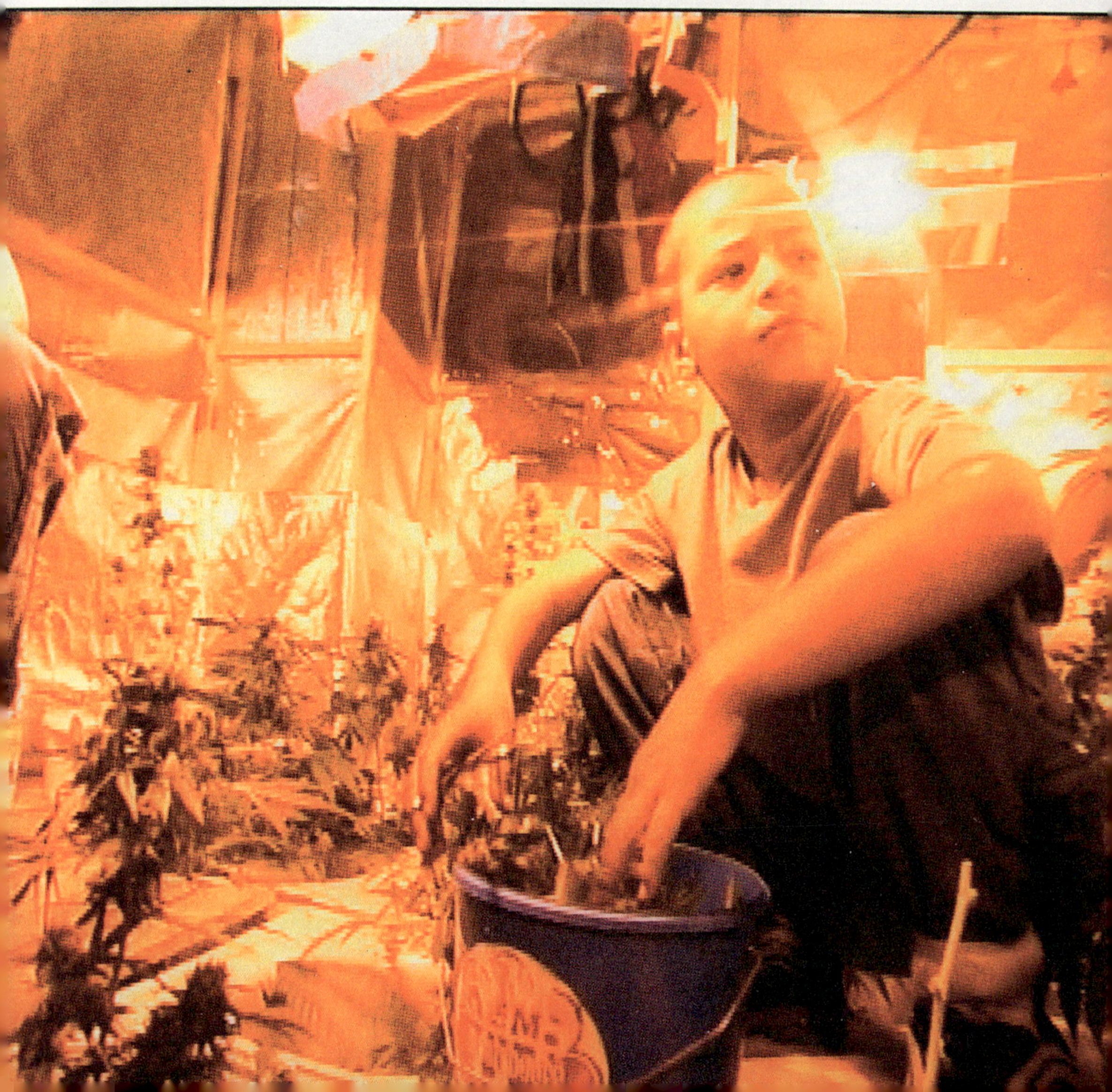

Beste Ouders,

Graag wil ik U en uw kinderen vragen om mij te helpen bij het maken van een
kunstfilm.

Ik ben beeldend kunstenaar en werk in de gymzaal in de school naast U, waar uw
kinderen cricket spelen.

Momenteel maak ik een kunstfilm voor een museum in Berlijn en in Antwerpen, mijn
vorige film kunt U momenteel zien in het Boymans van Beuningen museum in de stad.

Nu ben ik een kunstfilm aan het maken in de eerdervermoemde gymzaal, en deze gaat
over een plantage Zoveel mogelijk mensen en nationaliteiten uit de buurt werken mee
aan deze film.
Deze film is een voorlichtingsfilm over hoe je wiet verbouwd en wat daarbij komt
kijken. In Nederland is dit min of meer toegelaten en daar gaat de film ook over;
bovendien weten de autoriteiten van mijn project.

Graag wil ik U en uw kinderen (de kinderen die op de speelplaats spelen) vragen of U
me wilt helpen met de oogst van de plantage.
Dat ziet er als volgt uit:

-U en eventueel nog een ander delen eten uit aan de kinderen (voor het eten wordt
gezorgd!)
-Ondertussen kruipen ± 7 kinderen tussen de planten door en verzamelen de bloemen
in een bak.
-Het geheel zal een half uur à een uur duren.
-Als de 7 kinderen in crichet-kleding en U in Pakistaanse kleding gekleed zouden
kunnen zijn, dan zou dat zeer prettig zijn.
-Voor uw medewerking heb ik een onkostenvergoeding uitgetrokken van 300.-

Met vriendelijke groet,

Erik van Lieshout

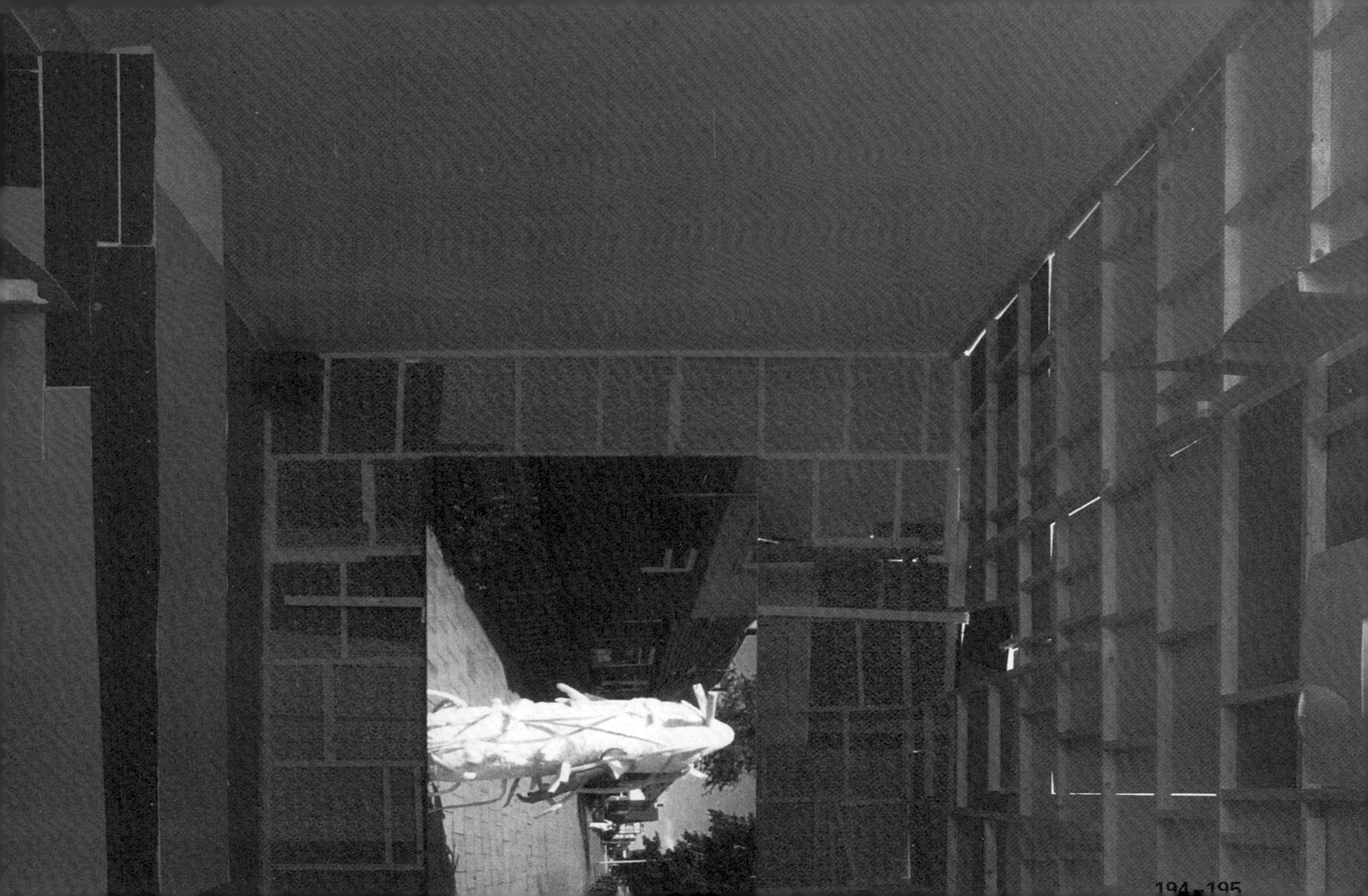

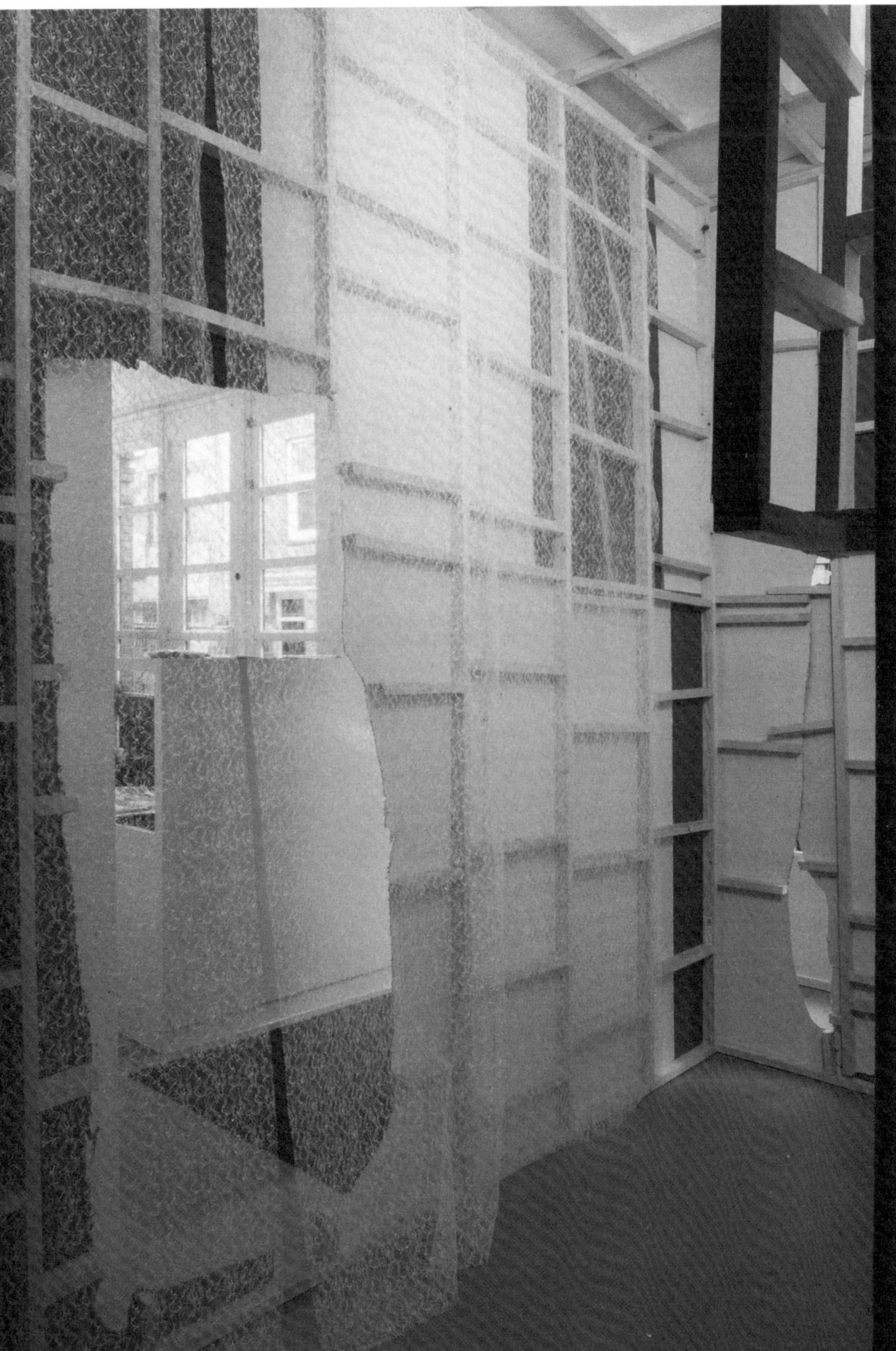

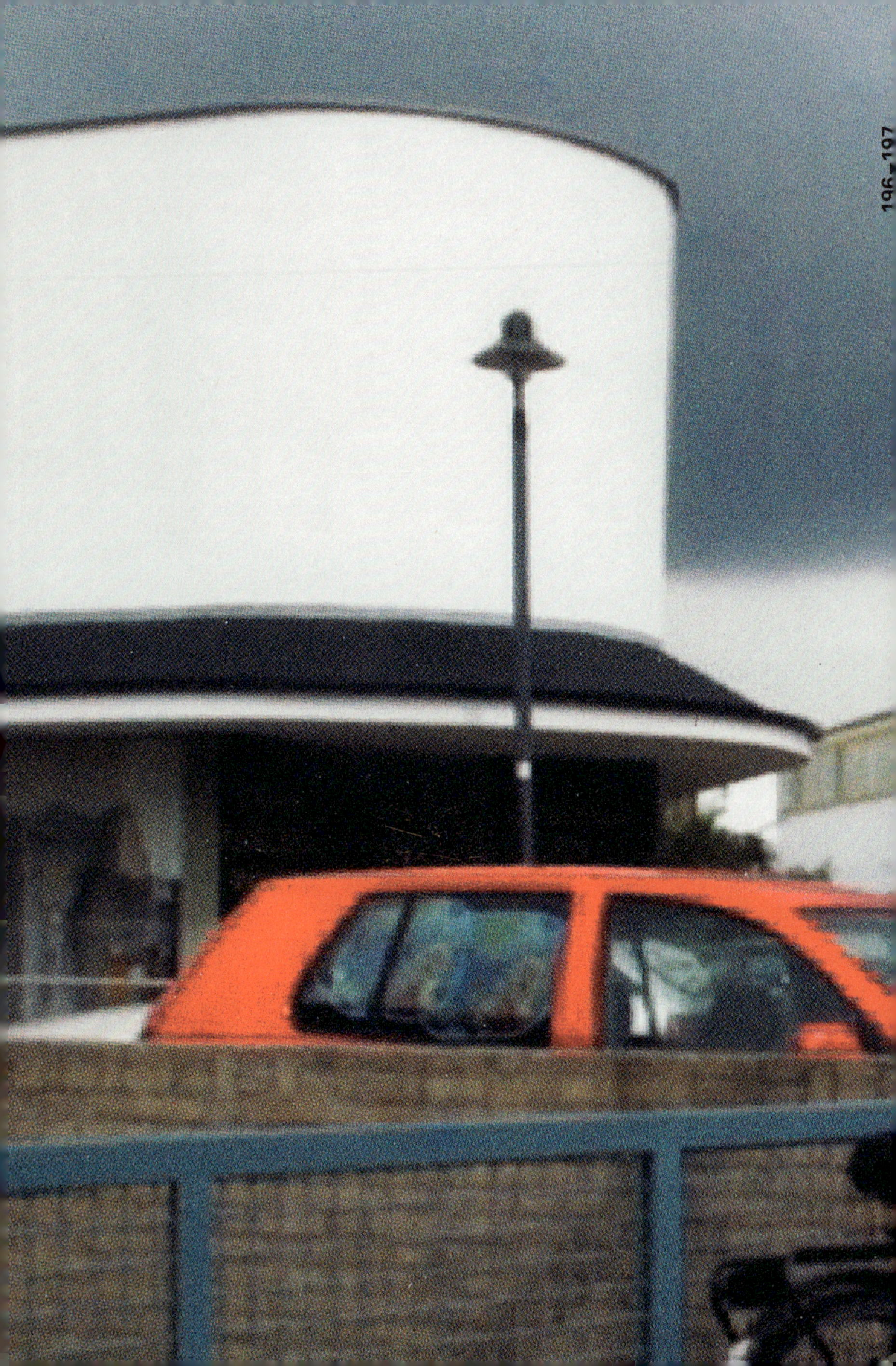
196–197

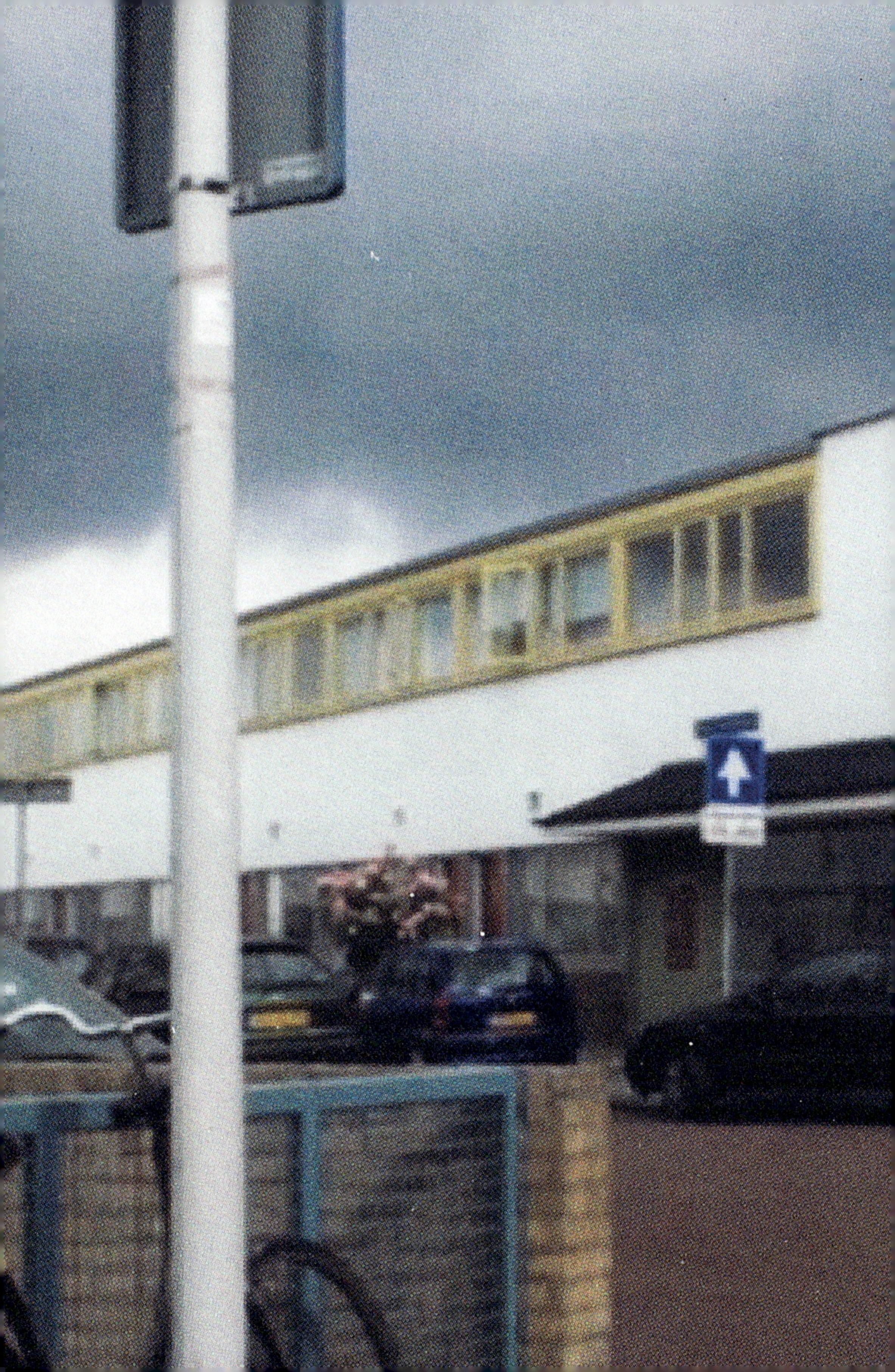

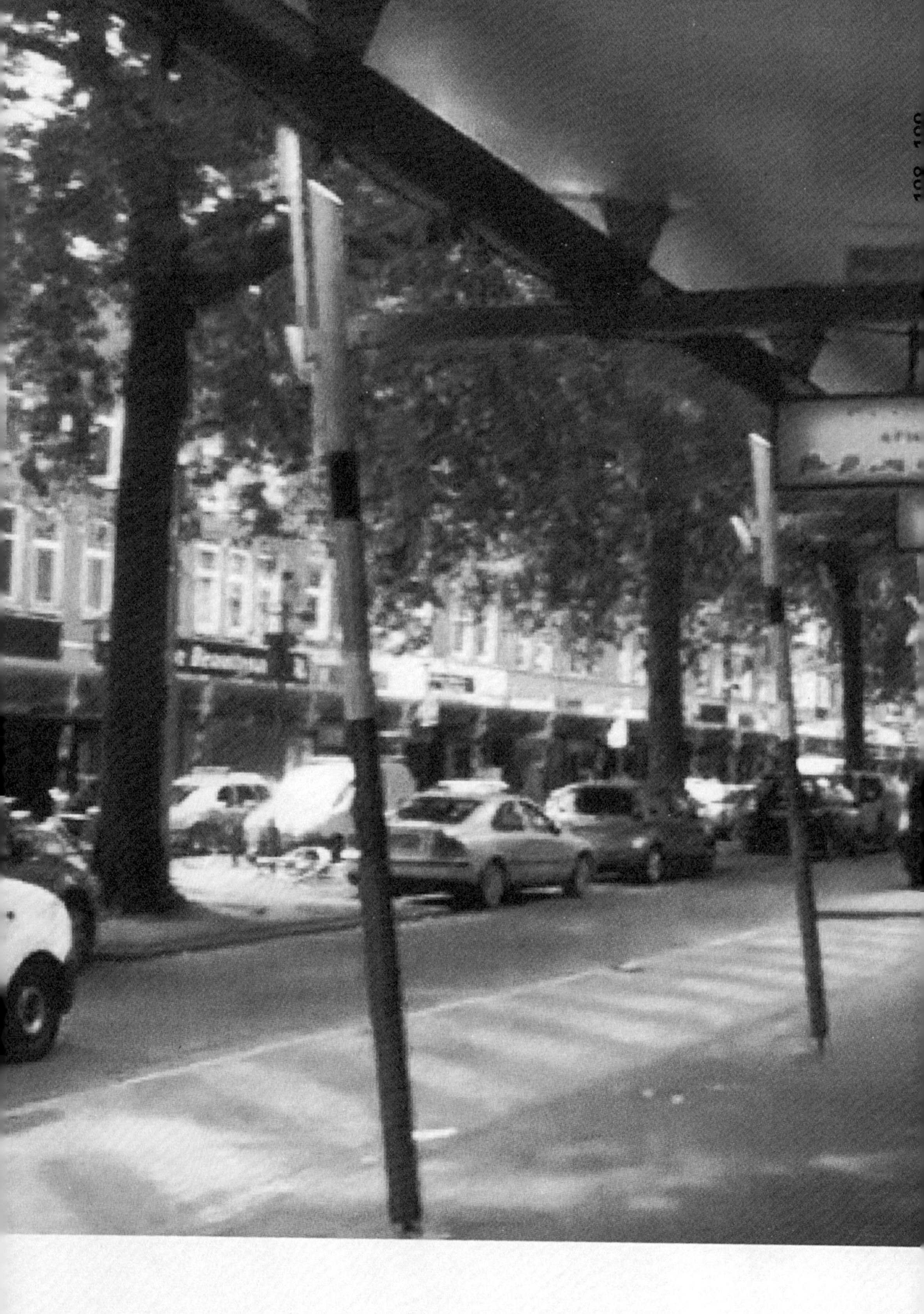

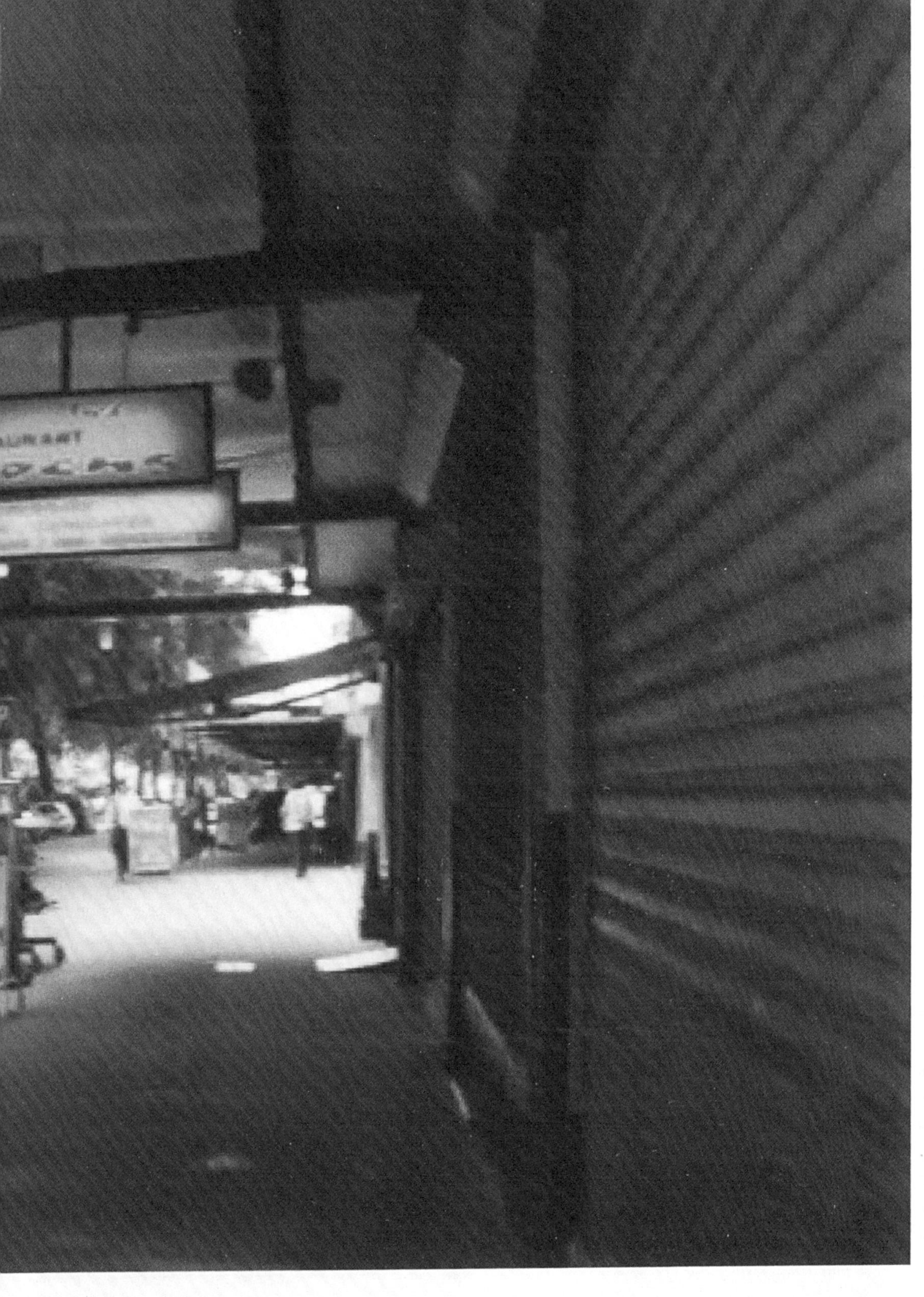

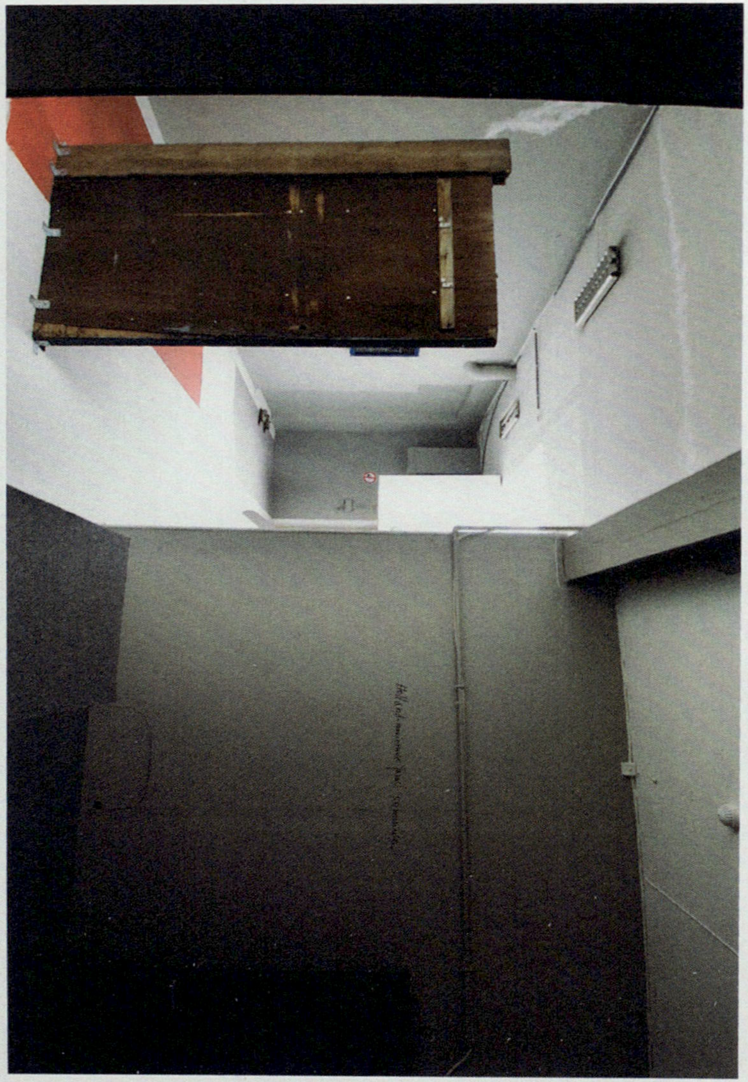

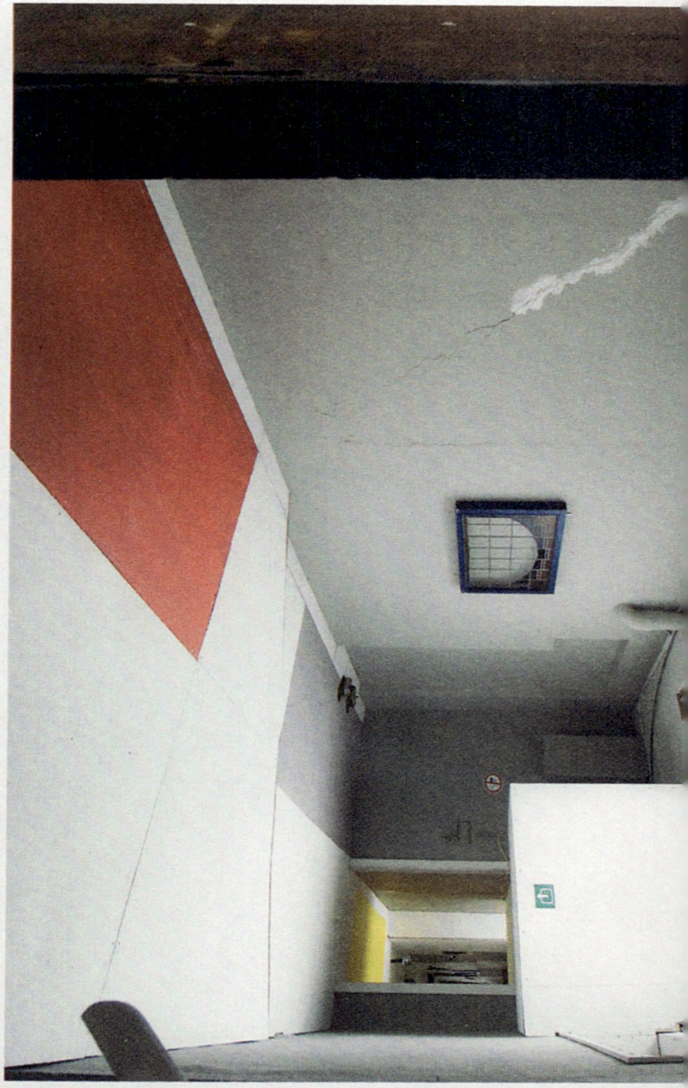

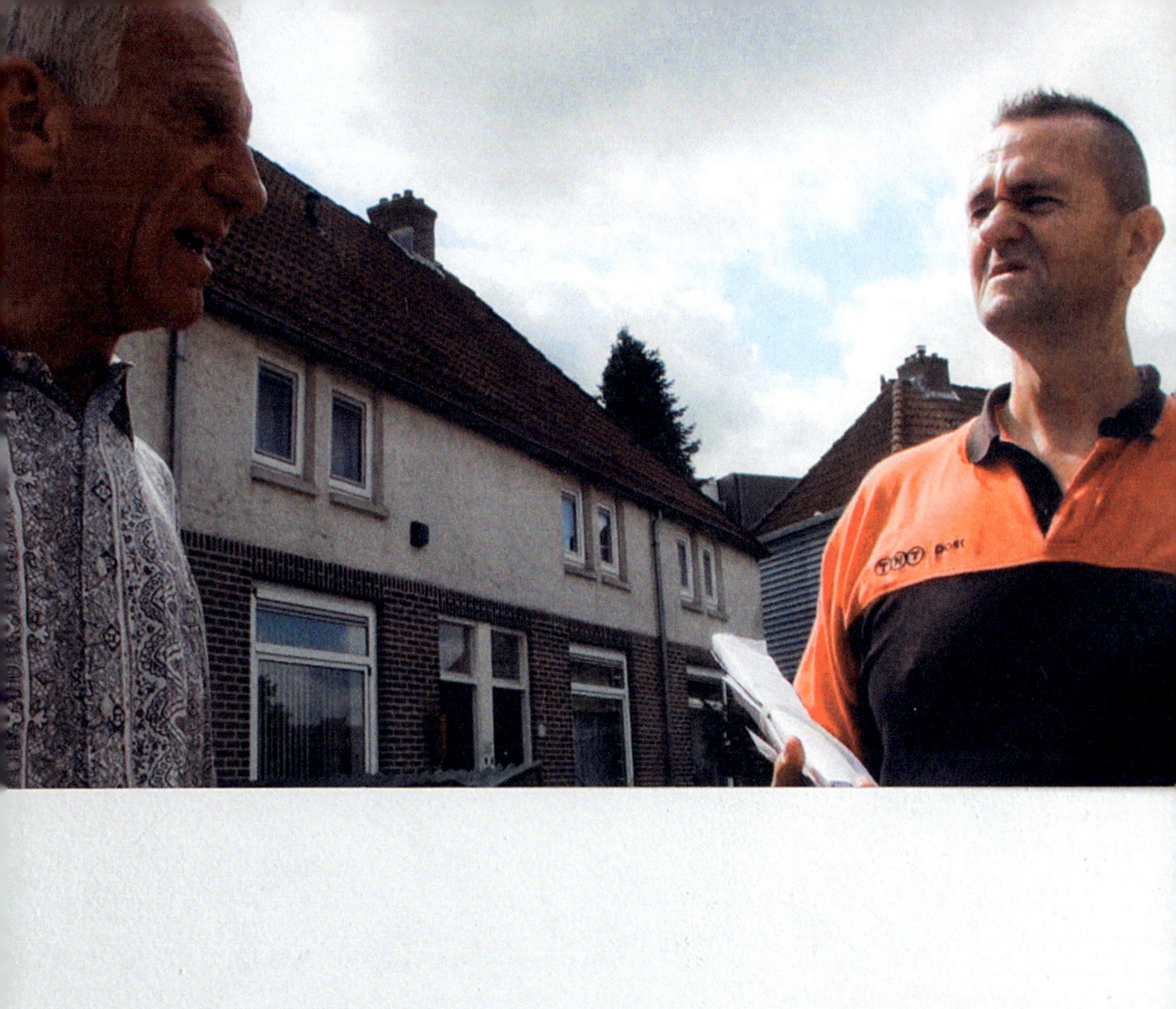

stad die vroeg of ik hem de berg op
zou duwen, hij was uit het
Maasstad ziekenhuis
opgenapt met een knie die niet meer
was ik heb hem in de auto gereden
naar het maasstad ziekenhuis
hij heeft Willem heel lang verhaal
over ghana met allemaal vrouwen
erna heb ik hem naar boven geduwd
verpleegsters waren bezorgd

ug.
waar wordt toch ook gezien als een bac-
een virus.
            parasiet
S hollandse virus

→ Niet meer Ziekenhuis

aug. parasiet v/d Samenleving.

—eerst mezelf heel veel afgevraagd
    op de grond.

Janus, 2012, 44:56

"An artist is in fact a kind
of bacterium."

Janus, 2012, 44:56

"Ja, de kunstenaar is ook
eigenlijk een soort bacterie."

Brielselaan
Maashaven
Maashaven Oostzijde
Maashaven Zuidzijde
Dordtselaan
Mijnsherenlaan / Pleinweg

"It's the Moroccans' turn!"

"Dit is de tour de Marokkaans!"

16 juni   terug uit Basel:
morgen marien
M + E over bg geloof en denken dat doe
7 juni Marien   hopstakt helst.
scifen op straat met jongens die
goedkoop cigaretten willen verkopen

in de onderzeebootloods over de jon
de acteurs die bovenop de container is
hoe hij speelt.
marien wil tegenslag.
Wat ne met acteurs bij elkngreen e
Drag set. acteur acteur.

19 juni
moet het nietgaan over wie is erik
en waar is erik bang voor?

2 juni;

Door zomer gasten zie ik nu chilibeeld
stadions met mannen die in de cata
mishield worden. en in de stadions cigaret
toe gestorpen krijgen. → regressie

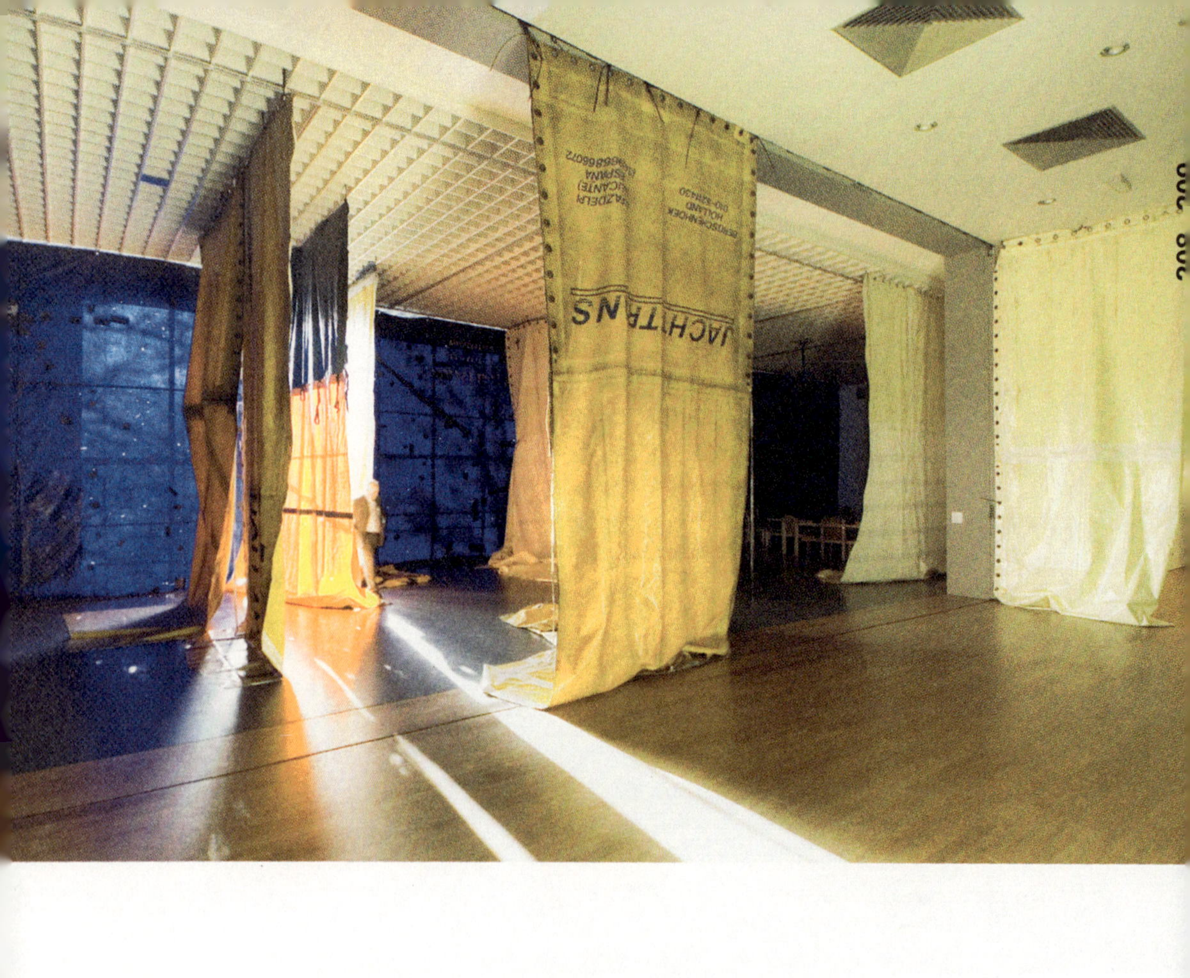
JACHTENS
MAZDEUR
ALICANTE
ESPAÑA
010-57430
HOLLAND
96868660/2
DEUTSCHLAND

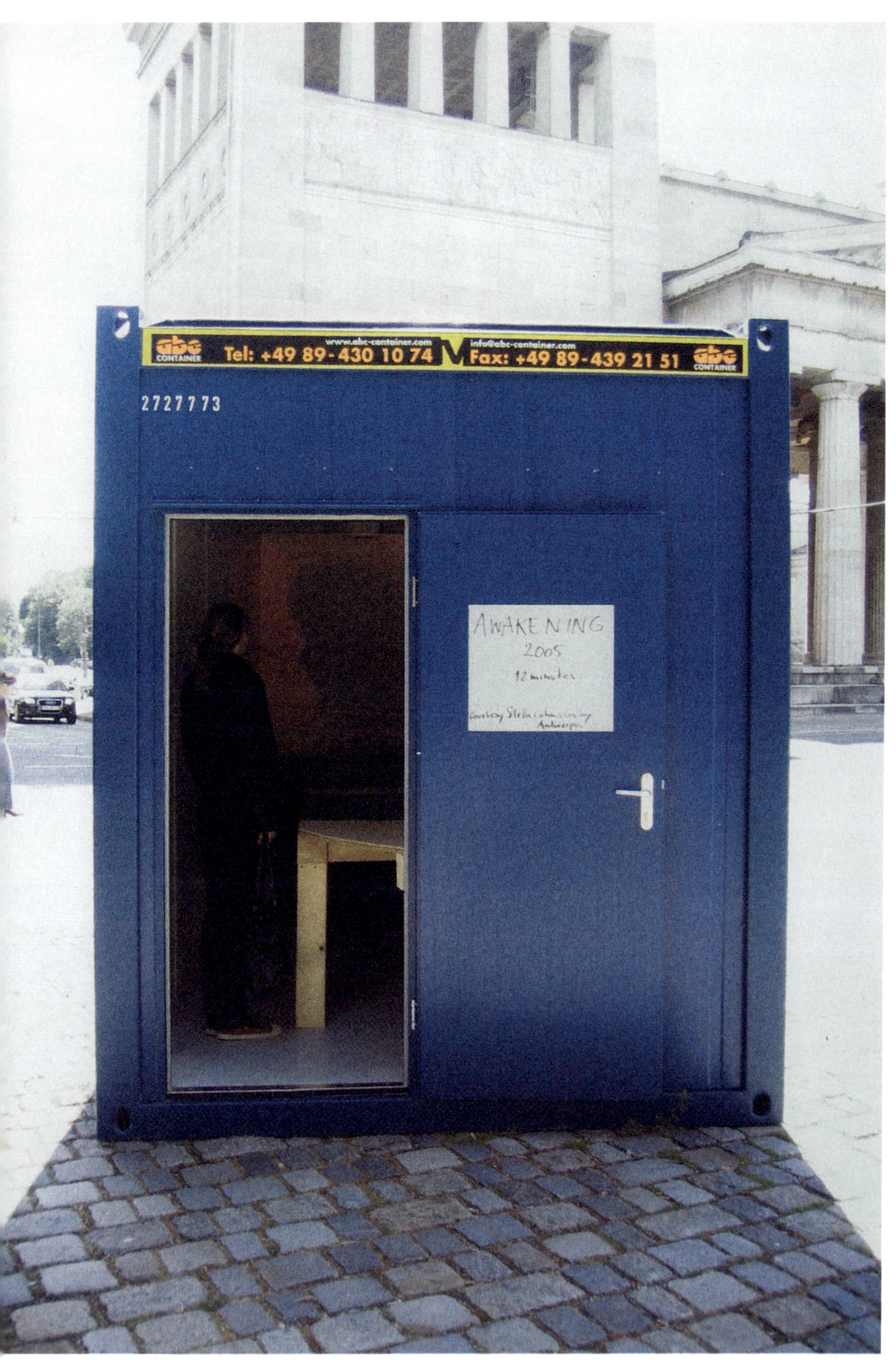

abc CONTAINER
Tel: +49 89- 430 10 74
www.abc-container.com
info@abc-container.com
Fax: +49 89- 439 21 51
abc CONTAINER
2727773
AWAKENING
2005
12 minutes
Courtesy Stella Lohaus Gallery
Antwerpen

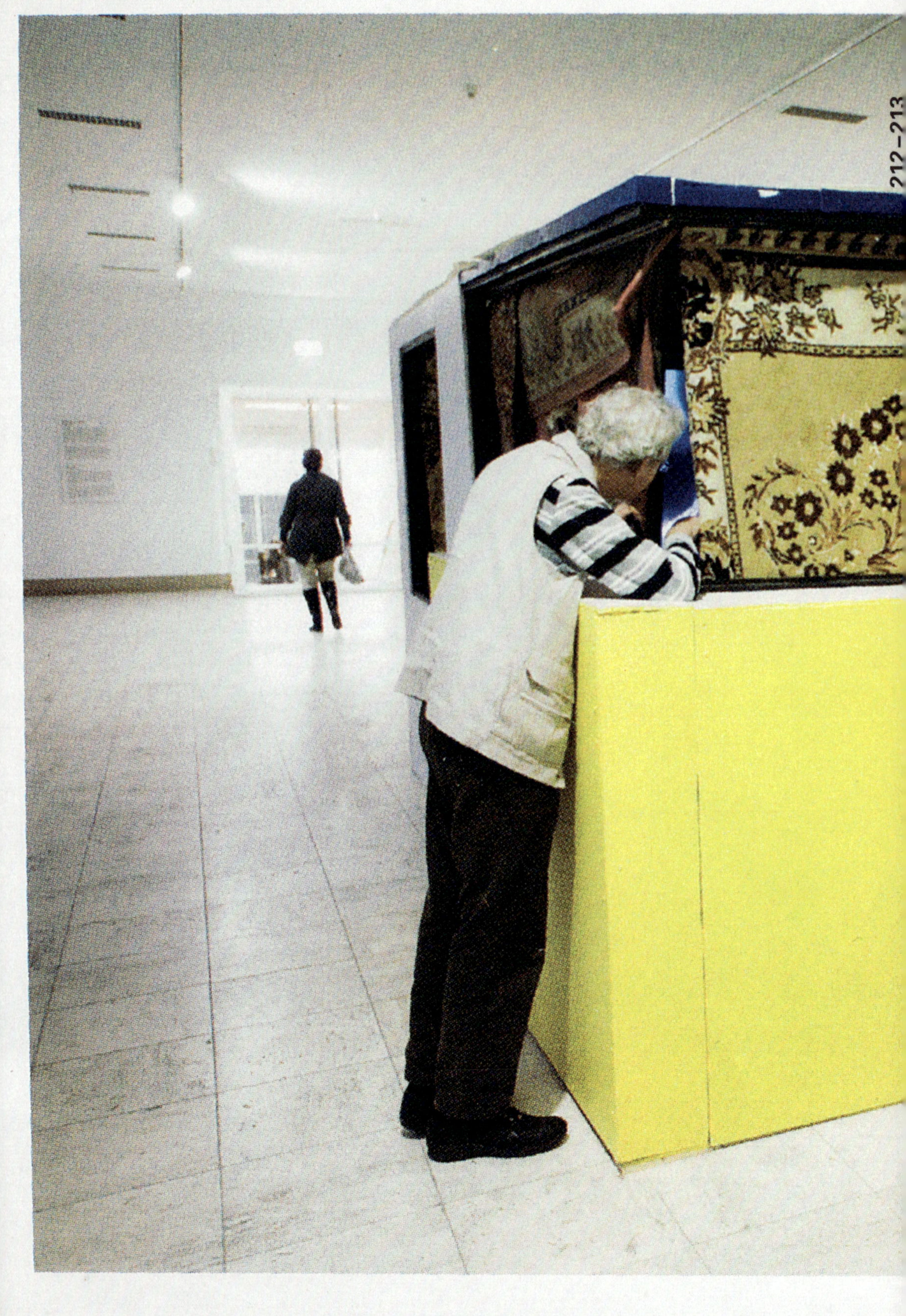

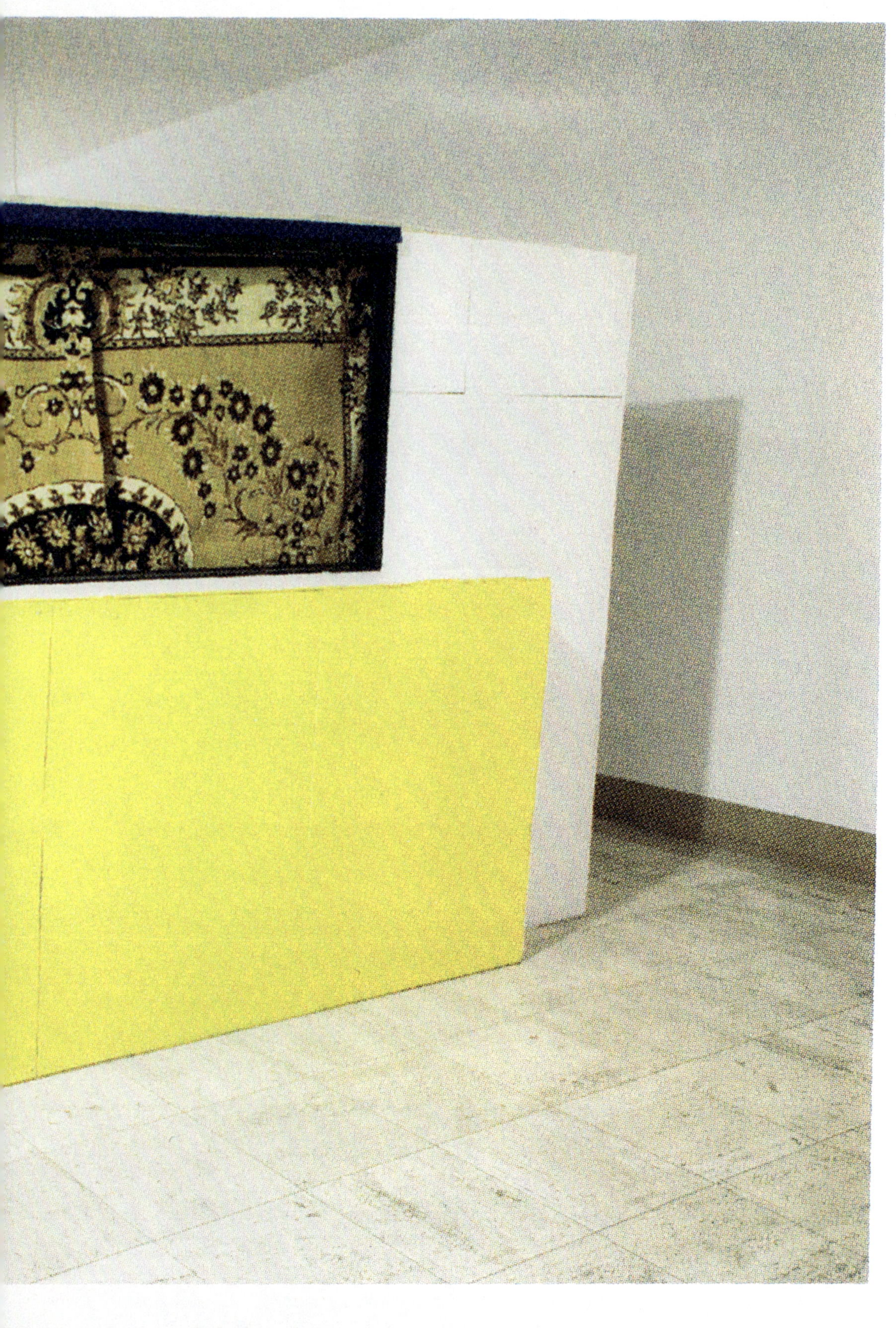

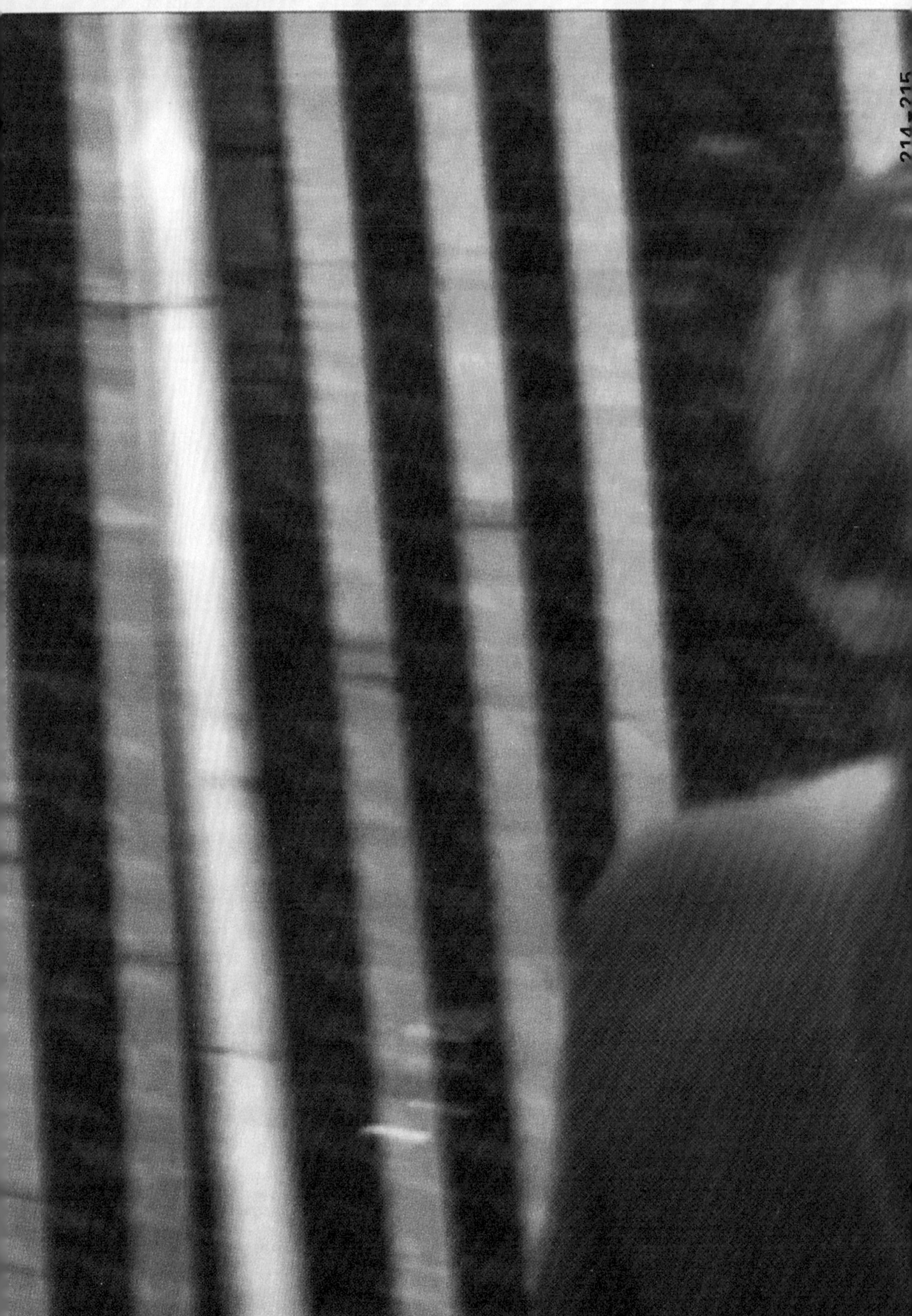

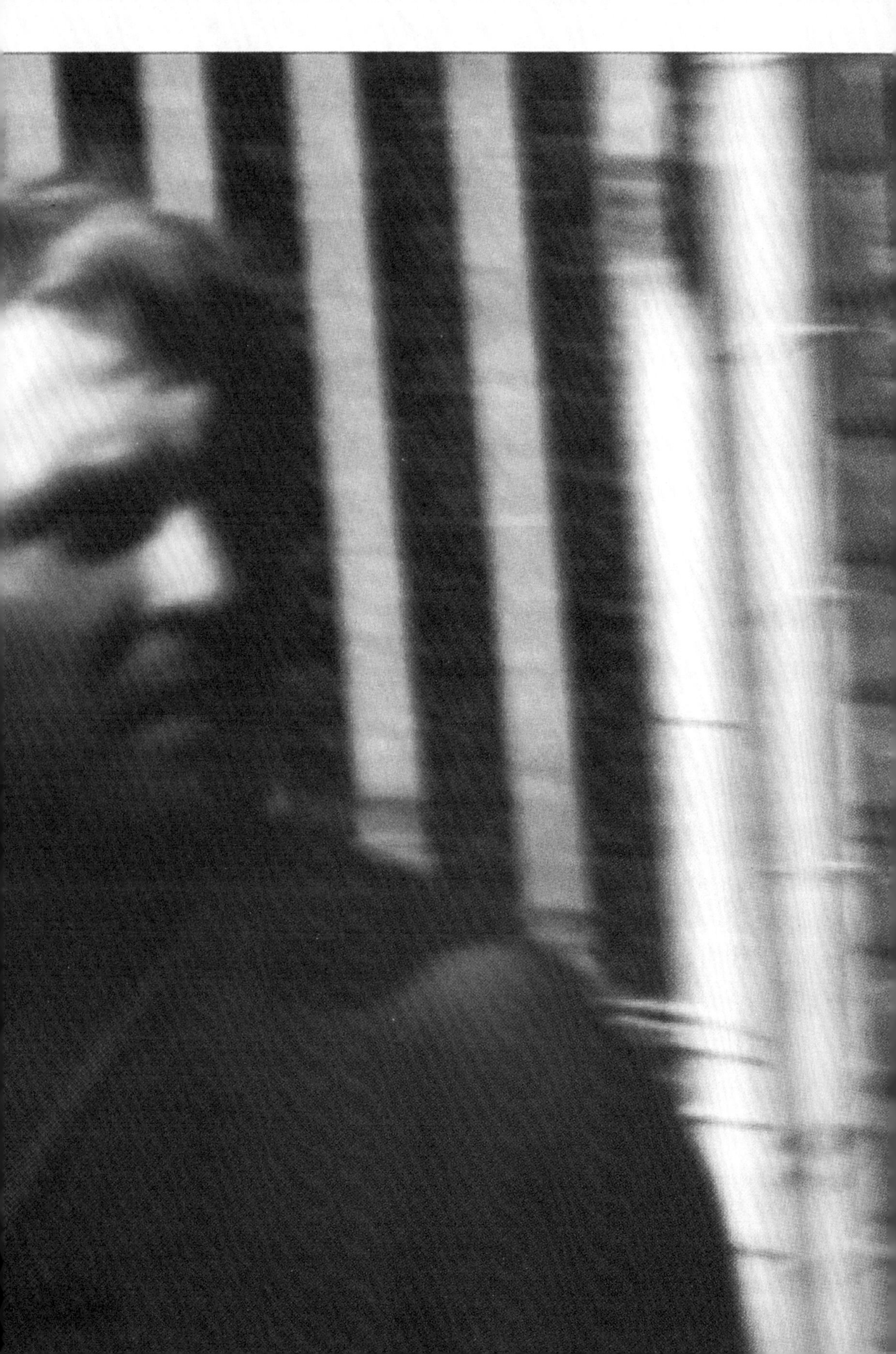

Bart

film met opbouw en ver rustig

Bart Doan dope. Bart Zuidplein de

Bart wil.

Das
e film begint heel rustig met Bart die mediteert (gaapt) bij
muziek, dan krijg je die rare beweging van hem das
te ~~opst~~ en een portiek zit.
je zou ook alleen de zuidplein scène kunne nemen of opbouwen
elt opbouwen met Bart die voor het zuidplein loopt e
angs lope.
Dan houdt de Trash Erik haalt Bart uit zijn
dan gaan we dus op weg naar t devriend.

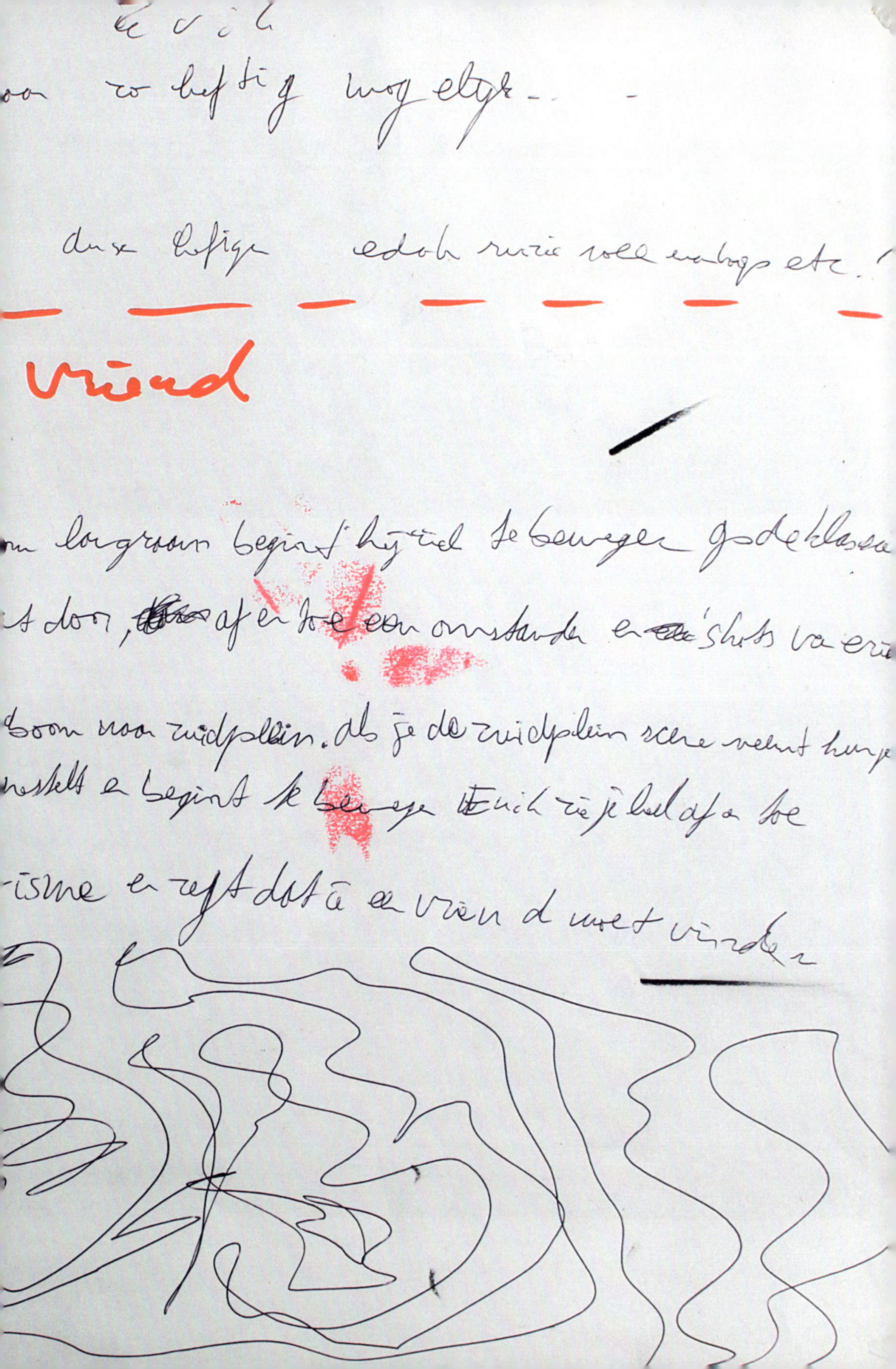

vriend

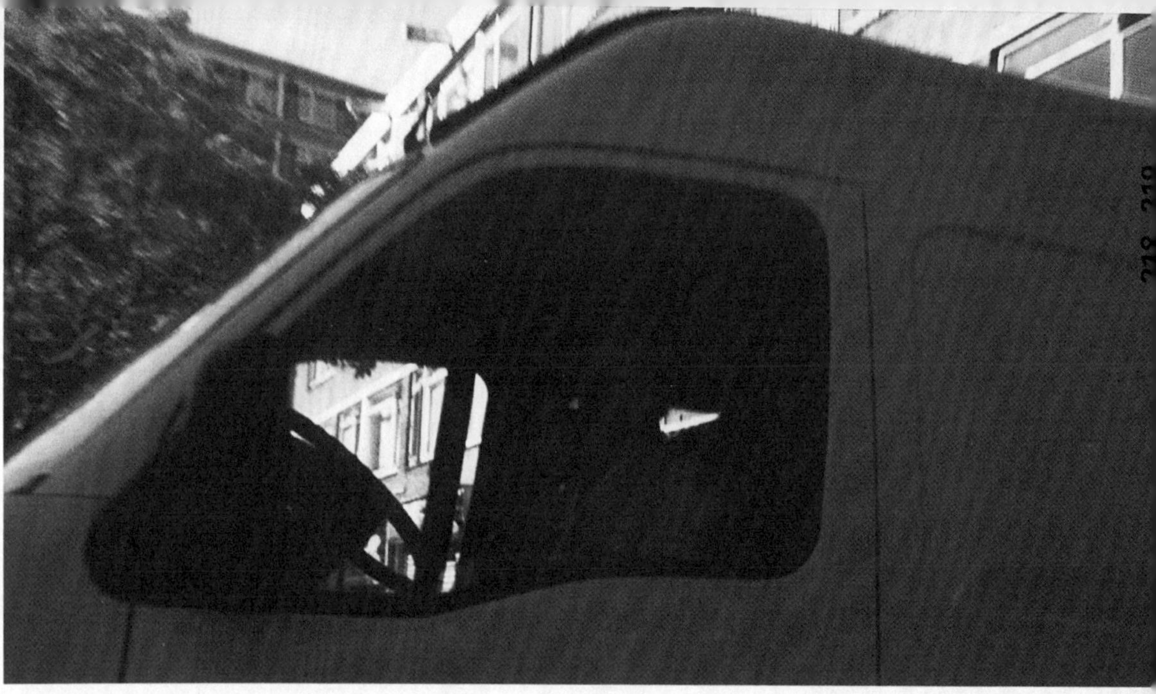

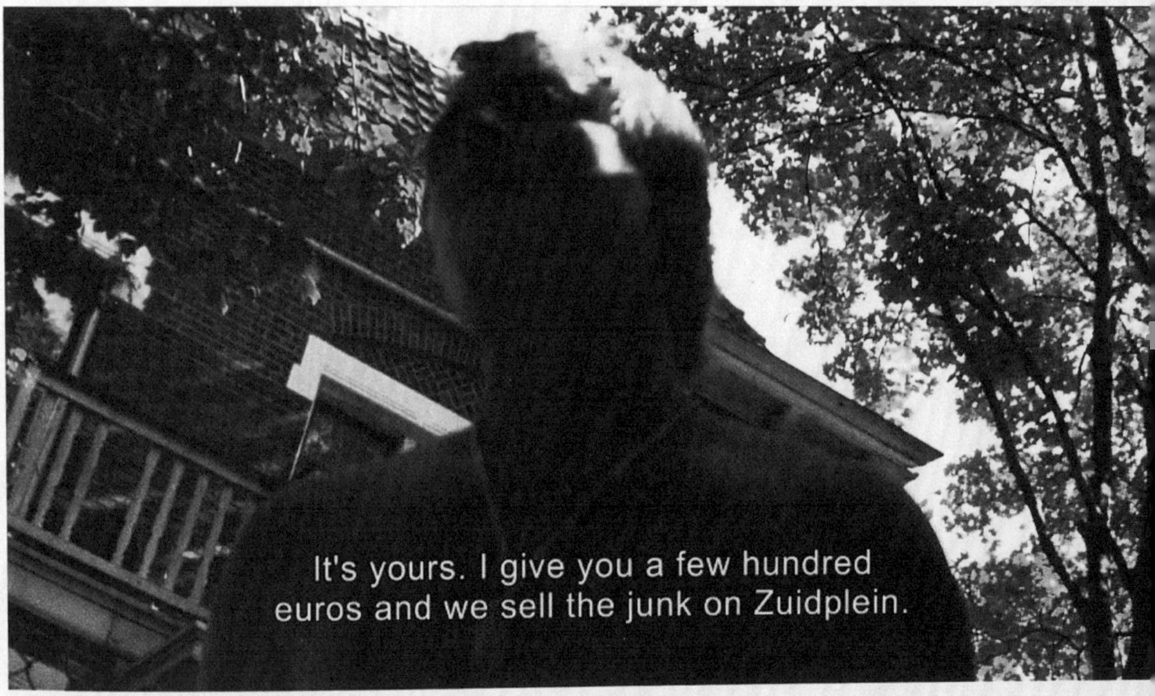

It's yours. I give you a few hundred
euros and we sell the junk on Zuidplein.

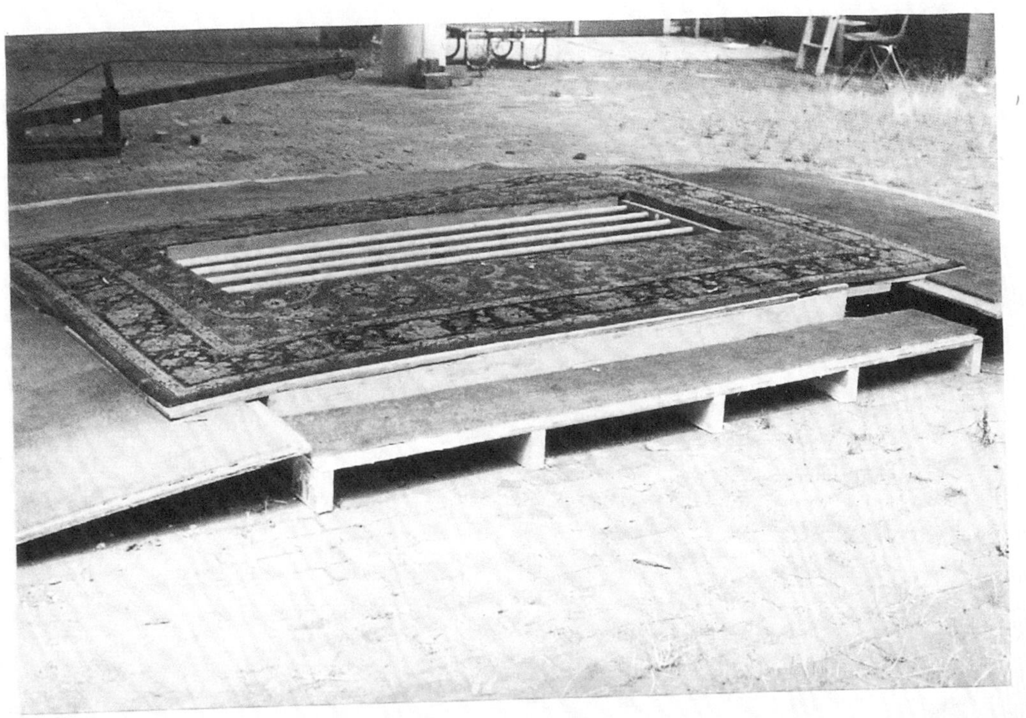

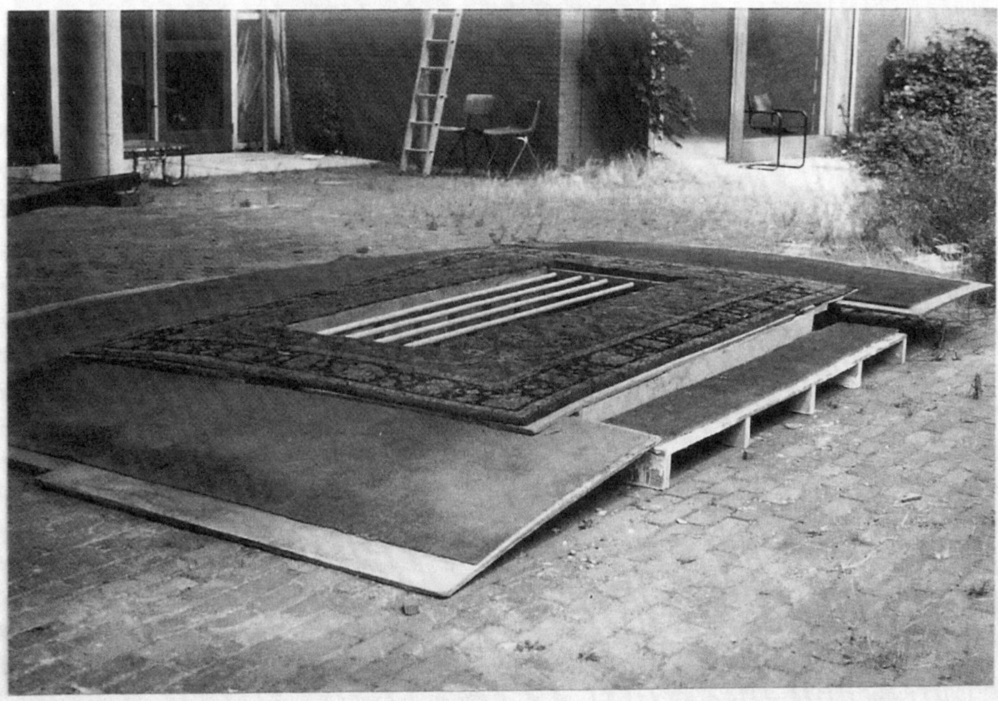

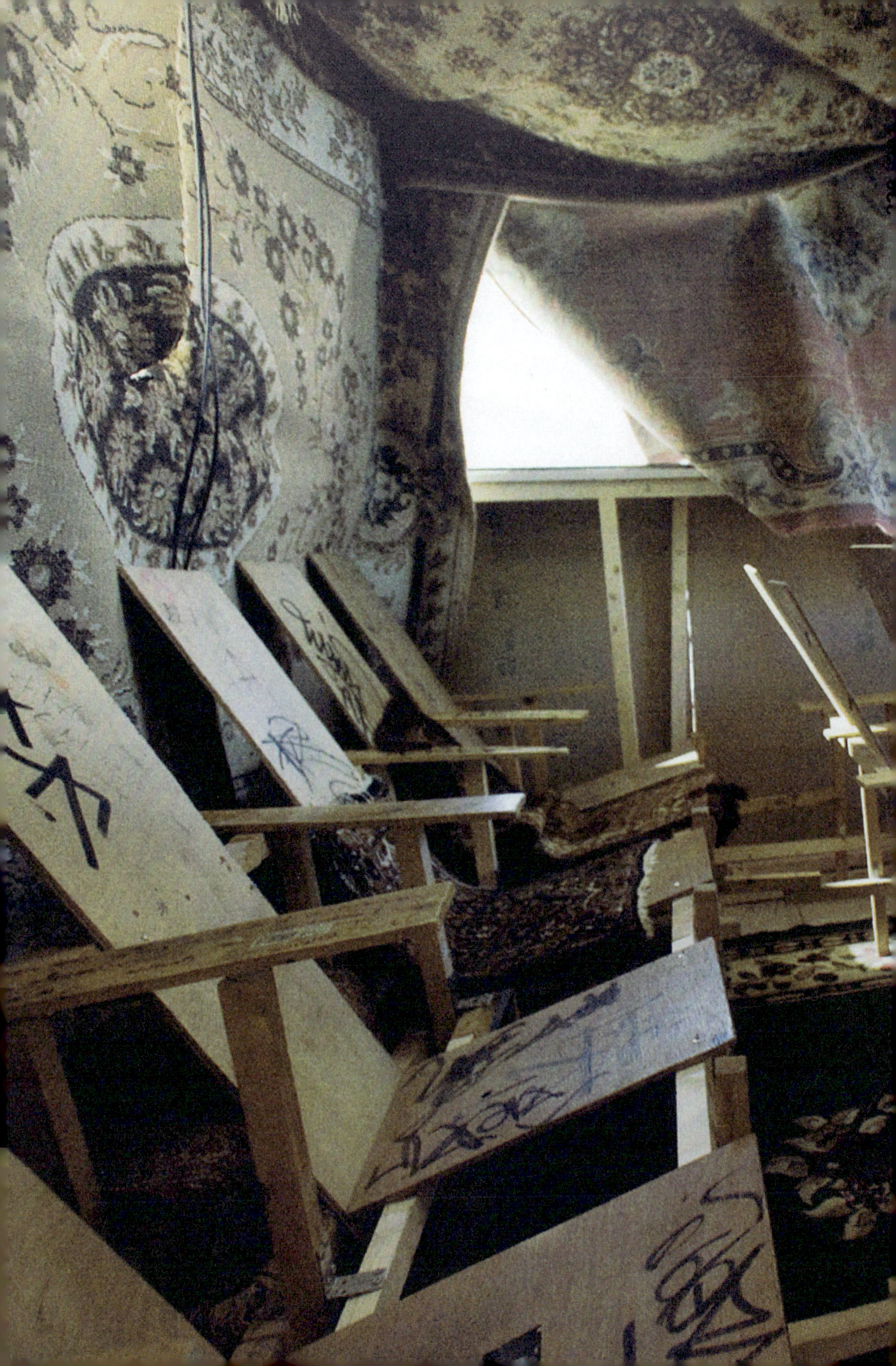

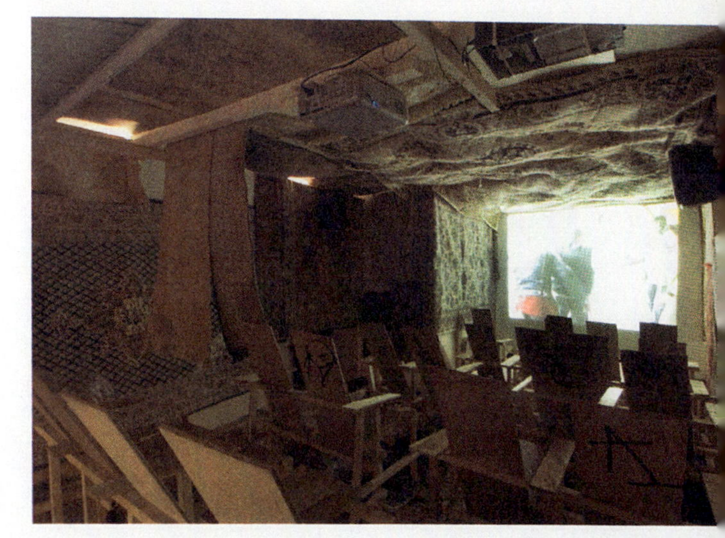

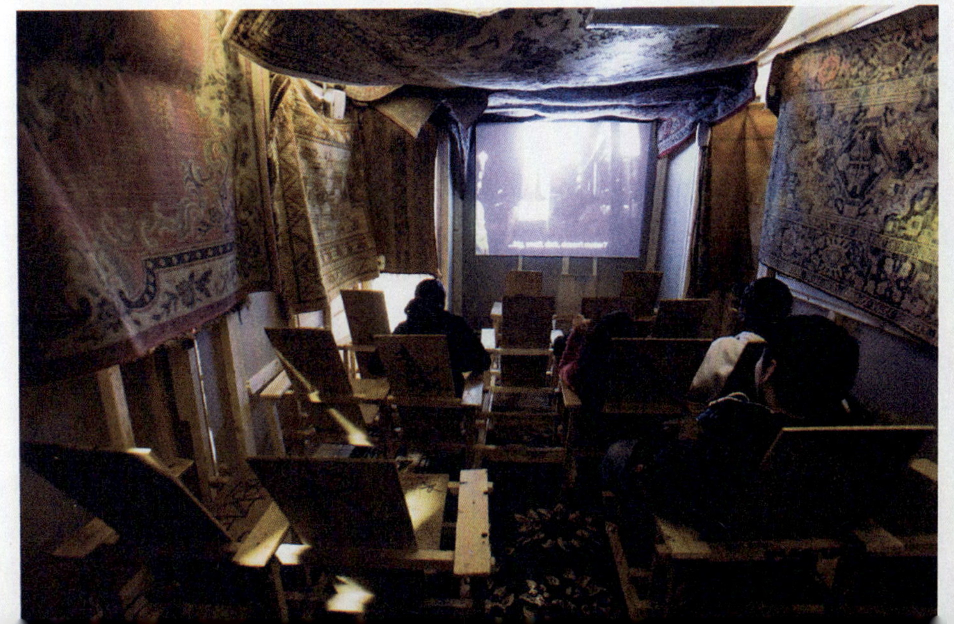

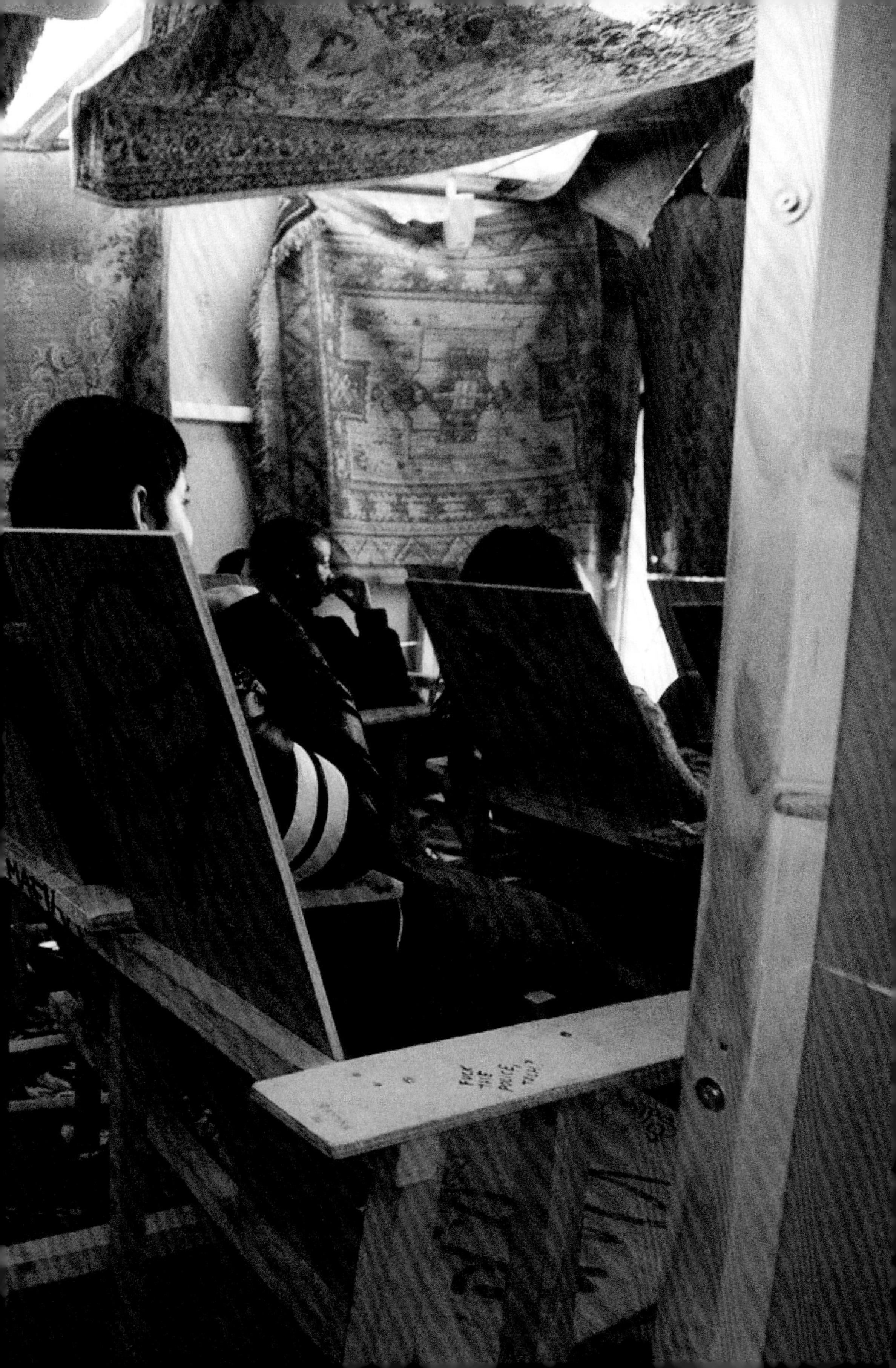
FUCK THE POLICE TODD

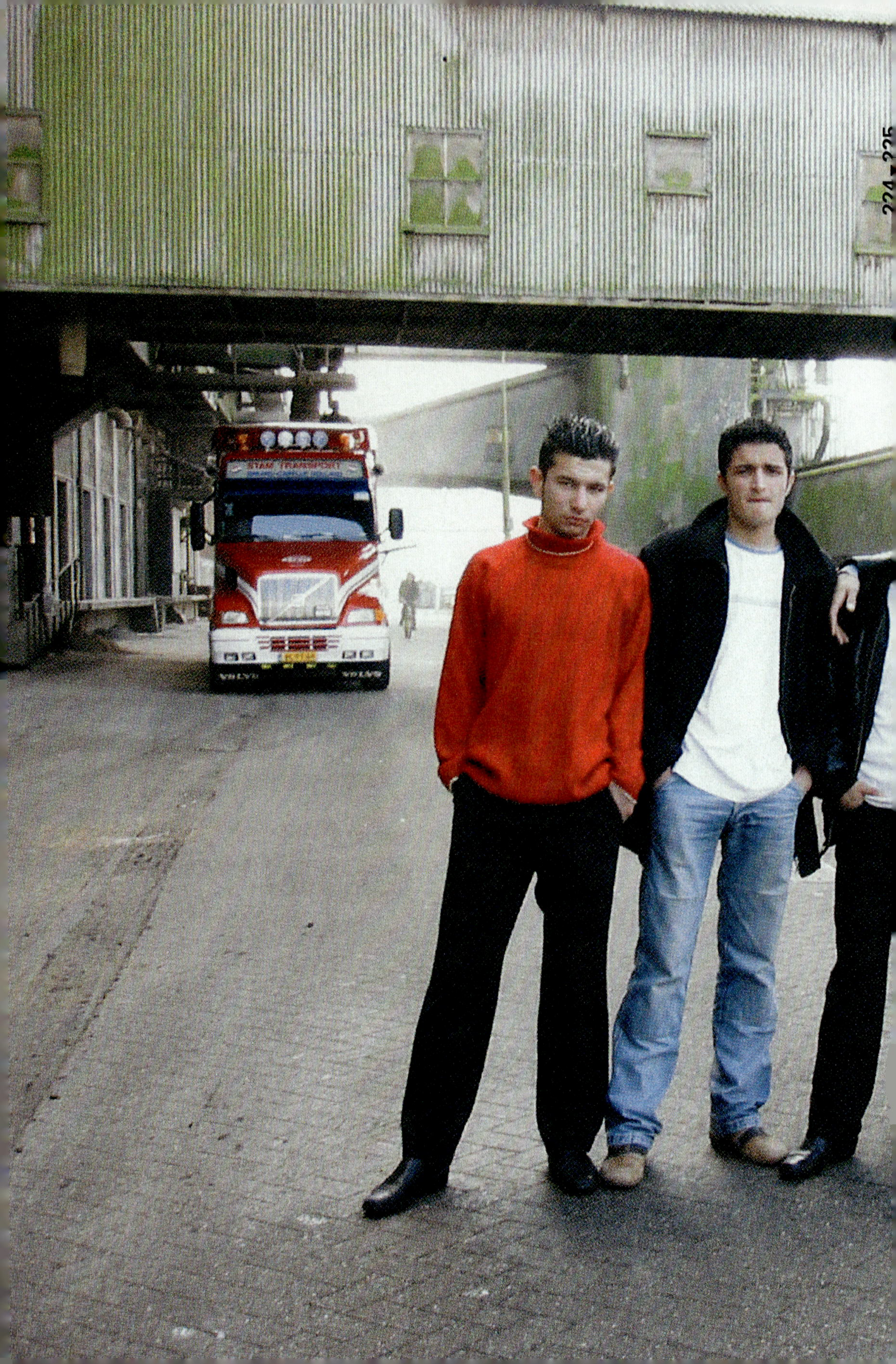

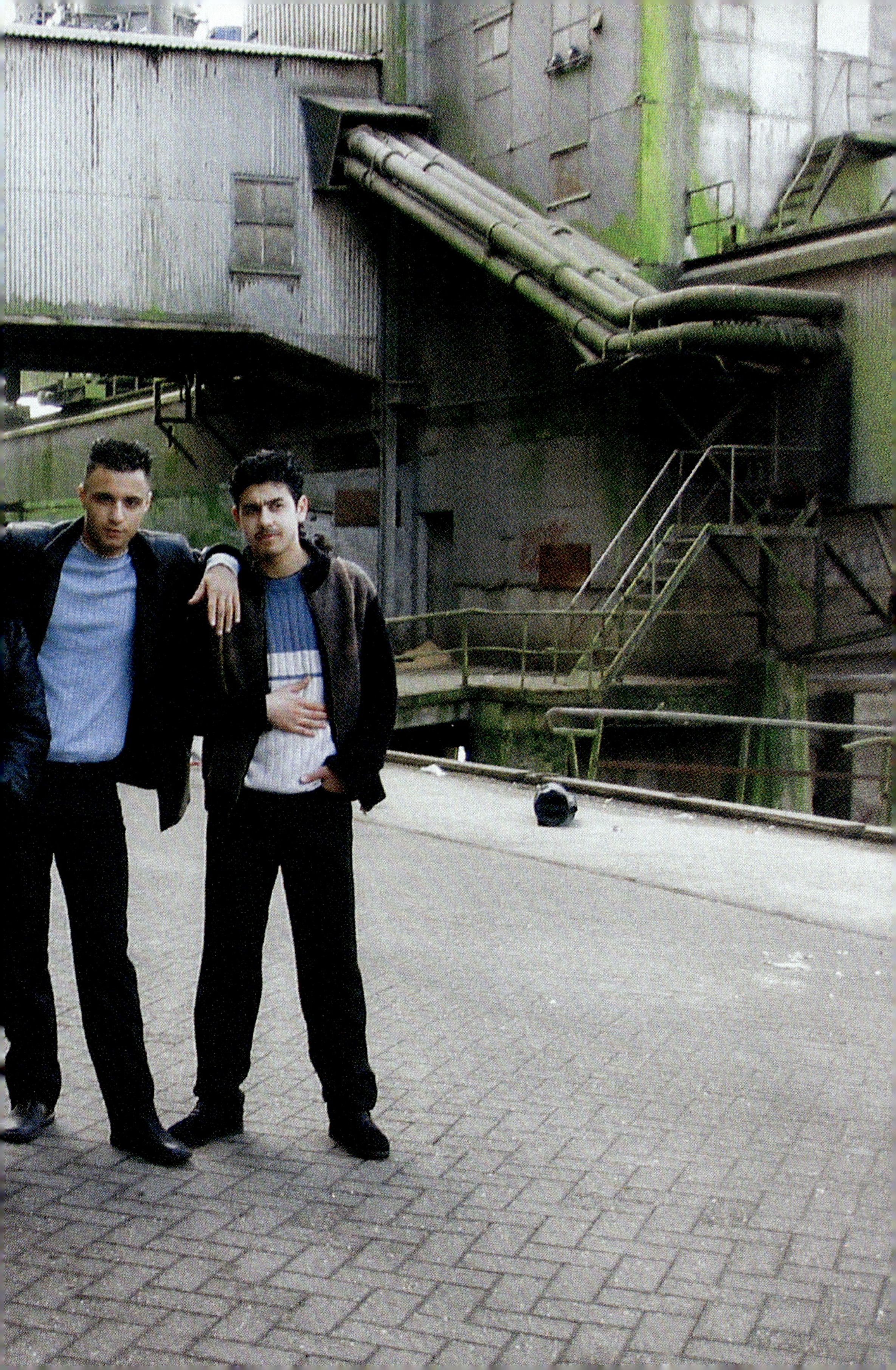

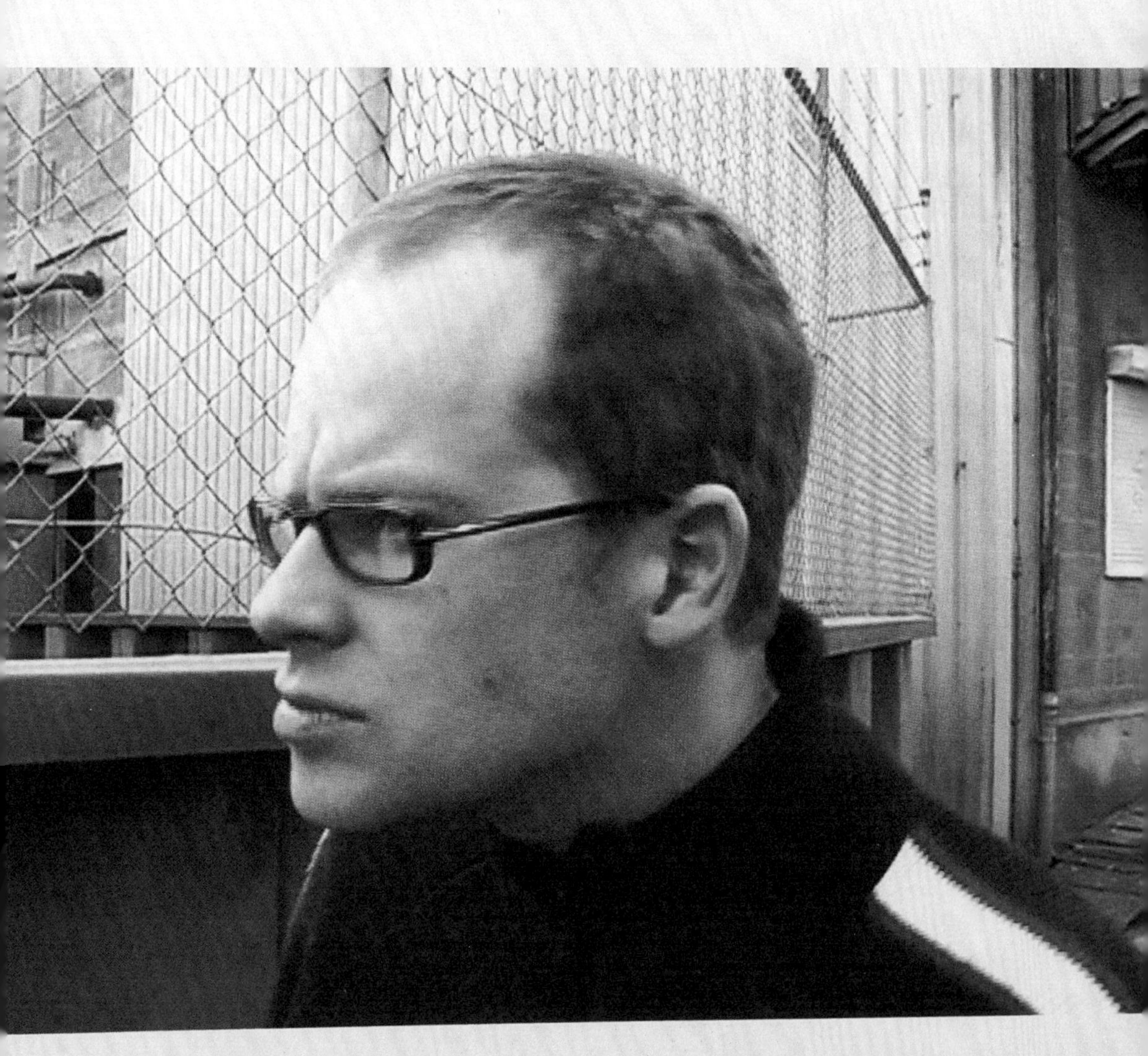

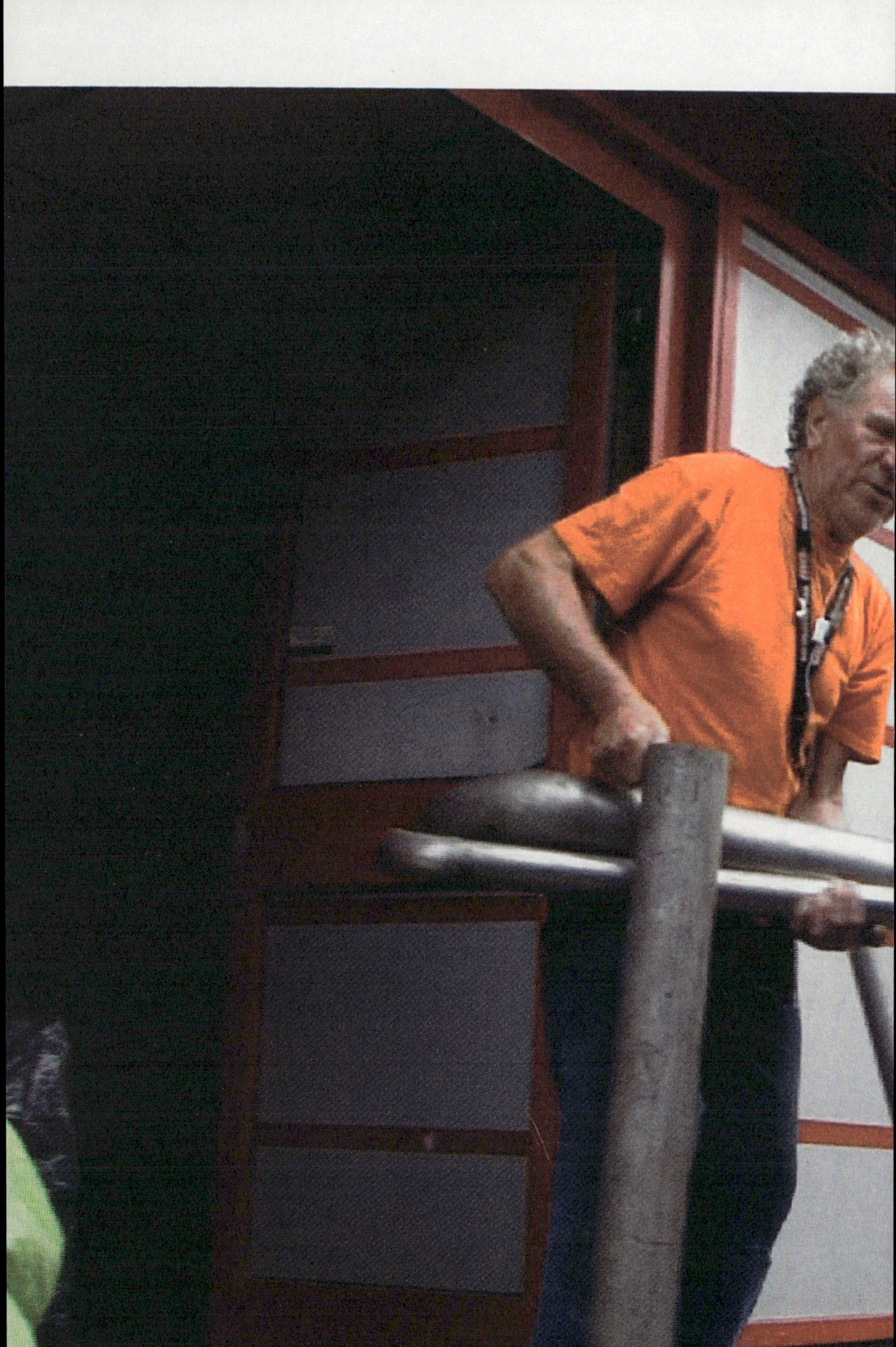

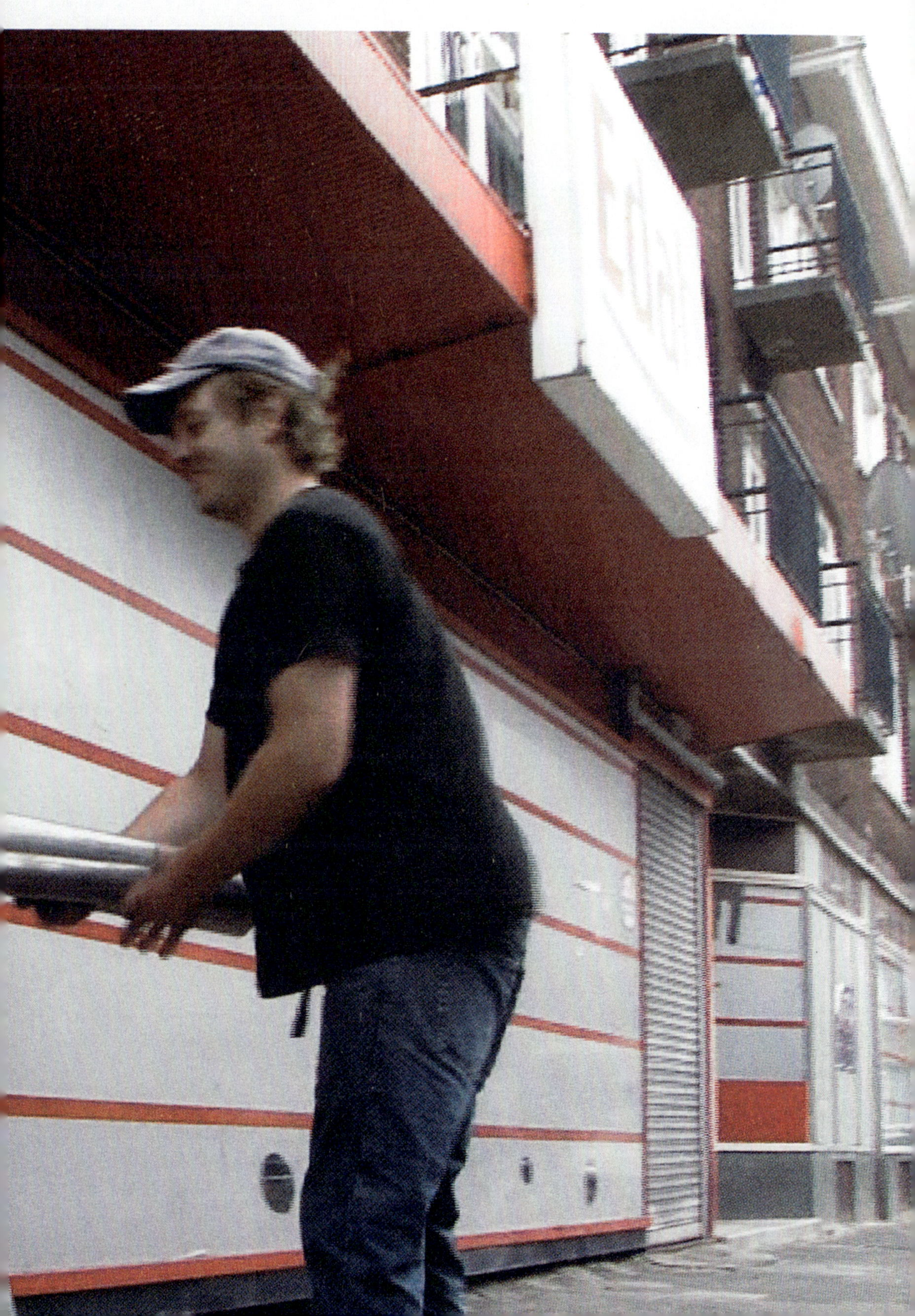

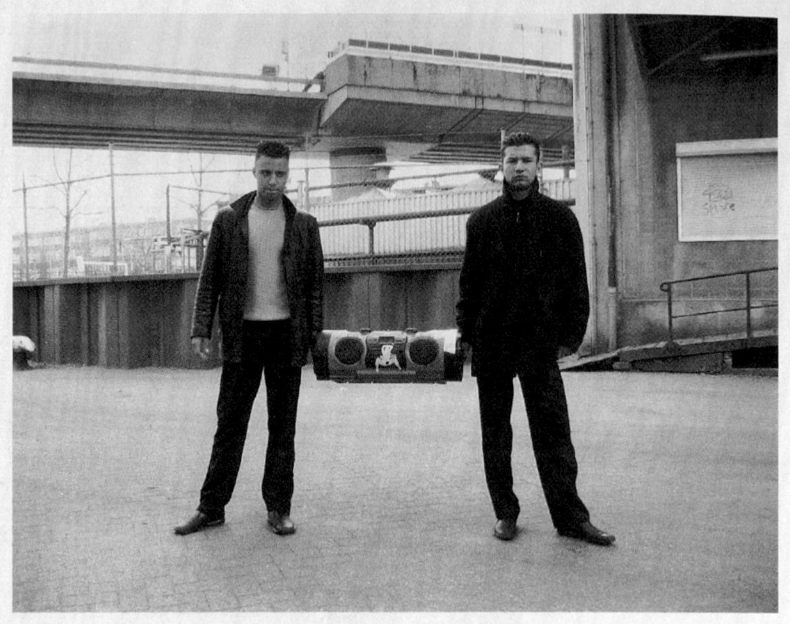

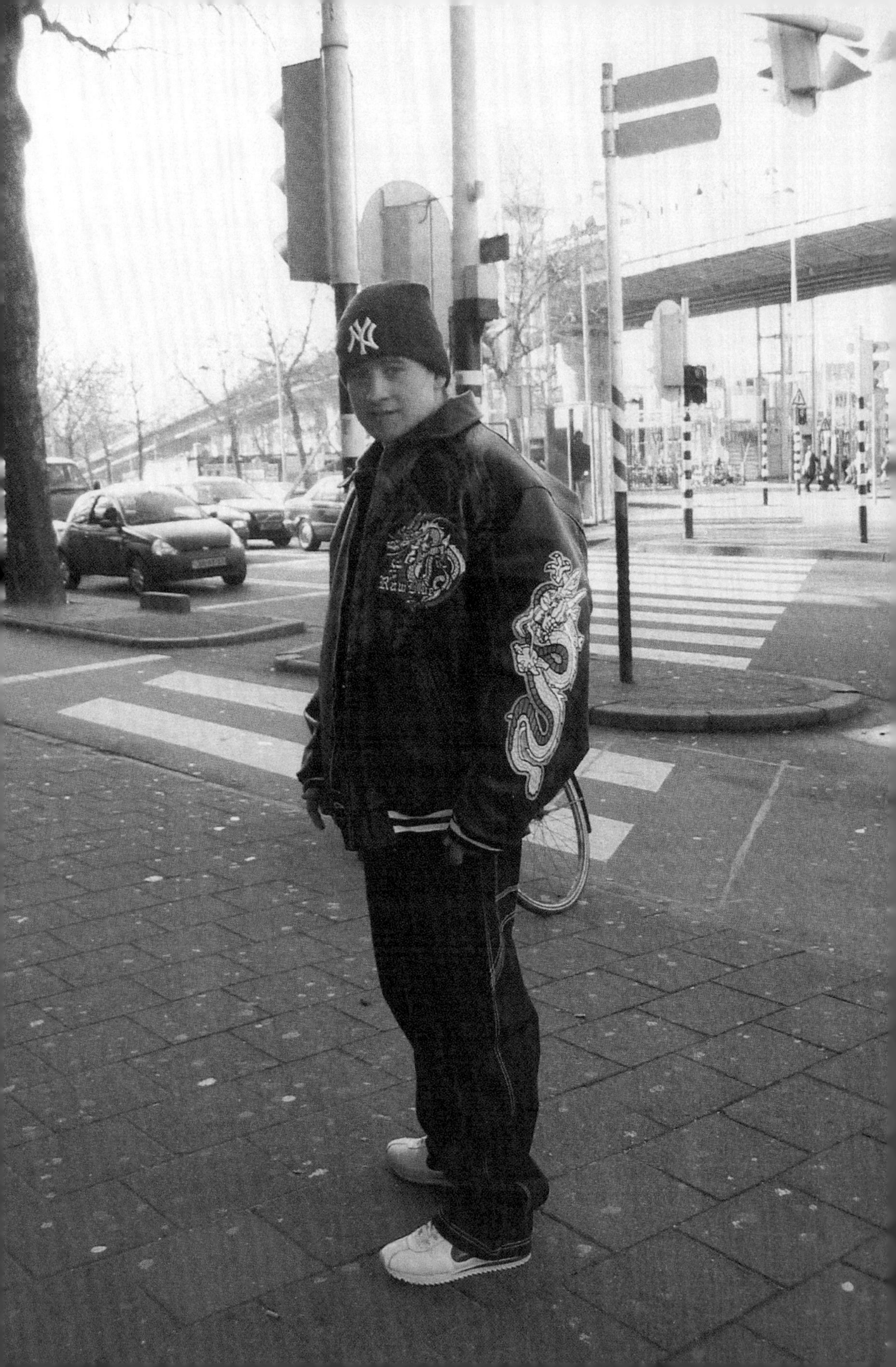

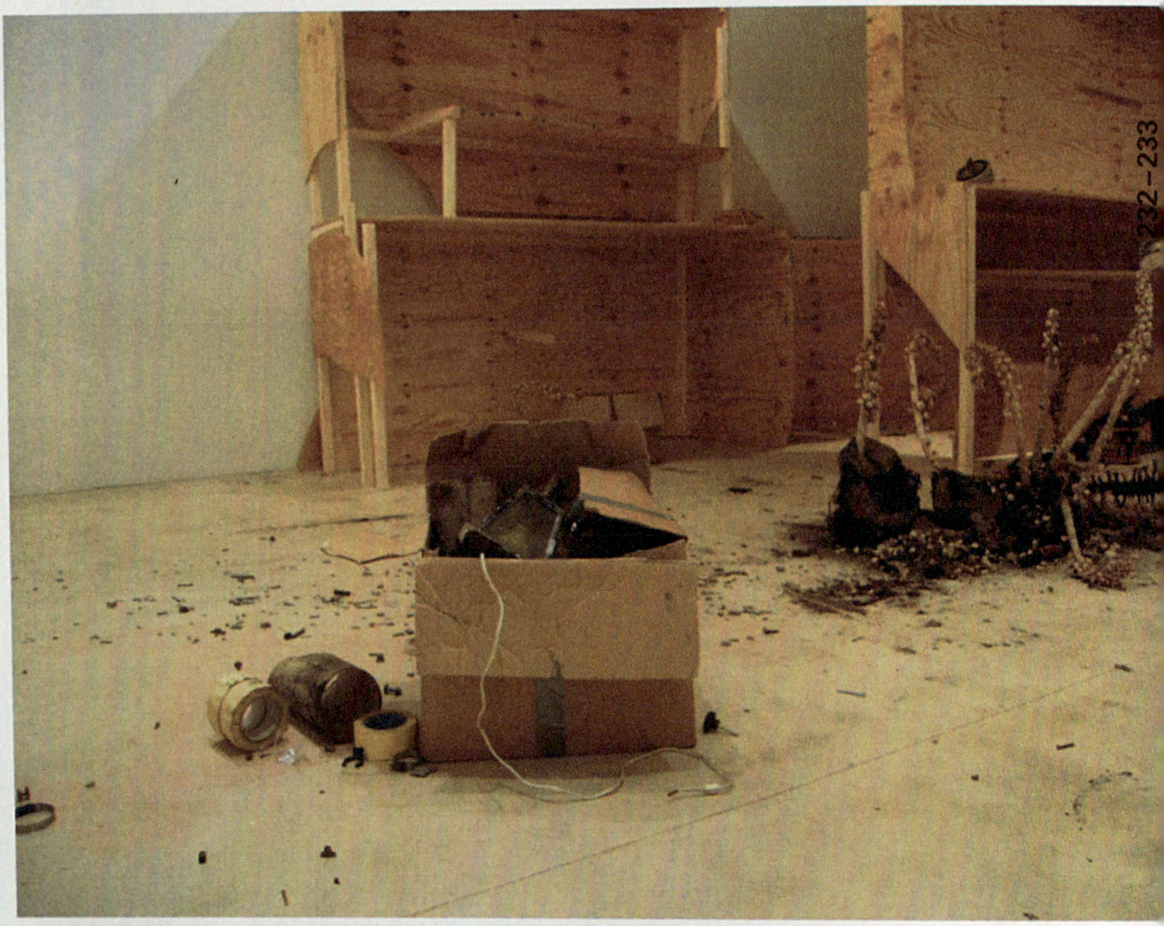

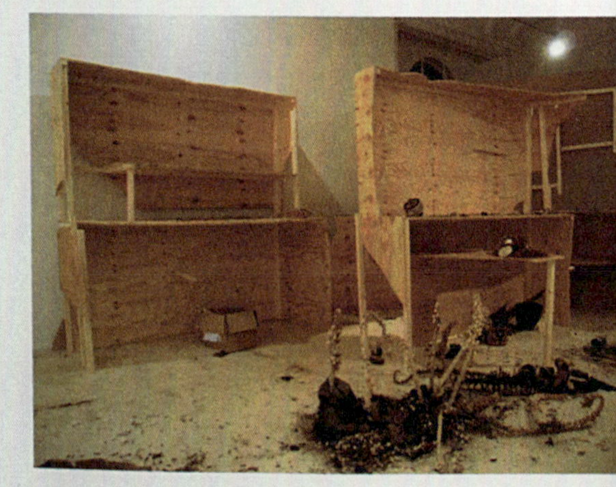

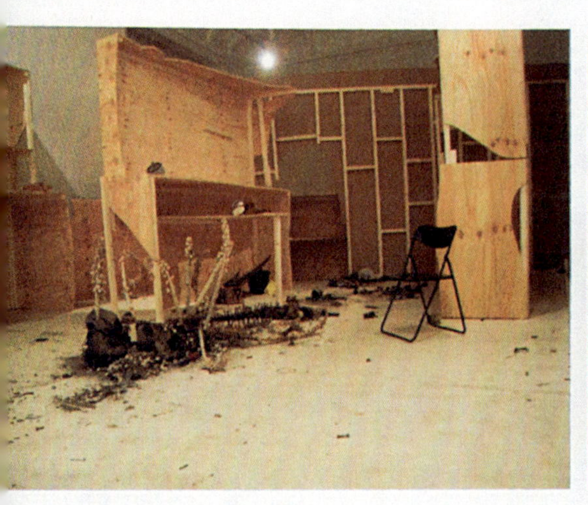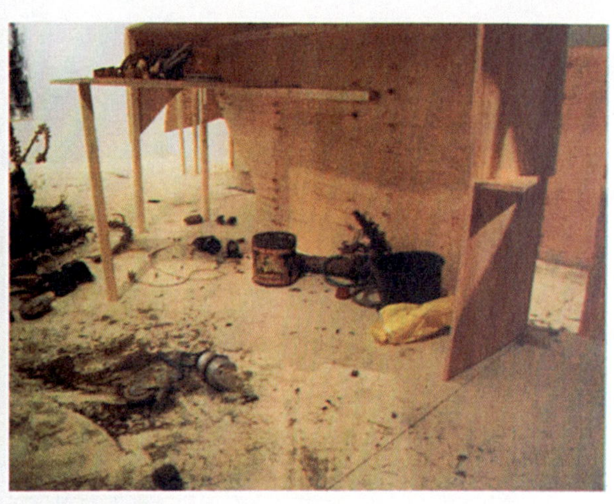

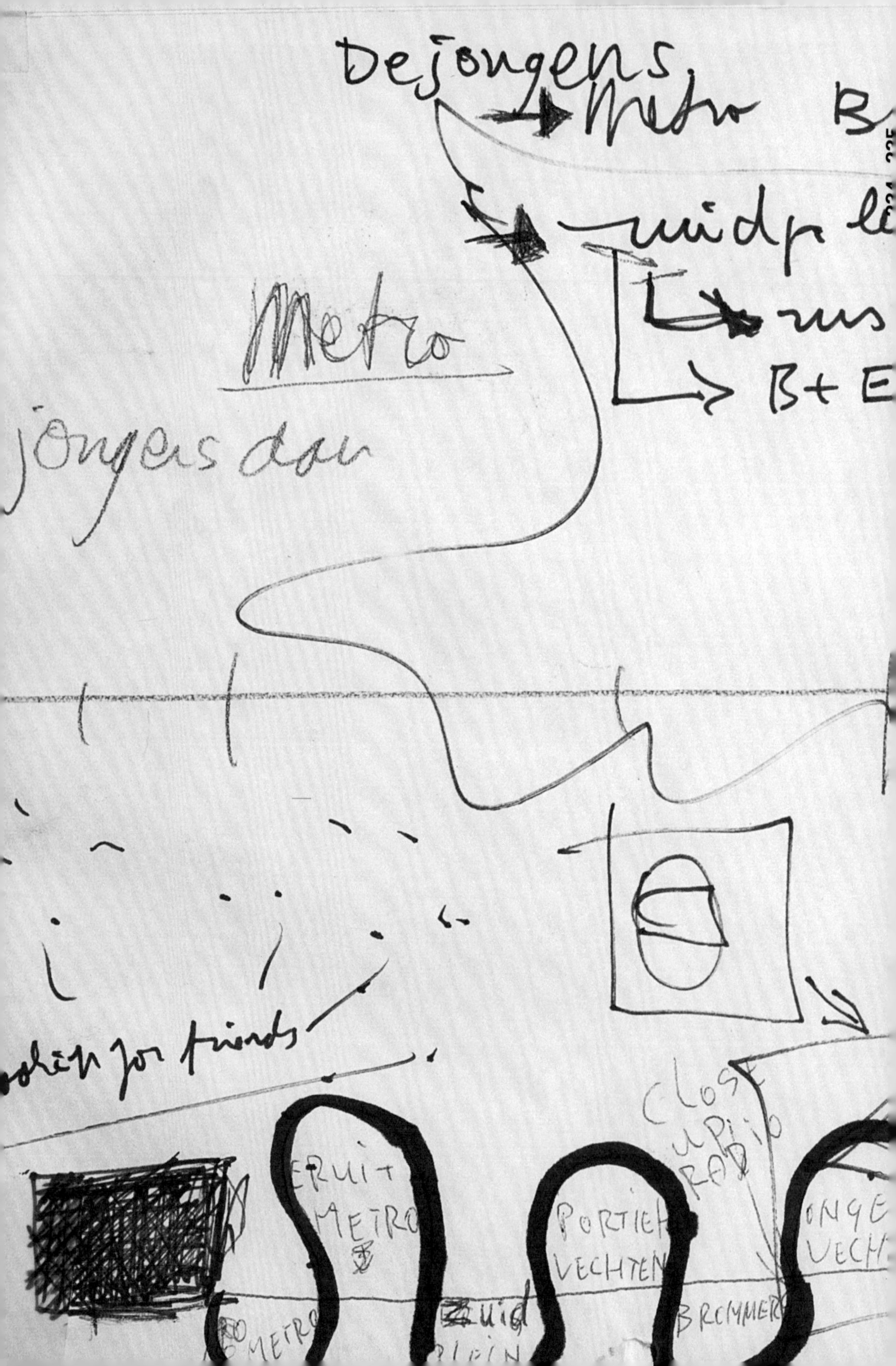

Dejongens Metro B

zuidp le

zus

B+ E

Metro

jongens dan

plein jor friends

ERUIT
METRO

ZUID
PLEIN

CLOSE
UP PIO
RADIO

PORTIEH
VECHTEN

BROMMER

ONGE
VECH

est side story aan.
mens Metro Brouwers ietsje pēd
moet uitgezonnen wordt.
moet echter.
van achteren emit. 2 X

Postech ringen.

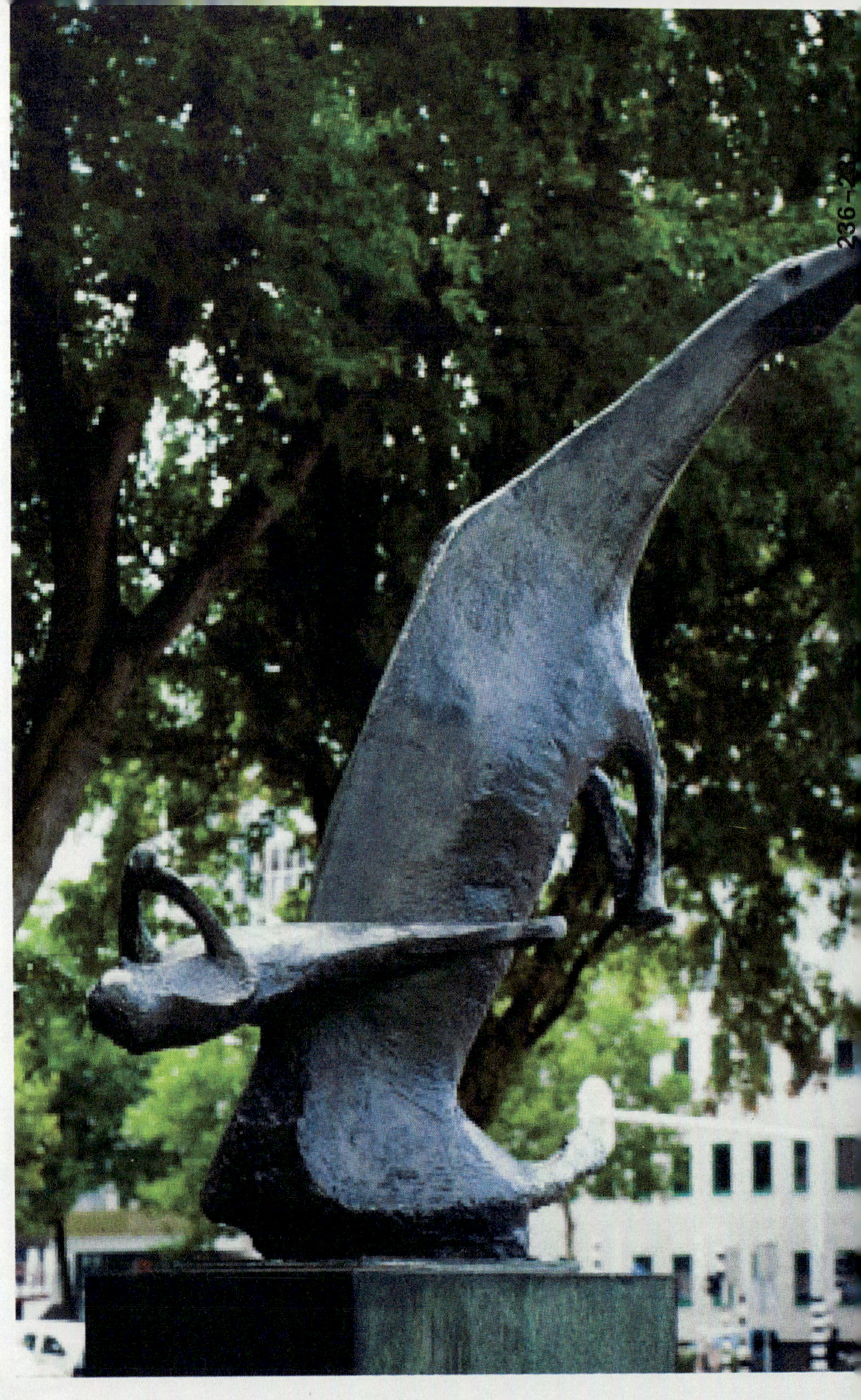

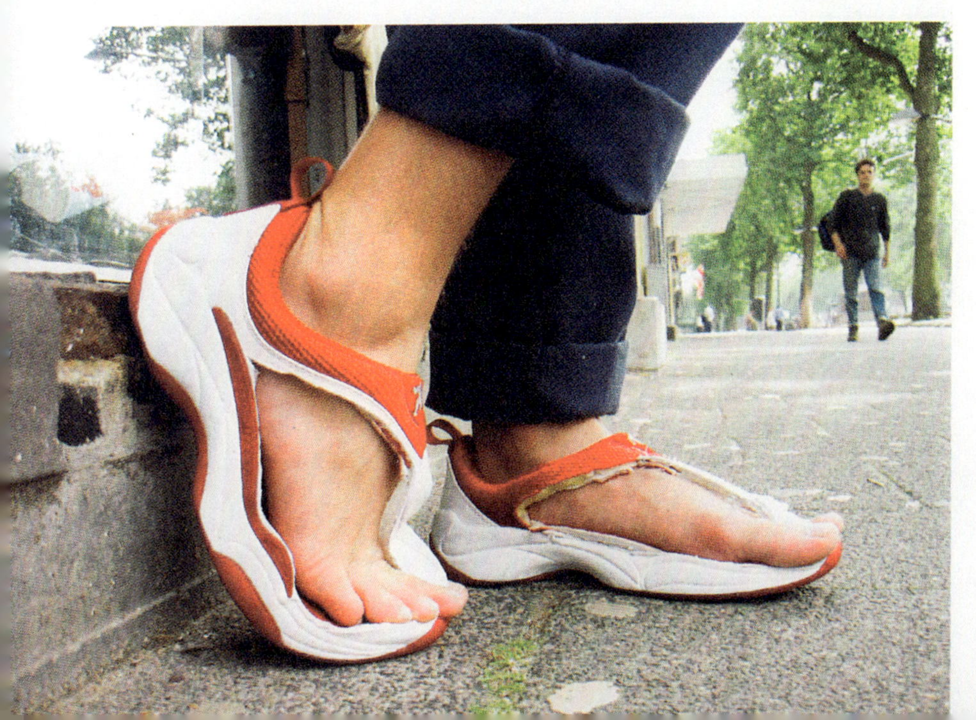

super scenes !!!

Aap 4 [Ron uitbreken] 19c — 2:21
    1: in richten — 2/3
    8: hele 1000 poot 2.
    12: animaties met lampen + wielen + p.
    13: - schroevolor theo: één ding moet je hat
    15 = in richten glas : 3 : 1:30 : waterval.
    16 : ut wordt steeds minder.
    17 : bij de Buurvrouw kijken
        - geen kunst geen huis + publiek
        pannen.
        Je veel kunst 2.
        Wat heb jij aan Pomp ?!!?
    18 androgene man
        ingebroken
        maria in de winkel !! 12 zg
        ook aen 1000-poot tonder stab
        Achst in winkel
    19 Burka de huishoudelijke dienst.
    20 praten Ron en Eckil I
        praten met Ron en Eckil 6-4
    22 lef gozentjes
    23 abstract gaas + geluid
        close glazenwasser
        Coltrap trede op kar
        waterdruppels
        2 verver 2
    24 Bep met Bloemen (eind)
        Bijbel shop
        giftig maal + gelukkig icipa
        glitter 2

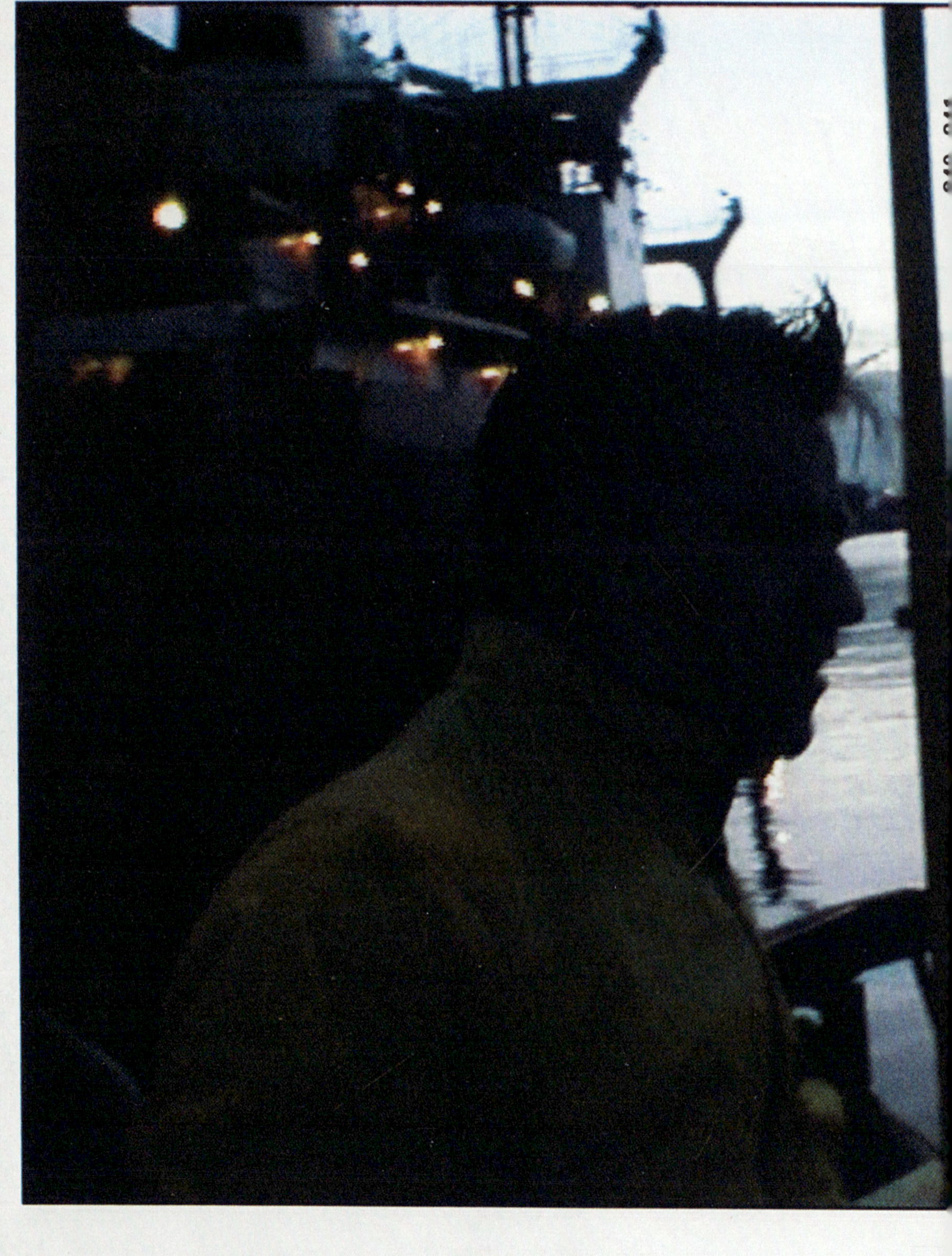

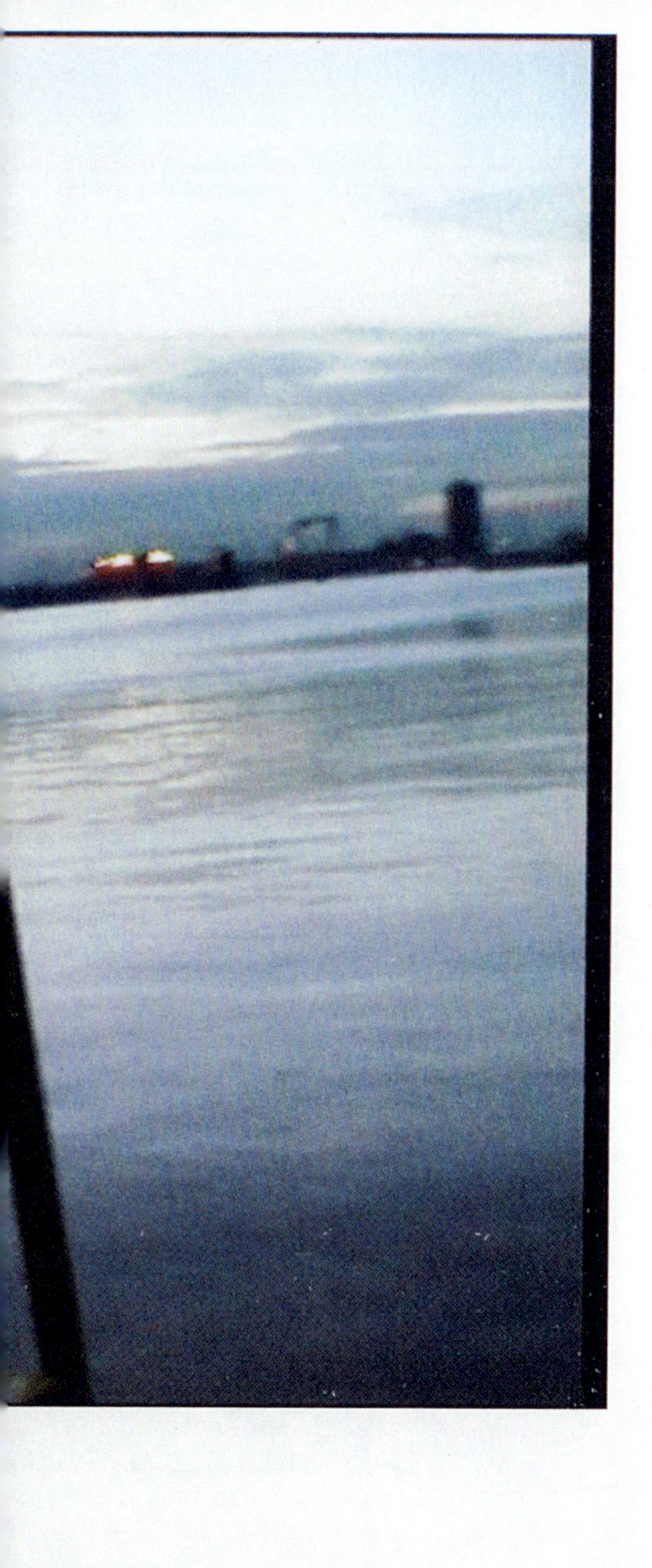

korts
3/portretka genreg.

"Ok, maak een close-up!
We beginnen!"

"Ok, let's have a close-up!
We're starting!"

Respect, 2003
DV transferred to DVD,
color, sound, 8 minutes
Plaster board, carpet, plastic,
wood, acrylic paint
600 x 350 x 200 cm
With the financial support of
Mondrian Fund, Amsterdam

Awakening, 2005
DV transferred to DVD,
color, sound, 12 minutes
Wood, furniture, lace curtain,
mattresses
Approx. 250 x 225 x 625 cm
With the financial support of
Mondrian Fund, Amsterdam

Commission, 2011
HD, color, sound, 50 minutes
Wood, carpet, hand-cut vinyl
Dimensions variable
Collection Sculpture International
Rotterdam
The work was commissioned by
Sculpture International Rotterdam
and Hart van Zuid as part of a
long-term art project at Zuidplein,
Rotterdam

p. 207
Janus, 2012
Page from notebook, 2011

p. 208
Installation view: *This can't go on
(Stay with me)*, 2006, Museum
Boijmans Van Beuningen, Rotterdam

p. 209
Awakening, 2005
(see also pp. 109-124)
Installation view (exterior):
Homeland Security, 2007, Projekt am
Museumsplatz, Städtische Galerie
im Lenbachhaus, Munich

p. 210
Respect, 2003
Video still
Maashaven

p. 211
Respect, 2003
Video still
Maashaven Oostzijde

pp. 212–213
Respect, 2003
Installation view (exterior):
Museum Boijmans Van Beuningen,
Rotterdam, 2009
Loan private collection

pp. 214–215
Commission, 2011
Video still
Ron
Brielselaan

pp. 216–217
Notes made during the shooting of
Respect, 2003
42 x 59.5 cm

p. 218
Commission, 2011
Video stills
Ron
Brielselaan

p. 219
Barbecue, 1998
Wood, steel, carpet
Size unknown
Destroyed

p. 220
Respect, 2003
Installation view (interior):
Museum Boijmans Van Beuningen,
Rotterdam, 2009
Loan private collection

p. 221 (top)
Respect, 2003
Installation view (interior): *This can't
go on (Stay with me)*, 2006, Museum
Boijmans Van Beuningen, Rotterdam

p. 221 (bottom)
Respect, 2003
Installation view (interior):
Museum Boijmans Van Beuningen,
Rotterdam, 2009
Loan private collection

p. 223
Respect, 2003
Installation view (interior):
Museum Boijmans Van Beuningen,
Rotterdam, 2009
Loan private collection

pp. 224–225
Respect, 2003
Production photo
From left to right: Nedim, Ali, Fatih,
Osman, Hakan
Maashaven Zuidzijde

p. 227
Respect, 2003
Video still
Erik van Lieshout
Maashaven Zuidzijde

pp. 228–229
Commission, 2011
Video still from footage,
Swonko (left) and Ron (right)
Brielselaan

pp. 230–231
Untitled, 2010
Installation views: *Echter Luxus*,
2010, Galerie Krinzinger, Vienna
Mixed media installation
Courtesy Galerie Krinzinger, Vienna

p. 232
Respect, 2003
Production photo
Osman (left) and Nedim (right)
Maashaven Zuidzijde

p. 233
Respect, 2003
Production photo
Bart
Dordtselaan with view on
Maashaven subway station

pp. 234–235
Storyboard for *Respect*, 2003
Detail
21 x 89.1 cm

p. 236
Marino Marini
Il Grande Miracolo, 1957
250 x 70 x 70 cm
Bronze and stone pedestal
Corner Mijnsherenlaan and
Pleinweg, 1989
Collection Sculpture International
Rotterdam

p. 237
*Just Do it: Cut your Nikes and
change them into Nike Air*, 2002
For *Do it*, 2002, e-flux
Dordtselaan

p. 239
Commission, 2011
Notes on footage, 2010

pp. 240–241
Respect, 2003
Video still
Maashaven

p. 242
Storyboard for *Respect*, 2003
Detail
21 x 89.1 cm

cúplein

utopie
- armoede
- kapitalisme
- kraken / Feyenoord

Near the beginning of Erik van Lieshout's *Commission* (2011), the artist says in *voix off*, "We're at Zuidplein. Let's see how long it takes for security to arrive."[1] The handheld camera jerks around as Van Lieshout films an electronics store, Saturn, and converses with a security guard about his right to do so. Never does the artist provide the standard establishing shot that might supply the viewer with a clear sense of the layout of the space. Instead, the framing is awkward, with the bottom half of the visual field filled by the shopping center's tiled floor. The top of the frame cuts off halfway up the security gates. Van Lieshout asks the guard if he can film the store's logo, but the camera does not wait for permission; it zooms in on the logo unsteadily, *saccadically* lurching across block letters before abruptly cutting away. The artist spent much of the summer of 2010 at the mall, occupying a retail space from 21 June. He spent two months in the space, speaking with other shop owners and developing a plan for a shop that would sell nothing. Then, from 28 August the existence of the shop was released to the press, attracting an art public, many of whom would otherwise not visit Zuidplein. *Commission* documents this project, often through sequences of this kind, to create the artist's most realized articulation to date of both his ongoing engagement with the Zuidplein area of Rotterdam — begun in *Respect* (2003) — and his approach to documentary filmmaking. Moving between the lure of representational transparency and the acknowledgement of its impossibility, Van Lieshout employs a quasi-verité cinematographic style marked by significant moments of reflexivity in which the artist contemplates precisely what is at stake in the commission. Provisional and diaristic, the video negotiates between elements of 'straight' documentary — not the least of which is the production of lasting traces of an ephemeral artwork — and performative techniques that undermine the notion of authenticity that has long been both the plague and promise of non-fiction filmmaking.

Echoing Marcia Tucker's term "'bad' painting," in *Commission* one might say we are in the realm of "'bad' cinematography." Van Lieshout frequently engages in erratic, seemingly unmotivated cutting that troubles spatial and temporal continuity. The unusual framing deployed outside Saturn is found throughout the video; for example, in an interview with a manicurist employed at Zuidplein, the top of the frame cuts across the bottom of her nose, leaving her eyes unseen even though she is shown in medium close-up. Digital video is not subject to the same economic pressures that befall photochemical film; there is no need to worry about the high cost of film stock and processing, making it possible to shoot seemingly endless hours of footage, to let the camera run and run. Van Lieshout was not producing a record of a one-time-only event that would never yield a second take, but rather was involved in documenting the quotidian activities of the shopping center. Given these freedoms, why would the artist so obviously gravitate toward the production and use of images that defy basic cinematographic principles of composition? Why not tilt the camera up just slightly so as to capture the manicurist's eyes?

Van Lieshout's purposeful deployment of "bad" cinematography stages a fundamental paradox that cuts to the heart of his conceptualization of the documentary image: it traffics in both opacity and transparency at once, foregrounding and effacing the mediation of the apparatus. On the one hand, there is a hyperawareness of the presence of the camera that stems from the avoidance of conventionally composed images that would satisfy the viewer's desire for totality and wholeness. So used to seeing the complete face of an interview subject, the viewer becomes exceedingly aware of the mediating presence of the camera when the woman's eyes—the part of the human body that more than any other harbors a promise of interiority—remain withheld. Arild Fetveit has called such a deployment of opacity the "precarious aesthetic," and claims that it constitutes a major feature of contemporary visual culture across a variety of media and genres, from horror films to documentaries, music videos, and reality television. In Fetveit's estimation, this is an "aesthetic style that is reliant upon compromising the perceived transparency associated with visual and aural recordings, so that our access to something that we want to see or hear is partly blocked, and the relation between representation and represented is rendered precarious."[2] This variety of aesthetic blockage occurs throughout *Commission*, perhaps allegorizing a more general epistemological blockage: it serves as a visual means of figuring Van Lieshout's acknowledgement that his approach to Zuidplein and its inhabitants will always be partial in a double sense, both fragmentary and subjective.

But though unconventional framing and camera movement may to some degree highlight the mediated status of the image and reject the arrogance of totality, the power of the precarious aesthetic resides in its paradoxical communication of immediacy. It marshals visual opacity in the production of a rhetoric of transparency. Van Lieshout's privileging of eccentric framing suggests an access to the profilmic event so direct that it bypasses traditional aesthetic concerns and evades the artificiality of 'correct' forms of mise en scène. These images fail to provide complete and transparent access to the referent—but through this blockage, they claim a proximity to it. Here, the incompleteness of the representation ceases to be a flaw or failure and instead serves as a locus of power and appeal.

By compromising the image's illusion of transparency—for transparency is always illusory, even when powerfully communicated—Van Lieshout's images visually document aspects of the conditions under which they were made. Or, to put it into the terms of Peircian semiotics, they sacrifice iconic resemblance to gain in indexical authentication. The formal style of *Commission* registers the conditions of filming in a shopping center without permission at a time when public space is more surveilled and yet less open to unofficial photography than ever before. Though the mall functions as a place of public gathering, it is in fact private property, subject to monitoring by both the police and its own security forces. Van Lieshout's off-kilter framing and camera movements result from the act of interviewing individuals who are sometimes not interested in participating and/or who do not know they are being filmed. They record Van Lieshout's choice to work as his own cinematographer, shooting with the camera held at waist height, without looking through its viewfinder, so that he can still engage in face-to-face interaction with those he encounters. Many of the interviews in *Commission* are shot in such a way as to privilege such middle-of-the-body viewpoints. For example, when Van Lieshout sits on a bench between two senior citizens who visit the mall regularly, simply to pass the time, he holds the camera on his lap and turns it toward the men as they speak. Whereas many other filmmakers would position the camera across from the men, framing all three together in a medium long shot, Van Lieshout keeps the camera in the heart of the action, not outside it, even if this precipitates reduced visibility and awkward framing. The result of this practice, carried throughout the video, is that interviewees rarely, if ever, address the camera directly; instead, the camera remains a somewhat incidental witness.

This is not to suggest, however, that direct address is absent in *Commission*. On the contrary, it forms an important part of the work's formal vocabulary, but is significantly reserved for Van Lieshout himself, who provides an active commentary on the development of his project and the people he encounters throughout. Van Lieshout is not simply the author of this documentary but one of its subjects as well, thus disrupting one of the key binaries that has historically governed non-fiction filmmaking. Rather than addressing the viewer via a composed voice-over added during postproduction, the artist turns the camera on himself to offer monologues in medium close-up that detail his attempts to film in the shopping mall and chart the ongoing development of his project. He expresses his doubts about his work, wonders what "added value" he will bring to Zuidplein, and vents his frustrations with the security guards. Whereas a voice-over would have offered the artist a detached position from which to reflect on his time at Zuidplein after the fact, the use of these reality television-style testimonials destabilizes the finality and authority of this commentary and renders it improvised and process-based. Just like the decision to hold the camera on his lap when interviewing the men on the bench, choosing to use testimonials rather than a voice-over keeps Van Lieshout in the scene and emphasizes the extent to which the mandate of *Commission* is not to document Zuidplein as it is, but rather to document the results of the confrontation between Zuidplein, the artist, and the apparatus.

In some respects, a major film historical precedent for *Commission* can be found in Edgar Morin and Jean Rouch's classic *Chronicle of a Summer* (*Chronique d'un été*, 1961), an ethnographic study of the everyday lives of a diverse cross-section of Parisians that leaves behind the authoritative voice-over in favor of unscripted interactions shaped by the filmmakers. Rather than producing documentation of a foreign culture, Rouch and Morin broached the subjects of politics, post-coloniality, and consumerism within their own society, asking questions like "Are you happy?" and "How do you get by in life?" Implicitly, these questions are Van Lieshout's as well. Like Rouch and Morin, Van Lieshout seeks to approach large issues through the banalities of everyday interaction and is keenly interested in the manifold differences that exist within one's own society. Van Lieshout's long-term engagement with the Zuidplein area distinguishes him from the at times problematic obsession with so-called 'global' documentary that has been so prominent in the artistic practices of the last fifteen years. Though an overwhelming number of artists have turned to the moving image because of its ontological link to reality, often such practices involve the production of an image of 'elsewhere' to be consumed 'here', to invoke the title of Jean-Luc Godard and Anne-Marie Miéville's 1976 film, *Ici et ailleurs*, which confronts the dangers of this attitude directly.

Despite the parallels one may draw to *Chronicle of a Summer*, the differences at play are perhaps just as notable. Whereas Rouch and Morin adopt a quasi-scientific attitude toward their interview subjects befitting their training in anthropology and sociology respectively, Van Lieshout's persona is altogether different. If *Chronicle of a Summer* paved the way for the *nouvelle vague*, Van Lieshout definitively comes after the age of Big Brother. He consistently adopts a guise of faux naiveté that allows him to play-act at being a regular inhabitant of the mall in order to draw out the right-wing attitudes of some of his interview subjects. When sitting with the two seniors on the bench, the conversation quickly shifts from the health problems of the men to questions of race and immigration. One man says, "There's lots of black people there. Some dark, some lighter." The artist goes along with the conversation, beginning to name possible countries of origin for these people—"Nigeria, Ghana, Congo, Sudan"—as if he shared the old man's xenophobia. As the men blame immigrants for bringing prostitutes, drugs, and gangs to their neighborhoods, the artist gives no indication to them that he might think otherwise. In a split-second look at the camera, though, the viewer readily registers the disingenuousness of this *agent provocateur*.

Instead of the neutrality of observational and participatory modes of documentary, such techniques lead Van Lieshout into what Bill Nichols has termed documentary's performative mode, a rhetorical style that "generates a distinct tension between performance and document, between personal and the typical, the embodied and the disembodied."[3] In *Commission*, this tension resides in the dissonance that emerges between the way Van Lieshout presents himself to his interview subjects and the way he presents himself to the viewer. Sometimes such disjunctures occur even within the same take, as Van Lieshout will kindly address a security guard out of frame before turning back to the camera/viewer to remark with a smug laugh, "A real PVV party member." The performative mode is generally understood as engaging in a reflexive examination of the impossibility of documentary authenticity and, as such, has been favored by many contemporary artists seeking to engage with non-fiction while avoiding the pitfalls of an unreconstructed investment in the camera as a neutral apparatus of capture.

With some significant exceptions—such as Renzo Martens, Omar Fast, and Hito Steyerl—most contemporary artists avoid appearing in front of the camera, preferring instead to deploy other techniques aimed at disrupting the illusion of transparency. More than many artists working with documentary, Van Lieshout's on-camera appearances share something in common with a filmmaker like Nick Broomfield. How different is it, for example, when Broomfield plays nice with the white supremacists of South Africa's AWB party in *The Leader, His Driver, and the Driver's Wife* (1991) than when Van Lieshout shares the bench with casual racists in *Commission*? Both play along with their subjects, inhabiting a persona absolutely distinct from and yet related to the person in charge of producing the film. As Stella Bruzzi has written of Bloomfield, "The performative elements of *The Leader* ostensibly marginalize the documentary's substantive material, only to reflexively re-invoke it."[4] One might say the same of Van Lieshout: he first casts doubt on the authenticity of his interactions with his interview subjects by inhabiting a particular persona; then, these performative elements serve as filters through which the viewer experiences a mediated encounter with documentary actuality. This self-consciousness regarding the relationship between filmmaker and subject is compounded by the hand-written inter-titles that intervene throughout *Commission*. As the seniors proceed with their racist remarks, Van Lieshout retains their voices on the soundtrack while the image cuts away to a piece of A4 paper taped to a wall. Scrawled on it in magic marker are the words "praten met tuig" [talking with scum]. A second cutaway pictures another piece of paper, this time with a schematic cartographic drawing that the artist labels through a series of jump cuts, marking "scum" and "trash" all over it. These stop-motion sequences disrupt the naturalism of straight documentary recording and further emphasize the non-identity of Van Lieshout's on-screen persona with his overall authorial agency.

The documentation of performance and relational art has long been beset by a conception of the image as a simple box for content, a transparent record of what really happened. Viewers look *through* rather than *at* these images, foregoing an interrogation of them as representational systems in their own right in favor of searching for access to an ephemeral event long past. When producing a lasting account of his time at Zuidplein, Van Lieshout departs from this history to instead concoct a performance of a performance that curiously intermingles immediacy and hyper-mediacy, the truth of the everyday and the farce of faux-naif provocation. In the final instance, he deploys so many strategies aimed at disrupting transparency that whatever sense of authenticity one might have attached to his "bad" cinematography at the outset has long since vanished. It becomes unwise to assume even that the moments of apparent sincerity Van Lieshout addresses directly to the viewer in his testimonials are anything more than another facet of his meta-performative creation. Is Van Lieshout's anxiety about the success of his project real? To pose the question in this manner is to miss the point entirely.

Erika Balsom

Before joining the department at King's in 2013, Erika Balsom held a Mellon postdoctoral fellowship at the University of California, Berkeley (2010–2011) and was assistant professor of film studies at Carleton University, Ottawa (2011–2013). She holds a PhD in Modern Culture and Media from Brown University, USA (2010); an MA in Cultural Studies from Goldsmiths College, University of London (2005), and a BA Hons in Cinema Studies, University of Toronto, Canada (2004).

1. Zuidplein is a square located in the south of Rotterdam that also lends its name to a metro station and a shopping mall with over 155 stores. It is in that shopping mall that Erik van Lieshout's project took place.
2. Arild Fetveit, "The Power of the Precarious Aesthetic" (unpublished research project description, Department of Media, Cognition and Communication, University of Copenhagen, funded by The Danish Research Council for the Humanities (FKK), January 2013 – December 2015). See: http://mcc.ku.dk/research/focus-areas/precarious-aesthetic/ (accessed 1 February 2014).
3. Bill Nichols, *Blurred Boundaries: Questions of Meaning in Contemporary Culture* (Bloomington: Indiana University Press, 1994), 97.
4. Stella Bruzzi, *New Documentary*, 2nd ed. (London: Routledge, 2006), 212.

Ergens aan het begin van Erik van Lieshouts *Commission* (2011) zegt de kunstenaar in een voice-over: 'We zijn op Zuidplein en nu gaan we kijken hoe lang het duurt totdat de beveiliging komt.' De handheld camera beweegt schokkend terwijl Van Lieshout een elektronicawinkel, Saturn, filmt en tegelijkertijd met een man van de bewaking praat over zijn recht om dat te doen. De kunstenaar zorgt op geen enkel moment voor de standaard goedgerichte opname die de kijker een duidelijk gevoel van de indeling van de ruimte zou kunnen opleveren. In plaats daarvan is de kadrering storend, aangezien de onderste helft van het gezichtsveld wordt gevuld door de betegelde vloer van het winkelcentrum. De bovenste helft van het kader gaat niet verder dan halverwege het veiligheidshek. Van Lieshout vraagt aan de bewakingsman of hij het logo van de winkel mag filmen, maar de camera wacht niet op toestemming; hij zoomt schommelend in op het logo en slingert met een saccade over blokletters voordat hij weer abrupt wegdraait. De kunstenaar bracht een groot deel van de zomer van 2010 door in het winkelcentrum, waar hij een winkelruimte bezette vanaf 21 juni. Hij bracht twee maanden door in deze ruimte, terwijl hij sprak met andere winkeliers en een plan ontwikkelde voor een winkel die niets zou verkopen. Vanaf 28 augustus werd de media op de hoogte gebracht van het bestaan van de winkel, wat een kunstpubliek aantrok met veel mensen die anders nooit Zuidplein zouden bezoeken. *Commission* documenteert dit project, vaak met sequenties zoals hierboven beschreven, dat tot nu toe de meest doorwrochte uiting is van zowel Van Lieshouts voortdurende betrokkenheid bij het Zuidpleingebied van Rotterdam—dat begon met *Respect* (2003)—en zijn benadering van het maken van documentaires. Terwijl hij zich beweegt tussen de verleiding van de representatieve transparantie en de erkenning van de onmogelijkheid daarvan, past Van Lieshout een quasi-vérité cinematografische stijl toe die gekenmerkt wordt door veelzeggende momenten van reflexiviteit waarin de kunstenaar nadenkt over wat er precies op het spel staat in dit project. Op een provisorische en dagboekachtige manier bemiddelt de video tussen elementen van de 'pure' documentaire—waarvan de productie van blijvende sporen van een vluchtig kunstwerk niet de minste is—en performatieve technieken die het idee van authenticiteit ondermijnen dat altijd zowel de plaag als de belofte van het maken van non-fictie films is geweest.

In navolging van Marcia Tuckers term 'bad' painting, zou je kunnen
zeggen dat we met *Commission* in de wereld van 'bad' cinematography zijn terechtgekomen. Van Lieshout snijdt regelmatig grillig en
schijnbaar willekeurig in het beeldmateriaal waardoor de ruimtelijke
en temporele continuïteit worden aangetast. De ongebruikelijke kadrering die hij bij Saturn toepast komt terug in de hele film; tijdens een
interview met een manicure die werkt op Zuidplein blijft bijvoorbeeld
de bovenkant van het beeld bij de onderkant van haar neus steken en
blijven daardoor haar ogen onzichtbaar, ook al wordt ze in medium
close-up getoond. Digitale video is niet onderworpen aan de econo-
mische druk die wordt uitgeoefend op fotochemische film; het is niet
nodig om je zorgen te maken over de hoge kosten van het filmmateriaal
en de bewerking, waardoor het mogelijk wordt om schijnbaar oneindig
veel uren film te maken, om de camera maar te laten draaien en draaien.
Van Lieshout was niet bezig met het verslag van een eenmalige gebeurtenis waarvan een tweede opname onmogelijk zou zijn, maar was
eerder betrokken bij het documenteren van de alledaagse activiteiten
van het winkelcentrum. Waarom zou de kunstenaar, gezien de vrijheid
die hij had, zo duidelijk neigen naar het maken en gebruiken van beelden die de fundamentele cinematografische principes van compositie
tarten? Waarom niet de camera net een beetje omhoog kantelen om de
ogen van de manicure vast te leggen?

   Van Lieshouts doelbewuste gebruik van 'slechte' cinematografie
toont een fundamentele paradox die de kern raakt van zijn conceptu-
alisering van het documentaire beeld: op een en hetzelfde moment
houdt het zich bezig met zowel ondoorzichtigheid als transparantie,
terwijl het de tussenkomst van het apparaat naar de voorgrond brengt
én uitwist. Aan de ene kant is er een hyperbewustzijn van de aanwezigheid van de camera, dat voortkomt uit de vermijding van conventioneel
gemaakte beelden die aan het verlangen van de kijker naar totaliteit
en volledigheid tegemoet zou komen. Gewend aan het zien van het
hele gezicht van de geïnterviewde persoon, wordt de kijker zich steeds
bewuster van de bemiddelende aanwezigheid van de camera wanneer
de ogen van de vrouw —bij uitstek het deel van het menselijk lichaam
dat een belofte van innerlijkheid herbergt—buiten beeld worden ge-
laten. Arild Fetveit noemt een dergelijk gebruik van ondoorzichtigheid
'precaire esthetiek', en stelt dat het een belangrijk kenmerk vormt van
de hedendaagse beeldcultuur binnen verscheidene media en genres,
van horrorfilms en documentaires tot muziekvideo's en reality televisie. Fetveit meent dat dit een 'esthetische stijl is, gebaseerd op het
afbreuk doen aan de vermeende transparantie die wordt geassocieerd

met visuele en auditieve opnames, zodat onze toegang tot iets dat we willen zien of horen gedeeltelijk wordt geblokkeerd, en de relatie tussen representatie en dat wat vertegenwoordigd wordt precair wordt gemaakt.'[1] Deze verscheidenheid aan esthetische blokkades duikt overal op in *Commission*, wellicht als allegorie van een meer algemene epistemologische blokkade: het dient als visueel middel om vorm te geven aan Van Lieshouts erkenning dat zijn benadering van Zuidplein en haar bewoners altijd op twee manieren partieel zal zijn, namelijk zowel fragmentarisch als subjectief.

Maar ook al benadrukt de onconventionele kadrering en camerabeweging in zekere mate de bemiddelende status van het beeld en verwerpt het de arrogantie van totaliteit, de kracht van de precaire esthetiek zit in haar paradoxale communicatie van directheid. Het brengt visuele ondoorzichtigheid in de productie van een retoriek van transparantie. Van Lieshouts voorkeur voor excentrieke kadrering suggereert toegang tot de gebeurtenis in de realiteit die zo direct is, dat het traditionele esthetische overwegingen omzeilt en de kunstmatigheid van de 'juiste' vormen van mise-en-scène vermijdt. Deze beelden slagen er niet in om complete en transparante toegang te verlenen tot de werkelijke gebeurtenis, maar door dit onmogelijk te maken beweren ze in de buurt ervan te zitten. Hier houdt de onvolledigheid van de representatie op een gebrek of mislukking te zijn en dient het in plaats daarvan als een plaats van kracht en aantrekkingskracht.

Door de illusie van transparantie van het beeld te compromitteren — want transparantie is altijd een illusie, zelfs wanneer ze krachtig gecommuniceerd wordt — visualiseren Van Lieshouts beelden aspecten van de omstandigheden waaronder ze werden gemaakt. Of, om het in de termen van de semiotiek van Pierce uit te drukken, ze offeren een iconische gelijkenis op om aan indexicale authenticiteit te winnen. De formele stijl van *Commission* registreert de omstandigheden van het zonder toestemming filmen in een winkelcentrum, in een tijd waarin meer dan ooit tevoren de publieke ruimte onder toezicht staat, maar tegelijkertijd minder openstaat voor niet-officiële fotografie. Hoewel het winkelcentrum fungeert als een plaats van openbare bijeenkomst, is het in feite privé-eigendom dat wordt bewaakt door zowel de politie als de eigen bewakingsdienst. Van Lieshouts ongebalanceerde kadrering en camerabewegingen vloeien voort uit het interviewen van individuen die soms niet geïnteresseerd zijn in deelname en/of die niet weten dat ze worden gefilmd. Ze leggen Van Lieshouts keuze vast om te werken als zijn eigen cinematograaf, filmend met de camera op heuphoogte, zonder te kijken door zijn zoeker, zodat hij nog steeds kan deelnemen aan face-to-face interactie met de mensen die hij tegenkomt. Veel van de interviews in *Commission* laten de voorkeur voor het filmen vanuit zulke midden-van-het-lichaam standpunten zien. Bijvoorbeeld wanneer Van Lieshout op een bankje zit tussen twee bejaarden die het winkelcentrum regelmatig bezoeken, gewoon om de tijd te doden; hij houdt de camera op schoot en draait hem richting de mannen wanneer ze praten. Terwijl de meeste filmmakers hun camera zouden positioneren tegenover de mannen, om daarmee de drie samen in een medium long shot te vangen, houdt Van Lieshout de camera in het midden van de actie, niet daarbuiten, ook al zorgt dit voor verminderde zichtbaarheid en 'onhandige' kadrering. Het resultaat van deze handelswijze, toegepast in heel de video, is dat de geïnterviewden zich zelden of nooit direct naar de camera richten; in plaats daarvan blijft de camera een ietwat toevallige getuige.

Dit wil echter niet zeggen dat het directe aanspreken afwezig is in *Commission*. Integendeel, het vormt een belangrijk onderdeel van de formele beeldtaal van het werk, maar het is niet toevallig voorbehouden aan Van Lieshout zelf, die gedurende de hele film actief commentaar verzorgt bij de ontwikkeling van zijn project en de mensen die hij tegenkomt. Van Lieshout is niet alleen de auteur van deze documentaire maar ook een van zijn onderwerpen, waarmee hij een van de belangrijkste tweedelingen verstoort die van oudsher de non-fictie film domineerde. In plaats van de kijker aan te spreken via een voice-over die wordt toegevoegd tijdens de nabewerking, richt de kunstenaar de camera op zichzelf om monologen aan te bieden in medium close-up, die zijn pogingen om in het winkelcentrum te filmen specificeren en de voortdurende ontwikkeling van zijn project in kaart brengen. Hij uit de twijfels over zijn werk, vraagt zich af welke 'toegevoegde waarde' hij Zuidplein zal geven en reageert zijn frustraties over de bewakers af. Terwijl een voice-over de kunstenaar een onafhankelijke positie zou hebben geboden van waaruit hij naderhand kon reflecteren op zijn verblijf op Zuidplein, destabiliseert de toepassing van deze getuigenissen in reality-televisiestijl het definitieve en gezaghebbende van dit commentaar en maakt het geïmproviseerd en procesmatig. Net als de keuze om de camera op schoot te houden tijdens het interview met de mannen op het bankje, maakt de keuze om getuigenissen te gebruiken in plaats van een voice-over dat Van Lieshout binnen de scene blijft en benadrukt het hoezeer de opdracht van *Commission* niet is om Zuidplein vast te leggen zoals het is, maar veeleer om de resultaten van de confrontatie tussen Zuidplein, de kunstenaar en het apparaat te documenteren.

In sommige opzichten is voor *Commission* een belangrijke voorganger in de filmgeschiedenis te vinden in de klassieker van Edgar Morin en Jean Rouch: *Kroniek van een zomer* (*Chronique d'un été*, 1961); een etnografische studie van het dagelijks leven van een gevarieerde dwarsdoorsnede van Parijzenaars, die de gezaghebbende voice-over achterwege laat en in plaats daarvan ruimte geeft aan niet van tevoren vastgelegde interacties, vormgegeven door de filmmakers. Niet door een document te maken over een buitenlandse cultuur, maar door in hun eigen samenleving vragen te stellen als 'Ben je gelukkig?' en 'Hoe kom je rond?', brachten Rouch en Morin onderwerpen als politiek, postkolonialisme en consumentisme ter sprake. Impliciet gaat het ook bij Van Lieshout om deze vragen. Net als Rouch en Morin, probeert Van Lieshout grote onderwerpen te benaderen via de banaliteit van de alledaagse interactie en heeft hij een levendige interesse voor de vele verschillen die bestaan binnen de eigen samenleving. Van Lieshouts langdurige betrokkenheid bij de omgeving van Zuidplein onderscheidt hem van de soms problematische obsessie met de 'mondiale' documentaire die zo prominent aanwezig is in de artistieke praktijk van de laatste vijftien jaar. Hoewel een overweldigend aantal kunstenaars zich heeft gewend tot het bewegende beeld vanwege de ontologische band met de werkelijkheid, houden dergelijke praktijken vaak de productie in van een beeld van 'elders' dat 'hier' geconsumeerd dient te worden, om de titel van de film van Jean-Luc Godard en Anne-Marie Miéville uit 1976, *Ici et ailleurs*, aan te halen, die op directe wijze de gevaren van deze houding aan de orde stelt.

Ondanks de parallellen die men kan trekken met *Kroniek van een zomer*, zijn de verschillen misschien net zo opvallend. Terwijl Rouch en Morin een quasiwetenschappelijke houding aannemen tegenover de mensen die ze interviewen, passend bij hun opleiding in respectievelijk de antropologie en de sociologie, is Van Lieshouts persona heel anders. Terwijl *Kroniek van een zomer* de weg vrijmaakte voor de nouvelle vague, komt Van Lieshout duidelijk na het tijdperk van Big Brother. Hij gebruikt steeds een dekmantel van valse naïviteit die hem de mogelijkheid geeft te doen alsof hij een normale bezoeker van het winkelcentrum is, om zo de rechtse houding van sommige van de geïnterviewde mensen naar buiten te krijgen. Terwijl hij met de twee bejaarden op het bankje zit, verschuift het gesprek al snel van de gezondheidsproblemen van de twee mannen naar kwesties als ras en immigratie. Een van de mannen zegt, 'Er zijn daar een boel zwarte mensen. Sommigen donker, anderen lichter.' De kunstenaar gaat mee in het gesprek en begint namen van mogelijke landen van herkomst van deze mensen te noemen — 'Nigeria, Ghana, Kongo, Soedan' — alsof hij de xenofobie van de oude man deelt. Terwijl de twee mannen immigranten de schuld geven van de komst van prostituees, drugs en bendes naar hun buurt, geeft de kunstenaar op geen enkele manier te kennen dat hij er zelf wellicht anders over denkt. Een blik naar de camera die slechts een fractie van een seconde duurt, toont de kijker echter de onoprechtheid van deze 'agent-provocateur'.

In plaats van de neutraliteit van de observerende en participatieve vormen van de documentaire, ontstaat door zulke technieken wat Bill Nichols de performatieve modus van de documentaire noemt, een retorische stijl die 'een duidelijke spanning opwekt tussen de performance en het document, tussen het persoonlijke en het typische, het belichaamde en het ontlichaamde'.[2] In *Commission* bevindt deze spanning zich in de dissonantie die tevoorschijn komt tussen de manier waarop Van Lieshout zichzelf presenteert aan de mensen die hij interviewt en de manier waarop hij zichzelf presenteert aan de kijker. Soms komen zulke discrepanties zelfs voor in een en dezelfde opname, bijvoorbeeld wanneer Van Lieshout, half buiten beeld, de bewaker vriendelijk aanspreekt waarna hij zich terugdraait naar de camera/kijker om met een zelfvoldaan lachje op te merken, 'Nou, dat was ook een echte PVV'er'. De performatieve modus wordt meestal gezien als het uitvoeren van een reflexief onderzoek naar de onmogelijkheid van documentaire authenticiteit en heeft, als zodanig, de voorkeur van veel hedendaagse kunstenaars die zich richten op non-fictie, maar de valkuilen van een niet heroverwogen investering in de camera als neutraal apparaat om vast te leggen, willen vermijden.

Enkele belangrijke uitzonderingen daargelaten — zoals Renzo Martens, Omar Fast en Hito Steyerl — vermijden de meeste hedendaagse kunstenaars het om zelf in beeld te komen; in plaats daarvan geven ze er de voorkeur aan andere technieken in te zetten die gericht zijn op het verstoren van de transparantie-illusie. Meer dan dat van de meeste kunstenaars die documentaires maken, heeft Van Lieshouts optreden vóór de camera iets gemeen met een filmmaker als Nick Broomfield. Is er, bijvoorbeeld, veel verschil tussen Broomfields vriendelijke opstelling tegenover de blanke racisten van de Zuid-Afrikaanse AWB-partij in *The Leader, His Driver, and the Driver's Wife* (1991) en het moment waarop Van Lieshout op een bankje zit met 'achteloze' racisten in *Commission*? Ze gaan allebei mee met hun onderwerp door een personage aan te nemen dat absoluut gescheiden en toch gerelateerd is aan de persoon die verantwoordelijk is voor het maken van de film. Zoals Stella Bruzzi schreef over Broomfield, 'De performatieve elementen van *The Leader* marginaliseren ogenschijnlijk de inhoud van de documentaire, juist om die reflexief weer op te roepen.'[3] Je zou hetzelfde kunnen zeggen over Van Lieshout: eerst roept hij twijfel op over de authenticiteit van zijn interacties met de mensen die hij interviewt door een bepaald personage te spelen; vervolgens dienen deze performatieve elementen als filters waardoorheen de kijker een bemiddelde ontmoeting met de realiteit van de documentaire ervaart. Dit zelfbewustzijn met betrekking tot de relatie tussen filmmaker en onderwerp wordt nog versterkt door de handgeschreven tussentitels die gedurende heel *Commission* zijn ingevoegd. Terwijl de bejaarden doorgaan met hun racistische opmerkingen, laat Van Lieshout hun stemmen verdergaan op de soundtrack en richt hij het beeld op een A4'tje dat op een muur is geplakt. Met een dikke stift zijn daar de woorden 'praten met tuig' op gekrabbeld. Een tweede keer dat de camera wegdraait, komt nog een stuk papier in beeld, dit keer met een schematische cartografische tekening die de kunstenaar labelt door een serie jump cuts, terwijl het papier wordt volgeschreven met 'tuig' en 'trash'. Deze stop-motion sequenties verstoren het naturalisme van de directe documentaire-opname en benadrukken nog sterker het verschil tussen Van Lieshouts personage op beeld en zijn algemene auteurschap.

Het vastleggen van performance en relational art werd lang gekenmerkt door een opvatting over het beeld als een eenvoudige doos voor inhoud, een doorzichtig registratie van wat echt is gebeurd. Toeschouwers kijken eerder door deze beelden heen dan dat ze ernaar kijken, waarbij ze afzien van een ondervraging van deze beelden als representatieve systemen op zich, en de voorkeur geven aan toegang zoeken tot een lang vervlogen kortstondige gebeurtenis. Met het voortgaande verslag van zijn verblijf op Zuidplein wijkt Van Lieshout af van deze traditie door in plaats daarvan een performance van een performance te fabriceren, die op merkwaardige wijze directheid met hyper-bemiddeling vermengt, de alledaagse waarheid met de farce van de vals-naïeve provocatie. Uiteindelijk past hij zo veel strategieën toe om de transparantie te verstoren, dat welke betekenis van authenticiteit ook men aan het begin zou hebben gegeven aan zijn 'bad cinematography', deze op het laatst al lang is verdwenen. Het wordt onverstandig om zelfs maar aan te nemen dat de momenten van ogenschijnlijke oprechtheid, wanneer Van Lieshout zich in zijn getuigenissen rechtstreeks richt tot de toeschouwer, meer zijn dan een onderdeel van zijn metaperformatieve creatie. Is Van Lieshouts bezorgdheid over het slagen van zijn project echt? De vraag op deze manier stellen, betekent niet begrijpen waar het om gaat.

Erika Balsom

Erika Balsom deed een Mellon fellowship aan de Universiteit van California, Berkeley (2010–2013) en was assistent-professor Film Studies aan de Carleton University in Ottawa (2011–2013). Ze heeft haar PhD (moderne cultuur en media) afgerond aan Brown University, VS (2010), een MA in cultuurstudies aan Goldsmiths College, University of London (2005), en een BA in Cinema Studies aan University of Toronto, Canada (2004) behaald. Sinds 2013 is Erika Balsom werkzaam aan de afdeling Film Studies van King's College London.

1. Arild Fetveit, 'The Power of the Precarious Aesthetic' (ongepubliceerde onderzoeksprojectbeschrijving, Department of Media, Cognition and Communication, University of Copenhagen, gefinancierd door de Deense Onderzoeksraad voor de Geesteswetenschappen (FKK), januari 2013 – december 2015). Zie: http://mcc.ku.dk/research/focus-areas/precarious-aesthetic/ (geraadpleegd op 1 februari 2014).
2. Bill Nichols, *Blurred Boundaries: Questions of Meaning in Contemporary Culture* (Bloomington: Indiana University Press, 1994), p. 97.
3. Stella Bruzzi, *New Documentary*, tweede druk (Londen: Routledge, 2006), p. 212.

→ swarovski – Geert Wilders al in shop.

→ winkel niet duidelijk

→ volgorde winkel

→ plakken hoofd.

lichaam bouwen winkel

snap ik niet
vage stok

2x huis

chronologie.

kop. en op leraf

2x huis

koffiepot.

omdraaien fboven

utopian markis

Cover / Omslag
    Erik van Lieshout
    Collage
    29.6 x 21 cm

Photography / Fotografie
    Roman Berka: pp. 154–155
    Michel Claus: pp. 187, 194–195
    Andrea Fichtel: pp. 178–179
    Bob Goedewaagen: pp. 26–27
    Hayward Gallery London: p. 132
    Aad Hogendoorn: pp.
    25, 196–197, back cover
    (top) / achteromslag (boven)
    Stefan Jagenburg: pp. 130–131
    Jhoeko: pp. 148–149, 200
    Chris Kendall: pp. 78–79, 98–99
    Maarten Laupman: pp. 212–213,
    220, 221 (bottom / onder), 223
    Erik van Lieshout: pp. 74–75, 81,
    84–87, 93, 169, 219
    Jannes Linders: p. 236
    Mancia/Bodmer FBM Studio: pp.
    94–95, 110–111
    Roman März: pp. 174–177,
    188–189
    Geert Reitsma: p. 77
    Gert-Jan van Rooij: pp. 136–137
    Olga Russel: pp. 88–89
    Axel Schneider: pp. 127,
    152–153, 161 (bottom / onder),
    inside back cover / binnenzijde
    achteromslag
    Andrea Stappert: pp. 113, 118,
    190–191
    SYB'L S-Pictures: pp. 18, 28–29
    Willem Vermaase: p. 133
    (bottom / onder)
    Suzanne Weenink: pp.
    20–23, 30–31, 109, 112,
    114–115, 121 (bottom / onder),
    138–141, 146–147, 156–157,
    160, 209, 230–231, 237,
    back cover / achteromslag
    (bottom / onder)
    Ben van Wevering: p. 104
    Hans Wilschut: pp. 208, 221
    (top / boven)
    DJ Wooldrik: pp. 32–33, 38–39,
    80, 92, 184–185, 224–225,
    232–233

This is the fifth publication in a
series of portraits of the city of
Rotterdam published by Witte de
With Center for Contemporary Art
in collaboration with artists who
are particularly concerned with
photographic media and book forms.

Dit is de vijfde publicatie in een
serie van portretten over de stad
Rotterdam, uitgegeven door Witte
de With Center for Contemporary Art
in samenwerking met kunstenaars
die zich bezighouden met foto-
grafische media en verschillende
boekvormen.

Concept
    Erik van Lieshout

Editors / Eindredactie
    Defne Ayas, Amira Gad,
    Suzanne Weenink

Contributors / Met bijdragen van
    Erika Balsom, Antoinette Laan,
    Ivo van Woerden

English Copy-Editor /
Redactie (Engels)
    Marnie Slater

Dutch Copy-Editor /
Redactie (Nederlands)
    Solange de Boer

Translation into Dutch /
Vertaling (Engels-Nederlands)
    Hermien Lankhorst

Translation into English /
Vertaling (Nederlands-Engels)
    Wouter Kruithof

Production / Productie
    Amira Gad,
    Suzanne Weenink

Design / Ontwerp
    Remco van Bladel

Design Assistant and Photography /
Ontwerp Assistent en Fotografie
    Andrea Spikker

Printer / Drukkerij
    Lecturis B.V., Eindhoven

Publisher / Uitgever
    Witte de With, Center for
    Contemporary Art
    Rotterdam, the Netherlands /
    Nederland

ISBN
    978-94-91435-28-7

All rights reserved / Alle rechten
voorbehouden.
    © the artist, authors and Witte
    de With, Rotterdam, 2014. /
    © de kunstenaar, auteurs en
    Witte de With, Rotterdam, 2014.

Published with the support
of / Uitgegeven met ondersteuning
door
    Mondriaan Fund / Fonds

Witte de With, Center for
Contemporary Art is
supported by / is ondersteund door:
    The city of Rotterdam (DKC)
    and the Ministry of Education,
    Culture and Science (OCW) /
    Gemeente Rotterdam (DKC)
    en OCW

Special thanks to / Speciale dank aan
    Jack Bakker, Mariska Planken,
    ArchiGuides (Léon van Geest,
    Rutger van der Graaf), Nicolaus
    Schafhausen, Anne-Claire
    Schmitz

Erik van Lieshout wishes to thank /
dankt
    Core van der Hoeven, Sannetje
    van Haarst, Ultramar /
    Helene Reid

Witte de With Publishers 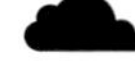

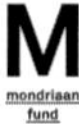

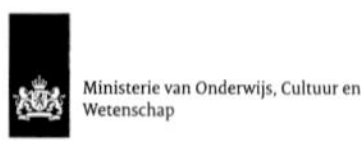

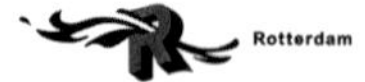

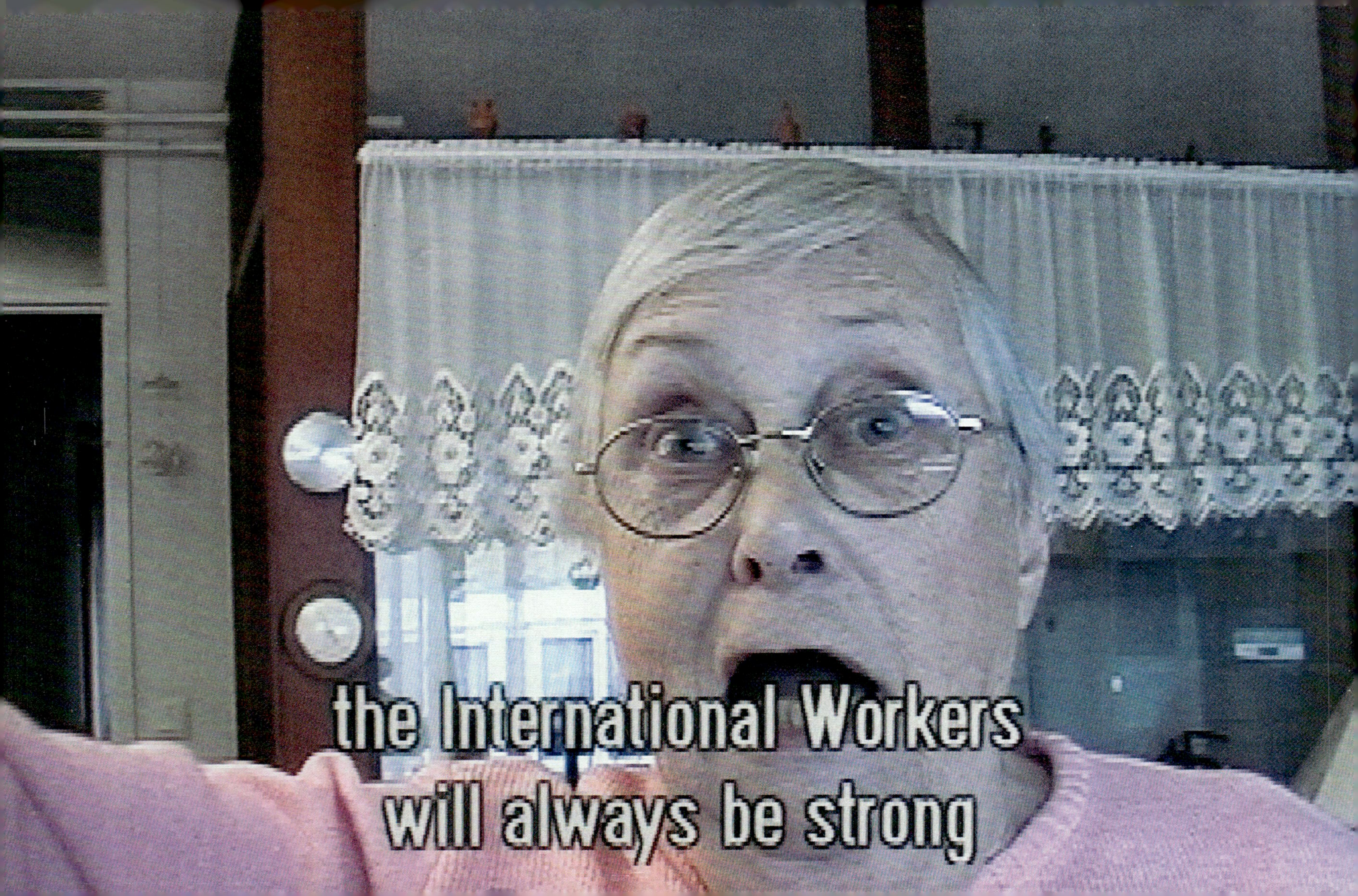

the International Workers
will always be strong